KB262544

시장권력의 중심
소비자가 진화한다

저자_ 김용섭·전은경

1판 1쇄 인쇄_ 2008. 3. 22.
1판 2쇄 발행_ 2009. 8. 17.

발행처_ 김영사
발행인_ 박은주

등록번호_ 제406-2003-036호
등록일자_ 1979. 5. 17.

경기도 파주시 교하읍 문발리 출판단지 515-1 우편번호 413-756
마케팅부 031)955-3100, 편집부 031)955-3250, 팩시밀리 031)955-3111

저작권자 ⓒ 2008 김용섭·전은경
이 책의 저작권은 저자에게 있습니다. 저자와 출판사와의 허락 없이
내용의 일부를 인용하거나 발췌하는 것을 금합니다.

값은 표지에 있습니다.
ISBN 978-89-349-2873-7 03320

독자의견 전화_ 031)955-3200
홈페이지_ http://www.gimmyoung.com
이메일_ bestbook@gimmyoung.com

좋은 독자가 좋은 책을 만듭니다.
김영사는 독자 여러분의 의견에 항상 귀 기울이고 있습니다.

시장권력의 중심

소비자가 진화한다

김용섭·전은경

Virtual Life
Imagination
Small Sister
Individualism
Bottom Price
Level Up
Ethical Consumption
Human-Tech
Art
Network
Double D Shift
Spare Time

김영사

VISIBLE ◎ HANDS

현재는 지속적으로 미래에 대한 힌트를 보여준다.

하지만 누구나 미래를 볼 수 있고 또한 누구나 미래를 이끌 수 있는 것은 아니다.

이 책에서 다루는 12가지 소비 트렌드이자 마케팅 트렌드 코드는

기회이자 곧 위기이다.

기회와 위기는 마치 손바닥을 뒤집는 것과 같다.

보이는 손 VISIBLE HANDS 을 중요하게 생각하고 잘 이용하면 기회가 되지만,

간과하고 소홀히 다루면 위기에 직면하게 될 것이다.

그 선택은 여러분의 몫이다!

여러분의 손은 지금 기회를 잡고 있는가?

영국의 고전경제학자 애덤 스미스 Adam Smith 가 《도덕감정론(1759)》, 《국부론(1776)》 등에서 언급한 것으로, 국가가 간섭하지 않고 시장을 내버려두면 자연스레 공급과 수요가 균형을 이루고 적당한 선에서 가격이 결정되어 합리적이고 효율적인 경제상태가 된다는 이론이다. 이는 국가가 시장을 간섭하지 않고 내버려두어도 자본주의적 원리, 즉 가격이라는 보이지 않는 손으로 인해 균형 잡힌 시장경제가 형성된다는 의미이다.

국가의 시장 개입을 반대하는 이 이론은 국가의 시장 개입이 중심을 이루던 근대 경제관을 획기적으로 전환시켜 현대의 경제관을 만드는 데 일조했다.

물론 1930년대의 대공황 이후, 시장을 보이지 않는 손에만 맡기면 독점과 불균형이 일어나므로 적당한 선에서 국가가 조정자 역할을 해야 한다는 케인즈 이론에 의해 '보이지 않는 손'은 수정되었지만 여전히 통용되고 있다.

> 보이지 않는 손, 그것은 모두에게 보이지 않지만 누구나 어렴풋이
> 무서워하고 경외하는 존재이다. 또한 모두가 일일이 대응하지 않아도 되는,
> 아니 대응할 수도 없는 존재이다.

진화하는 소비자의 소비 트렌드이자 미래의 마케팅 트렌드를 지배할 12가지 코드로 가상세계 Virtual Life, 상상력 Imagination, 스몰시스터 Small Sister, 개인주의 Individualism, 최저가격 Bottom Price, 지위상승 Level Up, 도덕적 소비 Ethical Consumption, 휴먼테크 Human-Tech, 예술 Art, 네트워크 Network, 더블디 시프트 Double D Shift, 여유시간 Spare Time 의 이니셜 조합으로 만들어진 조어이다.

'보이지 않는 손' 이론에 반하는 것이 아니라, 보다 체계적이고 과학적인 마케팅 접근이 필요한 정보화시대에 눈에 보이는 마케팅 코드를 잘 해석해 새로운 기회를 만들어야 한다는 의미로 생성된 명제이다. 이 명제의 목적은 마케팅 현장에 미래의 마케팅 트렌드를 주도하고 창조해갈 동기를 부여하는 데 있다.

> 보이는 손, 그것은 모두에게 보이지만 누구나 그것을 기회로 만들어내진 못하는 우리 주변의 괴짜 같은 존재이다. 하지만 여기에 잘 대응하고 활용하는 자에게는 엄청난 기회를 만들어줄 수 있는 존재이다.

지식유목민, 당신이 반드시 알아야 할 12가지 소비자 진화 코드

오늘날 소비자는 끊임없이 진화하고 있다. 현대의 소비자는 우리가 알고 있던 과거의 그 소비자가 아니다. 생산자보다 더 강력한 소비자, 기업의 마케팅 활동을 무력화시키는 소비자, 보다 새롭고 창조적인 뭔가를 요구하는 소비자 등 진화를 거친 새로운 소비자들이 몰려오고 있는 것이다.

그럼에도 이러한 소비자의 진화 속도에 미치지 못하는 기업과 마케터들은 여전히 존재한다. 시장이 정글에 비유될 만큼 치열한 생태 구조로 이루어져 있음을 감안할 때 결국 실패하고 도태할 자가 누구인지는 불 보듯 뻔한 일이다.

반면 소비자의 진화 코드를 읽어내는 기업에게는 새로운 성공과 기회가 기다리고 있다. 진화하는 소비자를 따라잡고 그 소비자를 충성스런 고객으로 확보하고 유지하기 위해서는 소비자의 진화 코드를 읽어내야 한다. 진화하는 소비자를 이해하는 것이 '고객 인사이트Customer Insight'이고, 이것의 실질적 내용이자 향후 마케팅의 주요 화두가 되는 것이 바로 이 책에서 제시하는 12가지 코드인 '보이는 손 VISIBLE HANDS' 이다.

　모든 기업의 가장 중요한 관심사 중 하나인 '고객 인사이트'는 소비자의 요구에 대한 이해와 이를 바탕으로 하는 마케팅을 일컫는다. 즉, 고객(소비자)의 속마음을 읽어내 이를 제품에 반영함으로써 새로운 사업기회를 발굴하려는 것이 고객 인사이트의 목적이다. 그런 의미에서 이 책에서 다루는 마케팅 트렌드이자 소비자 진화 코드인 VISIBLE HANDS는 고객 인사이트라는 혜안을 만들어주는 동시에 기회를 열어주는 중요한 열쇠라고 할 수 있다. 12가지 트렌드 코드라는 열쇠가 소비자 니즈^{Needs}와 원츠^{Wants}를 여는 원동력이므로 여러분은 VISIBLE HANDS라는 12개의 열쇠 꾸러미를 소유하게 되는 셈이다. 물론 열쇠가 있다고 해서 반드시 소비자 마음의 문을 열 수 있는 것은 아니다. 또한 문을 연다고 해서 100퍼센트 기회를 차지할 수 있다는 보장도 없다. 하지만 최소한 소비자를 유혹하고 설득시키기 위한 문, 마케팅의 새로운 기회를 만들어낼 문을 열 수 있는 열쇠를 확보한다는 점에서 여러분의 마케팅은 절반의 성공을 담고 시작한다고 해도 과언은 아닐 것이다.

　우리 눈에 보이는 것이 전부는 아니며 또한 눈에 보이는 모든 것이 내 것이 되는 것도 아니다. 우리는 눈에 보이는 모든 것을 알 수도 없고 나아가 그것이 진실이라고 단정할 수도 없다. 눈에 보이는 것 뒤에는 또 다른 모습 혹은 그것이 앞으로 진화해갈 모습이 숨겨져 있기 때문이다.

　이 책에서 다루는 12가지 소비자 진화 코드이자 마케팅 트렌드 코드는 향후의 미래 트렌드를 주도할 것들이다. 문제는 그것이 모두의 눈에 띄는 것이 아니라는 점이다.

보인다고 전부를 믿지 말고 또한 보인다고 성급히 덤비지 마라. 그 이면에 숨은 기회와 위기를 제대로 파악하고 접근해 실행해야 한다. 보이지만 우리 마음대로 할 수 없는 마케팅 코드, 그것이 바로 '보이는 손'이다. 그래도 '보이지 않는 손'보다 훨씬 싸워볼 만한 대상이 아닌가?

겉으로 드러난 마케팅 트렌드의 영향력 요소들은 그 자체만으로도 보이는 손이라 할 수 있는데, 이들 요소의 이니셜 조합으로도 VISIBLE HANDS를 찾아냈으니 우연치고는 아주 매력적인 우연이 아닌가? 덕분에 우리는 좀더 쉽고 재미있게 미래의 마케팅 트렌드를 주도할 이슈를 공유할 수 있게 된 셈이다.

이 책은 소비자의 진화 코드를 통해 마케팅 트렌드 코드에 접근하고 있다. 아울러 경제적 시각뿐 아니라 사회적 시각에서 소비자와 마케팅의 트렌드를 살피고 있다.

그 이유는 기업 마케팅에 사회적, 경제적 시각을 고루 적용해 보다 현실적이고 미래 지향적으

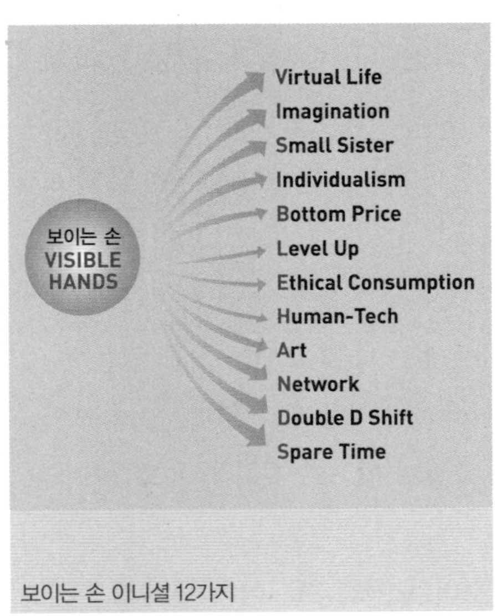

보이는 손 이니셜 12가지

로 접근할 수 있도록 하기 위해서이다. 경제 논리에만 입각한 시대 착오적이고 반사회적인 마케팅에 접근하는 과오는 결코 범해서는 안 된다. 이제 마케팅은 이익을 창출하는 근시안적 활동이 아니라, 사회성과 경제성을 모두 충족시키는 보다 긴 안목의 전략적인 활동 이어야 하는 것이다.

마케팅이란 제품개발을 위한 수요예측 및 시장조사에서부터 제품의 판매경로와 가격정책을 비롯한 판매활동·경쟁제품에 대한 대책·판매촉진·소비자 대응 등 제품개발(생산), 유통, 판매, 촉진과 관련된 일련의 과정을 일컫는다. 이 과정은 모두 사회적이고 경제적인 내·외부 상황의 영향을 받게 되는데, 이 책에서 전하는 12가지 소비자 코드이자 마케팅 트렌드 코드는 기업의 마케팅 활동에 커다란 영향을 미치는 보이는 손으로 작용한다.

생산자에게는 실망스럽게도 필요가 구매를 보장하지 않는다. 따라서 좋은 상품을 만들면 소비자가 사줄 것이라는 생각은 버려야 한다. 필요보다 더 높은 구매를 보장하는 것은 바로 '욕구' 이다. 그런데 마케팅의 핵심이 욕구를 불러일으키는 데 있으므로 생산보다 중요한 것이 마케팅이라 해도 과언이 아니다.

마케팅은 경쟁자와의 결투가 아니다. 경쟁자는 넓게 보면 동업자라고 할 수 있다. 서로 벤치마킹하고 자극을 주고 시장을 만드는 것은 물론 서로 키워가기 때문이다.

사실, 마케팅은 소비자와의 결투이며 조직 내부의 효율성과 생산성을 높이기 위한 싸움이다. 외부의 무수한 적과의 싸움보다 소비자한 명과의 싸움이 더 중요하고 어렵다. 따라서 무엇보다 조직 내부에 소비자를 설득하고 매혹시킬 이유가 있는지 찾아보아야 한다. 내부에 마케팅 활동의 효율성을 높일 대안이 있어야 하기 때문이다. 이때 염두에 두어야 할 것은 무작정 많이 파는 것보다 마진을 높이는 것이 더욱 중요하다는 사실이다.

이처럼 마케팅 코드는 소비자를 설득할 무기이자 경영활동의 전략적 판단을 가능케 하는 근거로, 우리가 목숨 걸고 찾아야 할 답이다.

트렌드나 마케팅에 대한 그동안의 무수한 연구는 결국 소비자의 숨겨진 심리와 진화 코드를 밝혀내는 데 목적이 있었다. 기업의 경영활동과 연관되지 않은 트렌드와 마케팅은 존재하지도 않을 만큼 모든 길은 기업의 경영, 산업과 생산으로 이어져 있었고, 그 출발점에는 가장 중요한 소비자가 자리잡고 있었던 것이다.

마케팅 트렌드는 사회의 구조적 진화, 사람들의 인식 변화, 현재의 마케팅 경향과 산업적 진화 등의 지배를 받을 수밖에 없다. 따라서 그 흐름에 순응하던가 아니면 그 흐름의 중심에 서야만 미래의 기회를 맞을 수 있다. 흐름에 역행하거나 그 흐름을 외면하면 결국 도태되고 만다.

지금 이 순간에도 마케팅 트렌드는 우리의 의사와 상관없이 쉼 없이 전진하고 있다. 피터 드러커^{Peter Drucker}는 "미래는 예측하는 것이 아니라 창조하는 것"이라고 말했다. 하지만 예측 없는 창조는 없다. 미래를 창조하려면 현실을 잘 분석하고 더불어 미래도 잘 예측해야 한다. 날카롭게 예측한 것을 과감한 실행력으로 구현하는 것이 창조이기 때문이다.

마케팅과 비즈니스의 미래 역시 분석과 예측의 힘을 토대로 한 접근으로 창조할 수 있다. 이것을 구현하기 위해 《시장권력의 중심, 소비자가 진화한다》는 마케팅 트렌드를 지배하는 12가지 코드를 제시해 현실 분석과 미래 예측을 돕고 있다. 이 책을 통해 소비자와 마케팅, 비즈니스 기회 및 위기를 지배하는 보이는 손의 실체를 알게 된다면, 여러분의 미래가 좀더 선명하게 보일 것이다.

보이지 않는 손은 대응하기가 어렵지만 보이는 손은 대응이 가능하다. 더욱이 보이는 손 안에는 미래의 마케팅 트렌드를 주도할 12가지 코드가 숨어 있다. 그 코드를 읽고 어떻게 대응할지는 여러분의 몫이다.

보이는 손을 힘껏 잡고 미래의 마케팅 전쟁에 적극적으로 대응하자. 결국 성공은 여러분의 눈이 아닌 손과 발을 통해 이루어질 것이다. 미래를 보는 자보다 미래를 창조해가는 자가 결국 게임에서 이기게 된다.

김용섭 · 전은경

Contents

04 흩어져야 잘사는 개인주의 Individualism

05 소비문화의 딜레마 최저가격 Bottom Price

06 신데렐라가 바라는 지위상승 Level Up의 진실

10 허브 전성시대 네트워크 Network

11 디자인의 옷을 입은 디지털 더블 디 시프트 Double D Shift

12 생산과 거래의 대상이 된 여유시간 Spare Time

01

현실보다 매력적인 **가상세계**

Virtual Life

• • •

가상세계에서는 현실세계에서 가능한 것이면 무엇이든 가능하다.
아니, 현실세계에서 가능하지 않은 것도 가상세계에서는 가능하다.
이곳에서는 나이트클럽, 교회, 도서관 같이 실존하는 장소뿐 아니라
무인도, 우주정거장, 서부 개척시대의 도시 등 상상할 수 있는
모든 가상세계를 접할 수 있다.

가상세계에서 생긴 일 : 그녀는 백만장자

2006년 5월 초, 가상인물이자 아바타인 안시 청^{Anshe Chung}이 〈비즈니스위크^{Business week}〉지 표지모델로 선정되었다. 〈비즈니스위크〉지가 실존 인물을 대신하는 가상세계의 백만장자 아바타에게 주목한 이유는 그녀의 아바타와 이름은 가짜지만 그녀의 돈은 진짜이기 때문이다. 가상세계를 통해 백만장자가 된 안시 청의 성공은 가상세계에서의 마케팅 가능성을 검증한 흥미로운 사례로써, 많은 사람의 관심을 불러 모았다.

〈비즈니스위크〉 2006년 5월 1일자 표지

　안시 청을 움직이는 실존 인물은 아일린 그라프^{Ailin Graef}이다. 그녀는 이전에 게임사이트에서 아이템을 판매해본 경험이 있었기 때문에 가상세계에서의 거래 활동에 익숙했다. 그러한 경험을 살려 그녀는 가상세계에서의 공간, 즉 '가상의 토지를 부동산처럼 거래한다'는 발상을 떠올린 것이다.

가상세계의 비즈니스 기회는 그 세계에 익숙한 사람이 먼저 발견하게 마련이다. 아일린에게 가상세계는 곧 현실이자 일상이었고 그 세계에서의 마케팅을 성공적으로 이끌어 백만장자가 되었던 것이다.

가상세계의 마케팅 열쇠는 가상세계 안에 있다. 안시 청은 2004년 3월부터 가상세계인 세컨드라이프 Second Life 에서 '안시 청 스튜디오'라는 부동산개발업체를 운영했는데, 가상세계에서 부동산 중개로 벌어들인 돈이 현실세계 기준으로 100만 달러를 넘어섰다. 세컨드라이프에서 한 달 임대료 9.95달러짜리 토지로부터 사업을 시작했으니 투자 대비 엄청난 성과라고 할 수 있다.

그녀는 가상세계에서 값싼 토지를 구입한 다음 잘 꾸며서 비싸게 팔거나, 사람들이 소유한 가상세계의 토지를 중개하고 거래하는 일로 돈을 번다. 물론 실재하지 않는 3D 게임 속의 토지가 무슨 거래 대상이 되느냐고 의아해할 수도 있다. 가상세계에서 게임 속의 거래로 백만장자가 된다는 것 자체가 게임 같은 얘기로 들릴지도 모르지만 이것은 엄연히 현실의 일이다.

가상세계에도 공간 개념은 존재한다. 당연히 수요가 높은 인기 있는 공간도 존재하고 공간을 꾸며 가치와 수요를 높이는 것도 가능하다. 가상세계 공간은 현실세계 공간인 부동산과 비슷한 면이 있는 것이다.

세컨드라이프의 통화이자 사이버머니인 린든달러는 사이트 내 환전소에서 현실세계의 미국 달러와 교환이 가능하다. 가상세계에서 번 사이버머니를 현실세계의 돈으로 바꿀 수 있는 것이다. 이를 통해 가상세계를 만든 회사뿐 아니라 가상세계에서 활동하는 사용자도 돈을 벌 수 있고 이것은 사람들의 관심을 더욱 가상세계로 모으는 요인이 되고 있다.

안시 청의 경우에는 9.95달러를 내고 세컨드라이프의 공간을 구입한 이후 30개월 만에 10만 배의 이익을 거둔 셈이다. '안시 청 스튜디오'의 비즈니스는 지금도 계속되고 있으므로 앞으로 얼마를 더 벌지 알 수 없는 일이다.

닉네임이 뤼벤 밀리언소퍼스Reuben Millionsofus인 뤼벤 스타이거Reuben Steiger는 기업들이 세컨드라이프로 진출하는 것을 도와주고 가상세계에서의 프로모션 캠페인을 컨설팅해서 돈을 번다. MS, GM, 인텔, 코카콜라, 도요타, 워너브라더스 등이 고객사이며 2007년 예상매출이 600만 달러였다. 시블리 해서Sibley Hathor라는 닉네임을 가진 시블리 버벡Sibley Verbeck도 기업들의 가상세계 진출을 컨설팅하고 있으며 가상세계에 본사를 짓거나 프로모션을 대행하는 데 건당 1만 5천 달러를 받는 것으로 알려졌다. CBS, AOL타임워너, 소니BMG 등이 고객사로 매출규모는 수백만 달러로 추정된다.

이밖에도 닉네임 크루셜 아미티지Crucial Armitage는 아바타의 옷과 신발을 디자인해서 아이템 판매로만 연간 약 10만 달러를 벌고, 세컨드라이프의 포르노왕이라 불리는 닉네임 스트로커 서펜타인Stroker Serpentine은 성인 콘텐츠를 판매하며, 닉네임 크리스티아노 미드나이트Cristiano Midnight는 가상세계에서 찍은 사진을 외부로 전송하는 서비스로 돈을 번다.

이래도 가상세계를 실재하지 않는 가짜라고 말할 수 있을까? 공간이나 이름, 아바타는 분명 가짜지만 그들은 진짜 돈을 벌고 있다. 세컨드라이프 내에서만 연간 5만 달러 이상을 버는 사람이 수백 명에 이른다. 그밖에도 가상세계를 비즈니스 기회로 삼거나 가상세계에서의 마케팅을 통해 돈을 버는 사람은 매우 많다. 앞으로도 가상세계는 새로운 백만장자를 수없이 만들어낼 것이다.

공간은 가상, 사람은 실재

과학적이고 효율적인 가상세계 마케팅

공간은 가상일지라도 사람은 실재이다. 가상공간이라고 해서 사람까지 존재하지 않는 허상으로 보아서는 안 된다. 가상공간에 있는 사람들은 결국 현실공간에 존재하는 우리이다. 따라서 가상공간은 하나의 마케팅 경로라고 할 수 있다. 흥미로운 것은 기존의 마케팅 경로에 비해 가상공간에서는 마케팅 효과 측정이 더욱 과학적으로 이뤄질 수 있고 또한 마케팅 성과에 대한 효율성도 높다는 점이다.

가상공간 마케팅은 웹 플랫폼상에 기업이 가상영역을 구축하거나 가상 스토리를 제작해 유포함으로써 참여와 공유라는 자발적 미끼를 통해 사용자를 유인하는 방식으로 이루어진다. 아울러 가상공간을 구매하는 사람들에게 판매할 무언가를 고민하고 그들의 필요와 욕구를 충족시키기 위한 답을 찾는 것도 포함된다.

지금은 제1공간인 현실공간과 제2공간인 가상공간이 별도로 존재하지만, 미래에는 두 공간이 합쳐지는 제3의 공간이 주류를 이룰 것이다. 앞으로 더 많은 사람이 가상세계를 일상처럼 누빌 것이며, 그들에게는 가상세계의 방식에 따라 마케팅을 할 필요가 있다.

닉네임으로 가상의 자아를 두고 현실도피 및 욕구 대리충족을 이루는 이들은 현실보다 더 현실 같은 가상세계를 꿈꾸며 살아간다. 그 가상세계는 그들의 현실공간에 커다란 영향을 미치며 그들의 라이프스타일 속으로 깊이 스며들고 있다.

그러한 가상세계에는 마케팅의 새로운 기회와 더불어 위기도 존재한다. 경쟁자보다 앞서 가상세계에서의 마케팅 활동을 구축하면 그것은 더 많은 기회를 만들 동력이 될 것이며, 반대로 경쟁자에 비해 뒤처지면 새로운 위기를 초래하는 원인이 될 것이다.

무엇이 팔리든 놀라지 마라

마케팅의 기본은 수요와 공급의 논리로부터 출발한다. 수요만 있으면 무엇이든 팔 수 있고 네덜란드의 튤립파동처럼 기형적인 시장이 만들어지기도

1630년대 네덜란드에 튤립이 처음 들어왔을 때, 그 모양과 색깔에 매료된 네덜란드인에게 튤립은 단순한 꽃이 아니었다. 튤립을 키우지 않으면 교양이 없는 사람으로 치부될 만큼 인기가 높았던 것이다. 그러다 보니 그 가치가 높아지면서 투자의 대상으로 급부상했다. 귀족과 일반인 할 것 없이 튤립 투자에 열을 올렸고, 전 재산을 털어 사재기를 하는 사람도 생겨났다. 덕분에 튤립은 보석만큼 비싸졌는데, 희귀한 튤립품종은 오늘날 가치로 10만 달러에 이르기도 했다. 그러다가 결국 1637년 투기광풍의 종말이 다가오면서 튤립 가격은 고점대비 1퍼센트 미만의 가격으로 폭락하고 말았다. 이때 수많은 투자자가 큰 손실을 보았고, 네덜란드는 유례없는 경제공황에 빠졌다. 이러한 튤립파동은 비정상적 투기광풍의 집단 심리를 얘기할 때 대표적인 사례로 자주 등장한다.

하는 것이다.

특히 가상세계에서는 가상의 무언가도 팔 수 있는 상품이 되므로 그곳에서 무엇이 팔리든 놀랄 필요가 없다. 새로운 상품과 서비스를 통해 비즈니스 기회를 창출하는 가상세계에서는 소비자의 꿈을 이뤄줄 수도 있고, 아바타를 통해 새로운 삶을 살아갈 수도 있기 때문이다.

심지어 가상세계이지만 현실세계의 현물을 거래할 수도 있다. 그들이 머물고 활동하는 공간이 가상세계일뿐 그들은 현실세계에 존재하므로 현물을 사고파는 온라인 거래가 가능한 것이다. 이처럼 가상세계는 새로운 시장이자 또 하나의 마케팅 경로가 되고 있다.

가상세계에서는 진짜가 아닌 가짜도 팔 수 있다. 예를 들어 사람들은 아바타를 꾸미기 위한 옷이나 액세서리를 구입하기 위해 돈을 지불한다. 실제로 싸이월드의 미니홈피나 네이버의 블로그, 세이클럽 등에서는 자신의 아바타와 공간을 꾸미는 데 돈을 쓰는 사람이 점점 늘고 있다. 싸이월드의 도토리 매출만 해도 연간 1,000억 원을 넘는다.

세컨드라이프 역시 돈을 받고 가상의 공간을 빌려준다. 공간 개발이나 부동산중개 혹은 공간을 꾸며 돈을 벌기도 하고, 아바타의 옷과 액세서리 디자인으로 돈을 버는 것이다. 이것은 모두 가상공간에서 벌어지는 일이지만 현실의 돈을 받고 판매한다.

또한 가상세계에서는 현실세계도 판다. 구글어스는 전 세계를 3D 그래픽으로 볼 수 있도록 현실세계에 존재하는 지구의 지형을 가상세계로 옮겨 놓았다. 그런데 그것을 실재라고 해야 할지 가상이라고 해야 할지 명확하게 구분하기가 쉽지 않다. 앞으로 디지털 지도 시장은 엄청나게 성장할 것이다. 어쩌면 현실세계의 지도가 가상세계로 들어오면서 둘 사이의 결합으로 제3의 공간이 구축될지도 모른다.

"가상세계에서 무엇을 팔 것인가?"라는 것은 우문이다. 이미 온라인 공간은 무엇이든 팔아왔고, 앞으로 3D 가상세계가 활성화하면 기존에 온라인 공간에서 팔 수 있었던 것은 물론 현실세계에서 팔았던 것 상당수를 흡수해 팔게 될 것이기 때문이다. 결국 가상세계에서는 무엇이든 팔 수 있는 것이다.

가상세계의 소비자

가상세계는 소수의 전유물이 아니다. 비록 지금은 소수가 활동하고 있지만 수년 후에는 상황이 달라질 것이다. 앞으로 현재의 모든 네티즌은 가상세계의 일원이 되고, 현재의 모든 소비자는 가상세계의 소비자가 될 것이다.

물론 아직까지는 가상세계에 좀더 호기심이 많고 적극적인, 즉 얼리어답터 early adopter 들에게 팔 궁리를 해야 한다. 그들에게 적합한 판매방법도 고민해야 하고 그들이 관심을 보일만한 상품을 팔아야 한다. 그러나 머지않아 타깃은 확대될 것이다.

> **얼리어답터** early adopter
>
> 제품이 출시될 때 가장 먼저 구입해 평가를 내린 뒤 주위에 제품 정보를 알려주는 성향이 있는 소비자군.

수십 년 전만 해도 인터넷을 사용하는 사람은 소수에 불과했다. 당시에는 "누가 인터넷을 쓸까?"라는 의문을 제기하는 사람이 많았지만, 이제 그것은 우문 중의 우문이 되어 버렸다. 단 하루만이라도 인터넷 없이 살아보라. 아마도 그런 생활은 상상하기조차 싫을 것이다. 이제 인터넷은 일상의 일부이자 공기 같은 존재가 되었다. 인터넷은 IT 산업뿐 아니라 모든 산업에서 필수가 되었고 정치, 사회, 문화, 경제 전반에서 강한 영향력을 발휘하고 있다.

그러나 수십 년 전만 해도 인터넷이 우리 삶에 이토록 깊이 침투하리라고 예상한 사람은 별로 없었다. 남녀노소를 막론하고 전 국민이 네티즌이 될지 누가 알았겠는가? 우리나라에서 개인이 인터넷에 접속할 수 있는 상용화 서비스가 시작된 것은 1995년의 일이다.

초기에는 몇 만 명 정도가 인터넷을 사용했지만 1998년에는 300만 명을 넘어섰고, 2000년에는 2천만 명 그리고 2004년에는 3천만 명을 넘어섰다. 초기 몇 년 동안에는 얼리어답터들의 전유물이었으나 전환점을 지나면서 순식간에 거센 불길처럼 번지며 대중화를 이룬 것이다. 디지털 기술 소비는 대개 이러한 경향을 보인다.

익명성에 기초하는 가상세계에서 활동하는 사람들은 도덕적 틀을 노골적으로 부정하지는 않지만 그 경계를 자유롭게 넘나든다. 따라서 표현이 보다 적극적이고 경제적, 실리적 욕구가 강하다. 마케팅에서는 이러한 특성도 적극 고려해야 한다.

가상세계는 인간의 로망이다

타이거우즈와 골프게임을 즐길 수 있다?

'가상·Virtual'과 '현실 Reality'은 동시에 공존할 수 없는 말이다. 그런데 서로 반대되는 그 둘을 하나로 묶어 놓은 것이 가상현실이다. 존재하지 않는 가상이 어떻게 실재하는 현실이 될 수 있단 말인가? 말 자체의 모순에도 불구하고 실제로 가상현실 Virtual Reality 영역은 점점 커지고 있다.

가상현실이라는 개념의 출발은 1960년대까지 거슬러 올라가지만, 그것이 유행하게 된 것은 1990년대 들어서이다. 1986년 자론 러니어가 만든 가상현실이란 컴퓨터를 이용해 가상적인 환경을 만들어 3차원의 가상체험을 가능하게 하는 여러 종류의 기술을 일컫는다.

이러한 가상현실 기술은 종, 횡 그리고 깊이까지 표현하는 3차원의 세계를 연출하며 실감나는 음향으로 인간의 모든 감각을 자극해 어떤 상황을 마치 실제로 체험하는 듯한 느낌을 준다. 이에 따라 이 기술은 오래 전부터 국방 분야의 모의전투와 비행훈련에 사용되어 왔다. 물론 지금은 모의실험이나 모의수술 같은 교육적 측면에서도 활용되고 있다.

초기의 가상현실은 컴퓨터그래픽 CG 을 이용한 시각 중심의 가상세계가 고작이었지만 지금은 청각과 후각, 촉각 등 인간의 오감 영역까지 다루고 있다. 이러한 가상현실은 앞으로 군사적 응용은 물론 스포츠, 교육, 엔터테인먼트로 확장되고 커뮤니티를 비롯한 마켓으로서의 모든 응용도 가능해질 것이다.

예를 들면 가상 골프게임이 있다. 아직은 초기 개발 수준이지만 머지않아 스포츠 산업의 새로운 경쟁자로 부상할 날이 올 것이다. 이것을 이용하면 우리는 가상현실에서 타이거우즈나 박세리와 함께 골프를 즐길 수도 있다. 비록 가상공간에서 골프를 즐기지만 실제로 골프장에서 골프를 치고 걸어 다니는 것처럼 모든 것을 실감하게 된다. 머리에 가상현실을 입력하는 헤드셋을 끼고 특수 안경을 착용한 다음 손과 다리에 각종 센서를 부착하고 손에 골프채를 들면 준비는 끝난다.

물론 우연히 지나가다가 그 모습을 보는 사람은 혼자 골프채를 들고 무얼 하는가 하겠지만, 그 사람은 지금 골프장에서 골프를 즐기는 가상체험을 하고 있는 것이다. 이때 체험자는 반응감각기술Force Feedback Technology을 통해 어떤 움직임이나 속도 그리고 저항을 느끼게 된다. 영화 〈매트릭스Matrix, 1999〉를 보면 가상현실에서 결투를 할 때, 실재 육체가 반응하고 고통도 느끼는 것을 알 수 있다. 이것이 바로 일종의 반응감각기술이다.

이러한 기술은 교육 현장에서도 활용이 가능하다. 예를 들어 역사를 가상현실로 가르친다면 어떨까? 학생들은 그날 배우는 역사적 사건의 현장에 직접 들어가 가상체험을 하면서 역사를 실감나게 배울 수 있을 것이다. 이처럼 학습에 대한 흥미는 물론 학업 성취도까지 높일 수 있는 가상현실은 온라인으로 연결되어 원격 현실로 구현될 수 있다.

가상현실 기술의 질적 진화 및 대중화는 사회문화 전반에 커다란 영향을 미치게 된다. 아직까지는 시각적인 3D 가상세계에 머물고 있지만, 조만간 오감 모두를 만족시키는 가상현실이 완벽하게 구현될 것이다. 이미 컴퓨팅 기술에서 오감 구현 기술이 하나씩 이뤄지고 있는 중이다.

현실보다 멋진 가상세계를 꿈꾸다

영화 〈매트릭스〉에서 주인공 네오는 평범한 컴퓨터 프로그래머였다. 그가 현실이라 알고 있던 세계가 가상세계였다는 사실을 알기 전까지는 말이다. 〈매트릭스〉는 세상이 매트릭스라는 프로그램에 의해 정교하게 꾸며진 가상현실이라는 충격적 진실을 다루고 있는데, 머지않아 우리도 그러한 세계를 경험하게 될 것이다. 그렇다고 로봇이 우리를 지배한다는 것이 아니라, 우리 스스로 가상세계의 기회를 비즈니스로 연결시킬 것이라는 얘기다.

매트릭스는 성냥팔이 소녀가 성냥 한 개비를 통해 맛보는 환상처럼, 우리가 현실이 이뤄주지 못하는 멋진 신세계를 맛보도록 해주는 매력적인 가상세계이다. 만약 누군가에 의해 매트릭스에 갇히는 것이 아니라, 우리가 필요로 할 때마다 자발적으로 매트릭스 같은 가상세계에 마음껏 들어갈 수 있다면 어떨까? 아마도 마약 같은 환각제는 사라질 것이다. 굳이 그런 힘을 빌리지 않아도 가상세계에서 더욱 환상적이고 멋진 경험을 할 수 있을 것이기 때문이다.

SF영화는 유독 가상현실을 많이 다룬다. 가상과 현실을 구별할 수 없는 상황도 많고, 영화가 끝날 때에야 비로소 그것이 가상세계였음을 알려주는 경우도 있다. 그것은 가상세계에 대한 우리의 동경이 얼마나 큰지를 알려주는 방증이기도 하다. 사실 우리는 예전부터 현실 같은 가상, 아니 현실보다 멋진 가상세계를 꿈꿔왔다.

대표적으로 SF영화 〈스트레인즈 데이즈^{Strange Days, 1995}〉는 가상현실 체험을 소재로 다뤘고, 〈마이너리티 리포트^{Minority Report, 2002}〉도 가상현실 체험을 소개한다. 심지어 〈매트릭스〉는 아예 가상현실에서 출발한다. 그밖에도 수많은 SF영화가 가상현실 체험을 통해 자신과 다른 삶을 살거나 사이버 섹스, 폭력, 모험, 스포츠 등을 경험하는 모습을 보여주고 있다.

우리는 이러한 영화의 영향으로 가상현실 체험에 대한 거부감이 그리 높지 않다. 특히 수십 년 전의 SF영화에서부터 최근의 SF영화에 이르기까지 가상현실에 대한 소재가 동일하게 반복되고 있다는 것은 우리가 가상현실 체험을 통한 엔터테인먼트 상품을 강하게 원한다는 증거라고 할 수 있다.

이미 3D 가상세계인 세컨드라이프에 천만 명 이상이 열광하고 있다. 진짜처럼 감쪽같지는 않아도 현존하는 가상세계로는 최선의 공간이기에 수많은 사람이 열광하고 있는 것이다. 그 이유는 우리가 현실세계에서 하지 못했던 것을 마음껏 해볼 수 있는 가상세계를 오랫동안 꿈꿔왔기 때문은 아닐까?

온라인 마케팅과 가상세계 마케팅의 차이

온라인 마케팅과 가상세계 마케팅은 뭐가 다를까? 엄밀히 따지면 온라인 마케팅의 범주가 더 크다. 그 안에 웹을 기반으로 하는 마케팅이 보편적으로 적용되고 있고 또한 가상세계도 위치하고 있기 때문이다.

물론 가상세계도 웹을 기반으로 하지만 마케팅은 가상현실을 구현하는 게임 혹은 커뮤니티 공간 내에서 이뤄진다. 따라서 게임이나 커뮤니티 환경 내에서 구축된 가상세계 마케팅은 온라인 마케팅에 비해 한정적이다. 하긴 노출과 유인, 개입 및 측정을 핵심으로 한다는 점에서 온라인 마케팅이나 가상세계 마케팅은 비슷하다. 그러나 가상세계 마케팅은 게임 기반에서 이뤄지다 보니 좀더 스토리 기반이 강한 편이다.

또한 온라인 마케팅은 이미 모든 기업의 관심사이고 온라인 광고 시장의 가파른 성장세와 함께 그 영역이 더욱 확장되고 있다. 반면 가상세계 마케팅은 최근 들어 기업의 관심을 받고 있는 마케팅 영역이다.

이러한 구분이 필요한 이유는 무엇일까? 물론 장기적으로는 이러한 구분이 사라지겠지만, 당장은 그 차이를 인정하며 접근할 필요가 있다. 온라인 마케팅은 이미 시장이 만들어져 있고 기업에서도 관련 마케팅을 활발하게 진행하고 있는 영역이다. 반면 가상세계 마케팅은 이제 초보적 단계의 관심 영역이다. 이는 곧 기업이 현재를 위해서는 온라인 마케팅 활동을 전개하고, 미래를 위해서는 가상세계 마케팅 활동을 계획 및 실험해야 한다는 것을 의미한다. 물론 시간이 지나면 이러한 차이나 구분은 사라질 것이다. 모든 온라인 환경에서 3D 가상세계가 구현될 것이기 때문이다.

새로운 차원의 비즈니스 모델

엄밀히 말해 세컨드라이프의 원조는 한국이다. 그 원류가 한국의 온라인 비즈니스에 먼저 존재했던 것이다. 사실 가상세계에 대한 시도는 오래 전부터 있었고 많은 시행착오를 거쳐 좀더 안정적인 모델로 거듭난 것이 세컨드라이프이다. 이러한 세컨드라이프의 성공을 기점으로 해서 앞으로 수년 내에 모든 사람이 가상세계를 자연스럽게 누비게 될 것이다.

2000년에 서비스를 시작한 다다월드는 3D 가상현실 커뮤니티라는 점에서 세컨드라이프와 콘셉트가 같다. 그들은 당시 폭발적인 반응을 얻어 금세 10만 명의 거주자를 확보했고 세컨드라이프처럼 가상공간을 평수단위로 판매했다. 많은 기업이 가상공간을 구입해 입주했던 것이다.

그러나 IT버블 붕괴와 당시 초고속인터넷 인프라의 미비로 제대로 성장하지 못한 채 주저앉고 말았다. 다다월드는 2003년에 서비스를 시작한 세컨드라이프보다 몇 년 앞섰지만, 시기가 좀 일렀는지 그대로 좌초했다.

한편, 채팅사이트 세이클럽은 2000년 아바타를 유료화하면서 가상공간의 자신을 꾸미는 데 돈을 써야 한다는 새로운 비즈니스 모델을 만들어냈다. 이후 아바타 서비스를 지원하던 국내의 주요 사이트도 아바타 유료화에 동참했고, 아바타는 온라인에서의 안정적인 비즈니스 모델로 각광받았다.

아바타 유료화는 가상공간을 판매하는 세컨드라이프와 유사한 비즈니스 모델이다. 이때부터 사람들은 가상의 존재를 위해 현실의 돈을 쓰는 것을 자연스럽게 받아들였다. 만약 가상의 존재를 위해 돈을 쓰는 것이 받아들여지지 않았다면 세컨드라이프는 비즈니스 모델이 될 수 없었을 것이다.

진화는 어느 한순간이 아니라 과정과 연속성에 의해 이뤄진다. 마찬가지로 가상세계도 진화를 통해 지금과 같은 초기 정착단계를 맞았고, 앞으로 안정적 정착과 대중화라는 단계를 거쳐 전방위적인

3D 가상세계의 확산으로 이어질 것이다. 실제로 기술적 차원에서 볼 때, 웹의 진화 과정에서 3D 가상현실은 앞으로 가장 성장할 영역이다. 웹의 3D 환경으로의 진화는 대세이자 거스를 수 없는 진화 과정인 것이다.

돈을 주고 사는 또 하나의 삶, 세컨드라이프

샌프란시스코에 있는 IT기업 '린든 랩Linden Lab'이 2003년 첫선을 보인 '세컨드라이프Second-life'는 3D 온라인 가상현실 커뮤니티이다. 온라인에서 가상으로 또 하나의 삶을 사는 것이다. 가입은 무료이고 열여덟 살 이상이면 전 세계 누구나 세컨드라이프의 시민이 될 수 있다. 여기에서는 경제활

동에 대한 규제나 세금이 없으며 한 달에 9.95달러(한화로 약 10,000원)만 내면 512제곱미터의 토지가 주어지고 어떤 형태의 사업이든 할 수 있다. 물론 세컨드라이프 내에서는 자본주의의 시장원리가 통용된다. 공식 통화인 린든달러(L$)를 통해 교환, 매매, 자본증식 등 경제활동이 가능하고 린든달러는 현실세계의 달러로 환전할 수 있

는 것이다. 보통 미국 달러화 대비 270대 1인데 환율은 활성화된 시장인지라 시시각각 달라진다. 2007년 세컨드라이프의 총생산규모 GDP는 약 1억 5,000만 달러에 이르는 것으로 추정되고 있다. 실재하지 않는 가상공간이 현실의 부를 축적시켜 주는 셈이다. 그리고 가상의 부가 현실로 유입되듯 현실의 부도 가상으로 유입된다.

한마디로 말해 경제적 측면에서 현실과 가상의 경계가 사라진 것이다. HSBC의 조사에 따르면 세컨드라이프를 즐기는 사람은 1주일에 보통 50~60달러를 세컨드라이프에서의 삶을 위해 쓴다고 한다.

현재 세컨드라이프에서는 가상세계 마케팅을 위한 다양한 실험이 활발하게 이뤄지고 있다. 이미 소규모 사업자만 해도 수만 명에 이르고 가상세계에 거주하는 사람은 누구나 비즈니스를 하고 있다. 심지어 세계적인 기업도 연이어 세컨드라이프에 들어가고 있다. 예를 들어 IBM, GM, 도요타, 닛산, 델, 시스코, 아디다스 등이 세컨드라이프에 사이버 지점을 열었다. 이들은 모두 세컨드라이프를 돌아다니는 아바타 고객을 자사 매장으로 유치해 브랜드 인지도를 높이고 수익도 올리겠다는 발상에서 출발한 것이다. 아울러 가상세계가 앞으로 주력 마케팅 경로가 될 것을 확신하고 미리 준비하는 접근이기도 하다.

대표적으로 IBM은 보다 전사적인 차원에서 접근하고 있다. 2006년 11월 베이징에서 열린 전략회의에서 IBM의 샘 팔미사노^{Sam Palmisano} 회장이 가상공간을 꾸미는 데 1,000만 달러를 투입하겠다고 밝힌 후, 2007년 초 3,000여 명의 IBM 직원이 세컨드라이프에 가입했고 그중 300여 명은 지속적으로 세컨드라이프에서의 대고객 마케팅 활동을 펼치고 있다. 아울러 IBM은 세계 각지에 흩어져 있는 직원들이 세컨드라이프에 모여 비즈니스 미팅을 하고 전략을 논의하는 업무방식도 도입했다. 현재 IBM의 사이버 지점을 방문하면 아바타에게 입히는 티셔츠, 모자, 재킷을 무료로 받을 수 있는데 이는 IBM의 인지도와 충성도를 높이려는 홍보 전략의 일환이다.

도요타는 미국의 젊은 세대를 타깃으로 하는 자동차 '사이온'을 출시하면서 세컨드라이프에 쇼룸을 열었다. 쇼룸에서는 시험주행은 물론 가상세계에서 사용할 자동차를 살 수 있는데, 사이온은 첫 두 달 동안 500대 이상 판매되었고 세컨드라이프에 자동차 붐을 조성했다. 더욱이 이곳에서는 현실공간의 실재 차를 살 수도 있다.

닛산은 자동차 '센트라'를 세컨드라이프 안의 거대한 자동판매기를 통해 무료로 나눠주었고 악명 높은 자동차 트랙 룹디룹^{Loop-d-loop}을 테스트할 수 있게 해주었다. 이것은 폭발적인 반응을 얻었고 이벤트 기간에 2만 대의 차량이 출고되었다. 이밖에 폰티악, 페라리 등 다양한 자동차 브랜드가 속속 세컨드라이프 속으로 들어가고 있다.

델은 세컨드라이프에서 컴퓨터를 구매하면 집으로 배달해준다. 세컨드라이프를 통해 실물 판매를 하는 것이다. 또한 시스코는 방 8개짜리 집을 홈네트워크로 구성해 텔레비전과 컴퓨터를 즐길 수 있게 만들었다. 시스코 지점은 현실세계의 비즈니스와 연결할 수 있다는 점에서 대표적인 온오프라인 결합 전략으로 손꼽힌다. 그밖에 가상세계에서 아디다스와 리복 등의 신발을 구입할 수도 있다. 물론 그것은 현실세계에 존재하는 상품이며 추가비용을 내면 신발의 컬러나 디자인을 바꿀 수도 있다. 아메리칸어패럴은 아바타용

세컨드라이프 내의 LG CNS 상암 IT센터

청바지를 판매한다.

한편 LG CNS는 세컨드라이프에 상암 IT센터와 홍보관을 실재 건물과 똑같이 만들었고, 세컨드라이프에서 방문을 신청하고 인증절차를 거치면 가상공간의 아바타가 현실공간 같이 꾸며진 상암 IT센터를 체험할 수 있게 해놓았다. 그밖에도 삼성전자를 비롯해 세컨드라이프의 가능성에 투자하는 국내 기업은 점점 늘어나고 있다.

일반 제조기업뿐 아니라 언론사도 세컨드라이프에 진출하고 있다. 대표적으로 통신사 로이터는 세컨드라이프에 '로이터 아트리움Reuters Atrium'이라는 가상 편집국을 개설했고, 실제 전담기자가 뉴스 책임자로 임명되어 세컨드라이프에서 벌어지는 각종 사건을 취재하고 있다. 세컨드라이프 안에서 일어나는 일은 현실세계에 알리고, 현실세계의 뉴스는 세컨드라이프 안에 알리고 있는 것이다. 가상세계와 현실세계를 연결하는 뉴스 통로인 셈이다.

대학도 예외는 아니다. 하버드대와 스탠퍼드대는 세컨드라이프 내에 캠퍼스를 설립했으며, 이 외에도 수많은 세계 유수의 대학이 속속 진출해 온라인 강의를 준비하고 있다.

물론 정치적 접근도 빠질 수 없다. 힐러리 클린턴Hillary Clinton의 사이

버 대선캠프를 비롯한 정치인들의 공간도 많고, 스웨덴은 사이버대
사관을 세워 여권발급 절차나 필요한 정보를 제공하기도 한다. 특히
디자이너 스텔라 매카트니 Stella McCartney는 동물보호단체와 함께 모피
를 입지 말자는 가상시위를 벌이기도 했다. 스텔라는 시위를 하면서
"모피를 입느니 이상한 옷을 입겠다"는 문구가 쓰인 티셔츠를 나눠
줬고, 세컨드라이프에서 통용되는 린든달러로 기부를 받기도 했다.

세컨드라이프에서는 세미나나 컨퍼런스도 열린다. 세컨드라이프
내의 컨벤션센터에서 강연도 하고 강연 후에 강연자와 방문자가 대
화를 나눌 기회도 있는 것이다. 심지어 가장 아름다운 아바타를 선
발하는 미인대회도 열린다. 이것은 이탈리아인 프란즈 세라미 Franz Ce-
rami가 마련한 행사로 그는 세계 최초의 컴퓨터그래픽 탤런트 에이전
시를 운영할 계획이라고 한다. 가상의 미녀를 관리하며 비디오게임
이나 광고, 영화 등에 출연시키겠다는 발상이다. 이미 세컨드라이프
에는 '2007 미스 세컨드라이프' 나탈리아 젤마노브 Natalia Zelmanov를 비
롯해 '미스 로레알'로 뽑힌 이사벨라 삼파이오 Isabella Sampaio 등 패션모
델로 활동하고 있는 이도 많다. 물론 이들은 모두 아바타로 가상의
아바타가 실재 모델이나 연예인처럼 가상세계에서 돈을 받고 활동
하는 상황에 이른 것이다.

가상세계에서는 현실세계에서 가능한 것이면 무엇이든 가능하다.
아니, 현실세계에서 가능하지 않은 것도 가상세계에서는 가능하다.
이곳에서는 나이트클럽, 교회, 도서관 같이 실존하는 장소뿐 아니라
무인도, 우주정거장, 서부 개척시대의 도시 등 상상할 수 있는 모든
가상세계를 접할 수 있다. 나아가 평소에 만나기 어려운 세계 각지

의 다양한 사람과 하나의 사회를 구성하고 교류할 수도 있다.

이처럼 사용자는 세컨드라이프에서 자신이 꿈꾸는 모든 것을 할 수 있다. 비즈니스는 물론 사이버 결혼 그리고 사이버 섹스도 할 수 있다. 한마디로 사용자는 가상현실 속에서 창조주와 같은 권능을 누릴 수 있는 것이다. 어쩌면 현실에서 도저히 이룰 수 없는 꿈을 실현시킬 수 있다는 점에서 사람들이 열광하는 것인지도 모른다.

세컨드라이프는 좋은 놀이터이자 마켓이다. 물론 게임의 형식으로 이루어지지만 결코 게임이 아니다. 대부분의 게임은 미션을 수행하고 점수를 얻어 최종 목적에 이르지만 세컨드라이프에는 목적이 없다. 우리가 현실의 삶을 누리는 것처럼 사용자가 하고 싶은 것을 마음대로 하게 한다. 그런 점에서 세컨드라이프는 비록 게임 환경처럼 보이긴 하지만 본질은 가상현실을 기반으로 하는 커뮤니티인 셈이다.

우리가 기존의 온라인 커뮤니티에 열광하고 대부분의 네티즌이 온라인 커뮤니티 활동을 하듯, 앞으로 온라인 커뮤니티가 기술적으로 진화해 3D 가상현실 커뮤니티 형태를 띠게 될 것이다. 그런 점에서 세컨드라이프는 앞으로 모든 온라인 커뮤니티가 지향해야 할 모델이자, 그를 위한 가장 첨예한 실험이라 할 수 있다.

물론 세컨드라이프가 모든 가상세계 마케팅의 대안은 절대 아니다. 세컨드라이프는 가상세계 마케팅을 위한 좋은 테스트베드^{Test Bed}의 의미로 바라봐야 한다. 지금 당장 세컨드라이프에서 막대한 마케팅 비용을 들일지라도 그에 상응하는 기대 효과를 거둘 수는 없다. 세컨드라이프의 거주자는 1,000만 명에 이르지만 그들이 매일 거기서 노는 것은 아니기 때문이다. 매일 들어와서 활동하는 사람은 아직 수십만 명 수준에 불과하다. 더욱이 특정 기업이 만들어 놓은 마케팅 공간에 들어오는 이들은 하루에 수백 명 수준이다.

따라서 비용 대비 효과 측면으로 보자면 아직은 포털사이트에서 온라인 마케팅을 하는 것이 현명할 것이다. 하루에도 수백만 명 심지어 수천만 명에게 노출되는 포털사이트는 직접적인 마케팅 효과가 있기 때문이다.

그렇다면 가상현실 커뮤니티 같은 가상세계 마케팅은 실효성이 없다는 말인가? 그렇지 않다. 지금 당장은 아닐지라도 미래를 위해 그것은 꼭 필요하다. 수년 아니 그보다 짧은 기간 내에 가상현실 커뮤니티가 활성화되어 모든 온라인 사용자가 가상세계의 거주자가 될 것이기 때문이다.

그때가 되어서야 허둥지둥 가상세계 마케팅에 뛰어들 것이 아니라 지금부터 준비를 해야 한다. 그래야만 상대적으로 경쟁우위에 서게 되고 여러 가지 테스트와 시행착오를 통해 가상세계에서 가장 효과적인 자사의 마케팅 방법을 찾아 완성해갈 수 있다. 그것이 지금 가상세계 마케팅에 관심을 가져야 할 가장 큰 이유이다.

가상세계에서 찾은 진화 코드

첫째, 개방성과 즉시반응을 구현하라

기업은 무엇보다 개방된 플랫폼을 구축해야 한다. 가상현실 마케팅의 최대 장점이 이용자의 참여를 적극 유도할 수 있는 것이기 때문이다. 예를 들어 기업의 가상공간을 방문한 이용객이 기업의 전통적인 로고를 다양한 색깔로 꾸며 자신만의 로고로 만들고 이것을 구매할 수 있게 하거나, 정형화된 틀 없이 게임 혹은 이벤트에 참여하는 참가자의 의지에 따라 결론이 바뀌는 스토리를 구성하는 것이다. 이러한 과정은 자연스럽게 브랜드 로열티와 홍보 효과 증가로 이어질 수 있다.

또한 이용자에 대한 즉시반응은 필수적이다. 가상공간에서는 전 세계 고객과 24시간 만난다는 점에서 기존의 마케팅 채널과 확연히 다르다. 따라서 이용자의 문의·불만·아이디어 등이 제기되었을 때, 언제나 응답하고 해결하는 모습을 보여준다면 기업에 대한 고객의 신뢰감과 친밀도는 한층 높아질 것이다.

둘째, 무한대 윤회의 자유가 주는 매력을 활용하라

가상세계의 매력에 빠져드는 이유는 그것이 누구에게나 열려 있는 새로운 기회이기 때문이다. 그곳에서는 현실세계에서 이루지 못한 꿈을 이룰 수도 있고 현실적 제약으로 펼치지 못했던 일탈과 자유를 마음껏 누릴 수 있다. 말 그대로 제2의 인생을 살 수 있는 것이다. 죽은 다음 다시 태어나 새로운 생명으로 살아가는 윤회설을 믿든 믿지 않든 가상세계에서는 가상의 자아를 통해 새로운 인생을 살아갈 수 있다. 그것도 맘에 안 들면 지우고 새로 만들 수 있는 '무한대 윤회의 자유'를 얻게 되는 것이다. 그것이 현실세계에서는 전지전능한 신의 영역이지만 가상세계에서는 인간의 영역, 즉 우리의 영역이 된다. 누가 이런 매력을 거부할 수 있으랴!

가상세계는 현실세계보다 다소 과장되어도 좋고 일탈이나 도를 넘어서는 행동도 허용된다. 따라서 가상세계에 접근하는 마케팅 전략은 이를 십분 활용해야 한다. 가상세계를 누비는 사람들의 태도가 현실세계에서의 태도와 크게 다르기 때문이다. 가상세계에서는 좀더 자유롭고 거침없으며 도전적인 사람들을 대하게 된다. 그들은 분명 현실세계에 기반을 둔 실존 인물이지만, 가상세계의 자아로 머무는 동안에는 현실세계와 전혀 다른 모습으로 변신하는 것이다. 그 변신을 적극 지지하는 태도에서 그들을 유인할 수 있는 전략이 나온다.

셋째, 현실과 가상의 유기적인 연결을 시도하라

현실과 가상이 확연히 구분되면 몰입에 한계가 나타나게 된다. 그러므로 현실에서 벌어지는 일이 가상으로 그대로 옮겨지거나, 가상에서의 일이 현실에 그대로 나타나는 등 두 공간의 유기적인 연결이 필요하다. 현실과 가상의 불일치에서 오는 괴리와 몰입 장애를 극복해야 하는 것이다.

LG전자가 2007년 2월에 실시한 '낸시 랭 실종 사건'은 가상게임을 마케팅에 접목한 시도였다. 자극적인 문구 때문인지 사람들은 실제로 낸시 랭이 실종된 것으로 착각하기도 했고, 비록 논란이 일긴 했지만 주목은 받았다. 이것은 사용자들이 가상세계에서 제공되는 실마리를 따라 납치된 낸시 랭을 찾아가는 게임으로, 게임이 진행되는 동안 낸시 랭은 실제로 외부에 모습을 드러내지 않은 채 칩거했다. 가상에서의 실종을 현실에 연결시켜 가상과 실재의 경계를 무너뜨린 이 게임은 긍정적인 시도라고 할 수 있다. 가상현실 마케팅의 또 다른 시도였기 때문이다.

넷째, 효과 측정과 과학적 분석을 남겨라

이것은 가상세계 마케팅뿐 아니라 모든 온라인 마케팅에서 필수적인 접근 코드이다. 현실세계에서 하던 모호하고 측정 불가능한 마케팅의 관성을 버려라. 측정과 수치 분석이 가능해야 마케팅 성과 진단이 가능하다. 개인별 측정도 가능하므로 모호하고 추상적인 마케팅 접근은 지양해야 한다. 가상세계에서 어떤 마케팅을 시도했다면 로그는 물론 수치로 설명할 데이터가 남아야 한다. 이는 마케팅 효과에 대한 현실적인 측정과 함께 미래의 마케팅에서 중요한 기준이 되는 업무적 접근이다.

다섯째, 가상세계에 동화되는 마케팅을 펼쳐라

가상세계를 바라보는 마케터의 시선이 이질적이고 관찰자의 입장이어서는 안 된다. 마케터 스스로가 가상세계에 자연스럽게 동화되어야 하는 것이다. 현실세계에 접근하는 시각으로 가상세계를 머리로만 이해해서는 곤란하다. 가장 좋은 것은 가상세계에서 활발하게 활동하고 있는 사람을 가상세계 마케팅 담당자로 채용 혹은 계약하는 것이다. 일종의 가상세계에 파견한 자사의 마케팅 담당자가 되는 셈이다. 가상세계에 동화되지 않은 마케터가 가상세계의 마케팅 활동을 수행하는 것은 절대 금물이다. 단순히 바라보는 것만으로는 발빠른 그들을 따라잡는 감각을 발휘할 수 없다. 이론적으로 생각하는 마케팅이 아니라 몸소 느끼고 표현하는 마케팅이 필요하다.

누구나 한번쯤은 현재와 다른 제2의 삶을 꿈꿔본다. 기업도 가상현실 속 마케팅을 단순히 마케팅 채널을 늘린다는 식의 접근이 아니라 색다른 모습으로 고객에게 접근해 고객과의 친밀도를 높이는 기회로 삼는 건 어떨까?

남보다 빨리, 하지만 신중하게

과거의 시각으로 볼 때는 '가상세계에서 어떻게 현실세계와 같은 비즈니스가 이뤄질 수 있겠는가'라고 생각할지도 모르지만, 미래의 시각에서는 가상과 현실을 더 이상 구분하지 않는다. 그럴 필요도 없고 또한 그래서도 안 된다. 미래의 시각에서는 가상세계가 실재하지 않는다고 말하는 것도 난센스이다.

눈에 보이고 그 속에 존재하는 모든 것과 상호작용도 하며 친목에서부터 정치적, 경제적 활동까지 가능한데 어떻게 그것을 실재하지 않는다고 할 수 있을까? 이제 현실보다 더욱 현실적인 가상세계가 등장해 현실과 가상의 경계를 무너뜨리고 일상생활에서 가상과 현실이 공존하게 될 날이 멀지 않았다. 아니, 그것은 이미 시작되었다.

현재 가상세계에서는 폐인이라 불릴 만큼 몰입하는 사람과 몇몇 사람의 창조적 접근이 왕성하게 일어나고 있다. 사회적 강자나 다수가 현실세계에 충실한 반면, 현실세계에서 약자이거나 장벽에 가로

막힌 이들은 그 분출구로써 가상세계에 더욱 몰입하는 것이다. 10대와 20대가 가상세계에서 득세하는 이유도 현실세계보다 가상세계에서 더 큰 만족을 얻기 때문이다.

따라서 현재 가상세계에서의 마케팅 효과는 그리 크지 않다. 물론 가상과 현실의 경계가 무너지면 현실세계에서의 강자와 다수의 사람도 가상세계로 깊이 진출할 것이다. 이것은 충분히 예측 가능한 미래의 상황이며 그렇기 때문에 현재 가상세계의 마케팅에 관심을 기울여야 한다.

지금은 가상세계의 마케팅에 대한 다양한 시도와 실험이 필요하고 또한 그것을 하기에 충분한 시점이다. 적어도 지금 가상세계 마케팅에 뛰어들어야 앞으로 가상세계 마케팅의 효과가 검증될 시점에 남보다 먼저 효과를 누릴 수 있을 것이다.

아직까지 가상세계 마케팅은 테스트베드의 성격이 강하다. 그러므로 당장의 성과를 위해서라기보다 미래를 위한 준비 차원에서 접근하는 시각이 필요하다. 자사 마케팅 전략, 최적의 시나리오, 소비자 반응, 필요한 상품 등은 가상세계에서의 실험을 통해 수집된 데이터가 그 답을 말해줄 것이다.

새로운 시장, 새로운 소비자에 대한 대응에서 실험과 시행착오가 없을 수는 없다. 하지만 경쟁사보다 먼저 시행착오를 겪는 것이 최고의 상황이다. 먼저 대안을 찾고 시장을 공략해나갈 수 있기 때문이다.

후발주자로 따라갈 것인지 아니면 미리 가서 기다리는 선발주자가 될 것인지는 여러분에게 달려 있다. 한 가지 분명한 것은 좀더 부지런한 사람에게 가상세계의 마케팅에서 유리한 고지를 점유할 기회가 보다 많이 주어질 것이라는 점이다.

물론 그 기회에는 위기도 있다. 계산되지 않은 과도한 시도로 기회비용을 낭비하는 것도 위기가 될 수 있다. 또한 가상세계에서 생기는 일탈과 비도덕적 행태로 인해 예상치 못했던 마케팅 위기를 겪는 일도 간과할 순 없다. 무엇보다 큰 위기는 늑장대응에서 나올 것이다. 가상세계를 마케팅 경로로 인식하지 못하고 방관하다 경쟁사가 가상세계를 장악한 후에야 비로소 뛰어들어 기회를 놓치는 것이야말로 가장 큰 위기가 아닐까? 아직 가상세계가 완전히 정착된 것도, 그 속에서 마케팅 성과를 크게 기대할 상황으로 성장한 것도 아니다. 하지만 엄청난 기회가 숨겨져 있음은 부정할 수 없다.

가상세계는 어떻게 진화할 것인가

가상세계는 분명 진화하고 있다. 3D가 인터넷의 미래이자 3D 기반의 가상세계가 성장할 것이라는 주장은 미국 경제주간지 〈비즈니스위크〉, 일본의 〈노무라연구소〉, 미국의 〈제록스연구소〉, 비영리 기술연구단체인 ASF Acceleration Studies Foundation 등의 공통된 의견이다. 이들은 모두 각자의 방법으로 3D 기반의 가상세계를 주목 및 연구하고 있다. 굳이 이들이 주장하는 근거를 빌리지 않더라도 웹이 3D 중심으로 진화하고 더불어 3D 기반의 가상세계가 확산될 것이라는 점은 전문가들 사이에서 오래 전부터 예견되어 온 일이다.

세컨드라이프는 어디까지나 가상세계에 대한 관심을 촉발시킨 계기에 불과하다. 여기에 더해 가상세계 상호 운용성이 현실화할 날이 머지않았다. 장벽으로 가로막혀 있던 가상세계 사이의 콘텐츠, 화폐 심지어 ID까지 공유하게 되면 그 영향력과 활용도는 더욱 커질 것이다.

물론 지금 당장 그렇게 된다는 것은 아니다. 하지만 IBM, 시스코 시스템즈, 인텔, MS, 모토로라, 구글, 소니 등의 IT 대기업과 세컨드라이프 개발사인 린든 랩을 비롯해 멀티버스 네트워크, 민다크 등 대표적인 가상세계 개발사가 모두 가상세계 상호 운용성의 필요성을 인식하고 있어 조만간 이뤄질 것으로 보인다. 그 시작으로 린든 랩과 IBM이 가상세계 간 ID를 통일하기 위한 제휴를 발표하면서 이러한 움직임이 서서히 표면화되고 있다.

아울러 가상세계 서비스도 점차 확산되고 있다. 우선 세컨드라이프가 각국 언어별 서비스를 확산시키고 있고 그밖에 새로운 가상세계 서비스도 속속 등장하고 있다. 그중 대표적인 것이 소니의 '홈'이다. 세컨드라이프와 유사한 가상세계를 지향하는 것 중 하나가 소니가 PS3에서 선보일 '홈'서비스로, 이것은 3D 가상 게임공간에서의 가상현실 커뮤니티를 구현한다. 또한 한국의 싸이월드도 2008년 상반기에 3D 가상현실 커뮤니티로 전환할 계획이다. 기존의 2,200만 명에 이르는 싸이월드 사용자가 3D 가상현실 환경으로 진입하면 국내의 가상세계는 더욱 확산되고 성장할 것으로 전망된다.

이처럼 가상세계는 IT 산업의 새로운 성장 동력이자 웹 기반 비즈니스에서의 새로운 먹을거리로 급부상하고 있다. 즉, 관련 기업의 잇따른 투자와 신규 서비스 개발이 줄을 이을 것이라는 얘기다. 물론 사용자의 가상세계 진입도 더욱 가속화될 것이다.

가상세계가 진화하면 가상세계 마케팅 또한 진화해야 한다. 초기에는 가상세계에서의 다양한 마케팅 시도와 함께 시행착오를 겪을 수도 있지만, 모든 인터넷 사용자 환경이 가상세계로 옮겨지는 시점이 되면 가상세계 마케팅은 안정적으로 정착될 것이다.

가상세계는 일시적인 유행이나 즉흥적인 이벤트 공간이 아니다. 10대나 20대들만 노는 게임공간으로 치부해서도 안 된다. 이제 전체 연령대를 아우르며 현실세계에 버금갈 정도로 가상세계가 구축 및 운영되면 우리 모두가 그 속에 안정적으로 정착하게 될 것이다. 현실보다 매력적인 가상세계가 있는 한, 가상세계는 우리가 반드시 잡아야 할 마케팅 경로이다. 이를 간과해서는 절대 안 된다.

벗어날 수 없는 가상세계의 유혹

● Key Point

가상공간과 아바타는 현실이 아니지만 그 속에서 생활하는 사람들의 실체는 현실에 있다. 따라서 가상세계는 현실세계에 존재하는 소비자의 또 다른 마케팅 경로라고 할 수 있다. 소비자가 가상세계로 간다면 마케터도 가상세계로 가야 한다.

가상세계는 더 이상 현실세계와 분리된 가짜 공간이 아니라, 조만간 현실과 긴밀히 연결될 제3의 공간으로 우리의 일상 속에 깊이 자리 잡을 것이다. 10여 년 전 인터넷이 그러했듯, '설마 그렇게까지 일상에 파고들까' 하는 대상이 바로 가상세계임을 명심하자.

● Think About

① 기술의 진화로 모든 현실이 가상세계로 감쪽같이 옮겨진다면 여러분은 무엇을 옮기겠는가? 그것으로 어떻게 마케팅할 것인가?

② 현실세계 소비자의 행동양식과 가상세계 소비자로의 행동양식은 다를까? 다르다면 왜 다를까? 무엇이 그들을 다르게 만드는 걸까?

③ 세컨드라이프(혹은 유사한 가상세계)에서 여러분의 기업 혹은 제품을 마케팅한다면 어떤 점에 가장 중점을 두고 싶은가? 경쟁사와 경쟁제품은 과연 어떤 점에 중점을 둘 것이라고 예상하는가? 가상세계에서 소비자를 사로잡기 위한 차별화된 마케팅 전략은 무엇일까?

02

상상력의 그릇에 문화를 담다

Imagination

• • •

상상력은 돈이자 권력이다.

상상력과 결합한 상품 및 서비스, 마케팅이 시장을 주도하는 것은 물론

상상력이 풍부한 지도자가 국가를 이끌고

또한 상상력이 풍부한 리더가 회사를 이끌게 된다.

알라신의 선물 : 모하메드의 하루

중동에 사는 모하메드는 아내와 생후 18개월 된 아이를 둔 스물여덟 살의 가장이다. 그는 중동의 전형적인 젊은 세대로 현재 미국으로 일주일간 출장을 떠난 아내를 대신해 아이 돌보랴 회사에 다니랴 눈코 뜰 새가 없다. 중동에서도 여성의 사회진출이 활성화되면서 맞벌이 부부가 점점 늘고 있는 추세다. 물론 시대가 바뀌고 의식이 진보되었어도 모하메드 가족은 여전히 독실한 모슬렘이다.

2008년 어느 월요일, 모하메드는 일어나서 샤워를 하자마자 텔레비전을 켰다. 텔레비전을 켜자 코란이 나왔고 그 다음으로 그는 뉴스를 보았다. 대우일렉에서 만든 코란TV는 텔레비전을 켤 때 코란이 나오는 기능을 접목해 이슬람교도가 다수인 중동에서 히트상품이 되고 있다.

또한 코란TV와 함께 파란색을 텔레비전에 접목시킨 블루TV도 히트상품이다. 중동 사람들은 유난히 파란색을 좋아한다. 사막이 많아서 그런지 카키색을 싫어하고 물을 상징하는 파란색에 대한 선호도가 매우 높은 것이다. 블루TV는 이것을 활용해 컬러 마케팅을 한 경우이다. 그렇다고 대단한 기술이나 기능이 접목된 것이 아니라 텔레비전을 시청하지 않을 때 브라운관색이 파랗게 보일 뿐이다. 그들의 문화와 환경을 세심히 관찰해 상상력을 결합한 결과 히트상품을 만들어낸 것이다.

출근하기 전에 냉장고에서 오렌지주스를 한 잔 마시려고 열쇠로 냉장고 문을 열었다. 굳이 잠그지 않아도 되지만 습관이 되어 자꾸만 잠그게 된다. 모하메드의 집에는 대우일렉의 자물쇠 달린 냉장고가 있다.

중동지역은 예로부터 물과 음식이 귀했다. 그래서 그런지 그들에게 냉장고는 단지 시원하게 해주는 도구이기보다 중요한 것을 보관해두는 도구로서의 의미가 강하다. 대우일렉은 이러한 문화적 배경을 상상력에 응용해 세계 최초로 자물쇠 달린 냉장고를 만들었고 당연히 중동지역에서 히트상품이 되었다. 간단한 잠금장치 하나 달았을 뿐인데 타사제품과 확실한 차별화를 이루면서 냉장고의 가치 혁신을 이뤄낸 것이다. 냉장고에 원가 몇 천 원(어쩌면 그 이하가 될 수도 있다)도 안 되는 열쇠구멍 하나 만든 것이 중동지역에서 특화된 냉장고를 탄생시킨 셈이다.

모하메드는 회사 내의 탁아소에 아이를 맡기기 전에 1회분의 분유를 덜어 보관할 수 있는 휴대용 분유통으로 아이의 분유를 탔다. 휴대용 분유통은 외출할 때나 밤에 수유할 때 분유 조제가 편리해 유아가 많은 중동지역의 히트상품이다. 최근 중동지역은 인구증가율이 높아 유아관련 시장을 주목한 기업들의 진출이 활발한데, 독특한 아이디어와 상상력으로 마케팅을 하는 경우가 많다.

점심시간에 그의 휴대전화로 미국
에 출장 간 아내로부터 전화가 왔다.
일이 예상보다 빨리 끝나 하루 먼저
온다는 것이다. 모하메드가 사용하
는 휴대전화는 LG전자에서 만든
'메카인디케이터폰'이다. 중동에서
는 이것을 '메카폰', '키블라^{Qiblah} 폰'
이라고 부르는데, 이 휴대전화에는

LG전자의 메카인디케이터폰

메카의 방향을 알려주는 기능과 하루 다섯 번 이슬람의 기도시간인
살라트^{Salat}를 알려주는 기능이 포함되어 있다. 모슬렘은 하루에 다섯
번 메카가 있는 쪽을 향해 기도한다는 발상을 상품화한 것이다. 전
세계 11억 명의 이슬람교도에겐 아주 매력적인 상품이 아닐 수 없
다. 덕분에 모하메드는 오늘도 살라트를 잘 지켜 알라신에게 기도할
수 있었다.

퇴근 후, 모하메드는 사내 탁아소에 들러 아이와 함께 집으로 돌
아왔다. 마침 집에는 주문한 러닝머신과 제모기가 도착해 있었다.
모하메드는 다이어트를 하고 싶다는 아내를 위해 그녀가 출장에서
돌아오면 보여주려고 며칠 전에 러닝머신을 주문했던 것이다.

중동지역 여성들의 사회진출이 늘면서 필립스^{Philips}가 중동에 들여
온 여성용 러닝머신이 뜨거운 호응을 얻고 있다. 요즘 미용과 다이
어트는 중동지역 여성들의 주요 관심사로, 브라운^{Braun}에서 들여온
제모기는 없어서 못 팔 정도이다. 그동안 몸을 가렸던 여성들이 사
회진출과 함께 몸을 조금씩 노출하게 되면서 다이어트를 위한 러닝

머신과 여성용 제모기 시장이 형성된 것이다. 아니 그보다는 오히려 사회적 변화를 보고 이들 제품이 마케팅 상상력을 발휘해 시장을 만들어냈다는 것이 더 정확할 것이다.

모하메드가 하루를 보내며 이용한 상품들은 중동지역의 사회, 문화적 환경을 상상력으로 응용해 마케팅한 성공사례이다. 알라신을 이해하자 마케팅 상상력이 나왔고 그것이 곧 마케팅의 성공을 이끈 것이다. 특히 오일머니로 소비력이 극대화되고 있는 중동 시장을 노리는 전 세계 기업들의 성패는 누가 더 날카롭고 공감이 가는 상상력을 발휘하느냐에 달려 있다.

그 누구도 상상할 수 없었던 것을 팔아라

여전히 놀라운 상상력의 가치

100여 년 전, 미국의 특허등록담당관은 "이제 더 이상 새로운 발명품은 없다. 나올 건 이미 다 나왔다"라고 말했다. 지금 기준으로 보면 터무니없는 오만이자 무지라고 할 수 있다. 그런데 놀랍게도 당시에는 그 말이 통했다고 한다. 그들은 상상력의 가치를 몰랐던 셈이다.

물론 지금도 상상력의 가치를 모르는 사람은 존재한다. 그것도 무수히 많다. 그래도 여전히 새롭고 놀라운 발명품은 무수히 쏟아지고 있고 그것이 우리의 미래와 역사를 바꾸고 있다. 우리에게 상상력이 존재하는 한 앞으로도 계속 그럴 것이다.

마케팅은 상상력의 발상 및 구현 과정이다. 상품개발은 물론 시장조사, 생산과 판매의 전 과정에서 가장 중요한 요소가 상상력이기 때문이다. 특히 상상력은 블루오션을 개척하는 지름길이다. 경쟁자가 미처 고안하지 못한 새로운 상품과 서비스로 시장을 공략하기 위해서는 새롭고 독창적인 상상력이 필요한 것이다.

미래의 경쟁력은 결국 상상력과 창의력에 달려 있다. 누가 더 새롭고 신선한 발상을 하느냐가 곧 마케팅을 비롯해 전체 비즈니스의 성패를 좌우할 강력한 무기가 되는 것이다. 그리스의 선박왕 오나시스는 "사업비결은 다른 사람은 아무도 모르는 무엇을 아는 것이다"라고 말했다. 아무도 모르는 새롭고 독창적인 상상 속에서 새로운 기회가 만들어진다는 얘기다.

그동안 마케팅에서 벤치마킹은 중요한 위치를 차지했다. 특히 미국이나 유럽의 성공사례를 따라하려는 전략이 대세였다. 그러나 이제는 더 이상 따라하거나 베낄 필요가 없다. 지금 필요한 것은 상상력이다. 다른 무언가를 베끼거나 흉내 내는 마케팅이 아니라 새로운 욕구와 필요를 창조해낼 상상력에서 나온 마케팅이 필요한 것이다.

상품이 아닌 문화를 팔아라

중동지역에서 히트상품이 된 키블라폰, 자물쇠 있는 냉장고, 코란TV, 블루TV 등은 획기적인 기술력이 아니라 문화적 상상력을 판 사례이다. 상품이 아니라 문화를 팔아야 하며 그러기 위해서는 이미 존재하는 문화를 이해하고 다가서야 한다는 불변의 진리를 상상력의 힘으로 구현해낸 것이다. 좋은 기술과 기능, 뛰어난 디자인, 가격

경쟁력을 능가하는 무기가 바로 문화를 파고드는 상상력의 힘이다.

　마찬가지로 신생 거대 시장인 브릭스^{BRICs}(브라질·러시아·인도·중국)에 진출할 때도 나라별 문화와 전통을 상상력으로 접목시킨다면 훨씬 유리한 고지를 점할 수 있을 것이다. 즉, 문화적 상상력을 팔아야 한다.

　상상력을 판다는 것은 없는 것을 만들어내자는 게 아니다. 존재하는 것에 상상력을 덧붙여 새로운 가치와 기회를 만들자는 것이다. 작은 아이디어가 새로운 기회를 만들어낸 사례로 해마다 여름에 여의도에서 펼쳐지는 서울세계불꽃축제를 들 수 있다. 그 축제에는 주변을 교통대란으로 몰고 갈 정도로 인파가 몰리고 있으며 방송사 콘서트와 결합해 방송중계도 하고 있다. 이는 한화에서 자사 대표상품인 화약을 효과적으로 알리기 위한 아이디어로 만들어낸 성과물이다. 위치도 한화 소유의 대한생명이 있는 63빌딩과 가까운 한강둔치로, 한화로서는 매우 효과적인 마케팅인 셈이다.

　혁신은 무에서 유를 창조하는 것이 아니라 유에서 새로운 유를 창조해내는 것이다. 그러기 위해서는 상상력을 촉진하는 조직 환경에서 제품개발과 판매를 고민하고, 상품에 문화적 상상력을 입혀 새로운 가치를 찾아낼 수 있어야 한다. 더불어 상품에 소비자의 필요와 욕구를 덧붙여 새로운 시장을 만들어내는 것이 필요하다.

　다른 한편으로 계속 진화하는 소비자를 따라잡아야 한다. 오늘날의 소비자는 생산을 주도하기도 하고 권력을 갖기도 한다. 더욱이 소비자의 눈높이가 높고 선택의 폭이 넓어 웬만한 것에 만족하지 않는다.

이러한 소비자를 사로잡으려면 더욱 놀랍고 참신한 상상력이 필요하다. 이를 위해 소비자를 관찰하고 그들의 니즈와 원츠를 읽어내야 한다. 그리고 그것을 상상력으로 구현한 상품이나 서비스를 만들어 공략해야 한다. 로봇청소기, 스팀청소기, 음식물쓰레기건조기 등은 모두 소비자 관찰에서 나온 상상력이 소비자를 따라잡은 마케팅의 성과이다.

마케팅 상상력은 더하기와 빼기에서 시작한다

창조는 대개 두 가지로 나뉜다. 하나는 기존에 없던 것을 새롭게 만들어내는 것이고, 다른 하나는 기존에 있던 것에 무언가를 더해 새로운 것을 만들어내는 것이다. 후자의 예를 들면 전화기에 카메라를 더하고 여기에 전자수첩과 인터넷까지 더하다 보니 최첨단 휴대전화로 거듭나는 식이다. 냉장고에 홈네트워크가 연결되고 모니터가 붙어 인터렉티브 냉장고로 거듭나기도 한다. 이러한 힘은 컨버전스에서 나오는데, 섞고 붙이고 더하다 보면 새로운 가치가 생성되는 것이다.

참다래유통사업단은 농수산홈쇼핑에서 고구마를 팔 때 구이용 냄비를 원가로 끼워 팔았다. '고구마를 판매하는 업체가 왜 냄비를 끼워 팔까'라고 생각할지도 모르지만, 고구마를 더 맛있게 구워먹을 수 있는 구이용 냄비를 산 사람이 계속 고구마를 더 사먹지 않겠는가? 이는 일회성 판매가 될 고구마에 구이용 냄비가 결합해 다회성 판매를 유도한 상상력의 성과이다.

물론 상상력에는 더하기만 있는 것이 아니라 빼기도 있다. 새로운 것을 많이 첨가해 보다 좋은 기능과 장치를 더하는 것도 좋지만, 오히려 무언가를 빼서 단순하게 만드는 것도 필요하다. 예를 들어 포털사이트에서 검색엔진만 두고 나머지를 모두 빼 사용자의 접근성과 활용성을 높여 포털사이트 시장의 절대강자가 된 구글은 상상력의 빼기를 잘한 경우라 할 수 있다. 수많은 버튼과 장치들을 빼 혁신적인 도구가 된 애플의 아이팟, 초박형 휴대전화, 얇은 모니터, 선을 없앤 무선전화기, 원피스 수영복에서 가운데를 빼낸 비키니는 모두 빼기를 잘한 상상력의 결과이다.

마케팅 상상력을 필요로 한다면 우선 더하기와 빼기부터 시작하라. 상상력의 더하기와 빼기 발상이 세상을 바꾸는 획기적인 제품을 만들어내기도 하고 놀라운 마케팅 성과를 가져오기도 한다.

날카로운 상상력을 내세워라

마케팅에서는 모호하고 추상적인 공상이 아니라 날카롭고 계산된 상상력이 필요하다. '날카로운 상상력'이란 상상력도 현실적이고 과학적이며 전략적으로 접근하면 훨씬 높은 혁신적 가치를 지닌 '구체적인 프로세스를 가진 실체'임을 설명하는 키워드이다. 또한 '날카로운 상상력'은 상상력 경영과 창조 경영을 위한 접근방법론이다. 이것은 상상력 경영의 중요성에 대한 동기부여와 더불어 접근방법에 대한 보다 명확한 문제의식 및 접근방식의 이해를 돕는다.

날카로움은 현실감각을 유지시키고 상상력은 미래감각을 만들어내는데, 현실감각과 미래감각의 유기적 결합이 곧 창조와 혁신의 원천이다. 따라서 지식정보 분석력과 냉철한 논리력을 의미하는 '날카로움'만 뛰어나서도 안 되고 '상상력'만 뛰어나서도 안 된다. 이들의 결합은 더하기가 아닌 곱하기라 둘 중 하나가 뛰어나고 하나는 제로라면 거기서 나오는 창의력도 제로가 되고 만다. 이들 두 가지가 고루 뛰어나야 날카로운 상상력으로 창의력을 이뤄내고 창조와 혁신을 실현할 수 있는 것이다.

상상력 경영의 시대

기술적 진화는 상상력에 날개를 단다

상상력 Imagination 은 이미지 Image 에서 출발한다. 이미지로 그려낼 수 있는 모든 것은 상상력으로 드러나고 그 상상력이 현실화되면 비로소 진정한 가치로 진화한다. 즉, 우리가 머릿속에 그려내는 모든 것은 상상력이라는 형체로 나타나게 되고 상상력으로 구현된 것은 현실화될 가능성이 큰 것이다.

디지털 기술을 비롯한 첨단과학 기술의 고도화는 인간의 상상력을 현실화, 극대화시킨다. 우리가 누리는 상상력의 산물은 대개 기술의 힘을 빌려 현실로 옮겨진 경우가 많다. 인간은 날아다니는 것을 상상하다가 비행기를 발명했고 하늘을 나는 것에서 그치지 않고 우주로 날아가기에 이르렀다. 그리고 IT 혁명이 가장 첨예하게 현실화됐던 지난 10여 년간 우리의 상상력의 힘에 우리 스스로도 놀라워했다.

수많은 디지털 신기술이 우리의 삶을 송두리째 바꿔놓을 정도로 상상력의 효과는 실로 혁명적이었다. 기술 발전은 우리가 머릿속에서 그려낼 수 있는 모든 상상을 현실로 옮겨주는 배경인 것이다.

블루오션의 핵심 원동력

세계미래학회 회장인 짐 데이토 Jim Dator 는 "최근 20년간은 이성적인 과학이 중요했지만 미래에는 감성적인 상상력에 기반을 둔 창조적 산물이 세상을 움직일 것이다. 상상력, 창조, 감성의 의미를 깨닫는 기업은 살아남을 것이고 그렇지 못한 기업은 도태될 것이다"라고 말했다. 그는 상상력과 창의력이 미래를 지배할 핵심 가치임을 강조했던 것이다.

이를 대변하듯 마이크로소프트사의 빌 게이츠 Bill Gates 는 CEO와 동시에 CIO Chief Imagination Officer 로 일한다. CIO (최고상상력책임자)는 빌 게이츠의 매우 중요한 역할 중 하나인 것이다. 또한 잭 웰치 Jack Welch 에 이어 2001년 9월부터 GE를 이끌고 있는 제프리 이멜트 Jeffrey R. Immelt 회장도 스스로를 최고상상력책임자로 부른다. 이밖에도 최고상상력책임자를 자처하는 CEO는 물론 기업 내에 CIO를 두는 기업이 늘고 있다. 이처럼 세계적인 기업의 경영자들이 스스로를 CIO로 부르거나 그와 관련된 역할에 에너지를 집중하는 이유는 그만큼 상상력의 가치가 중요한 경영 화두가 되었음을 의미한다.

지식경영 이후, 기업에서 조직의 새로운 경쟁력으로 강조하는 것이 바로 상상력이다. 기업에서 창조력과 혁신을 강조하는 것도 상상력 경영과 무관하지 않다. 지금은 어떤 기업이 더 많은 상상력과 창의력을 갖느냐에 따라 기업의 성패가 가려진다고 해도 과언이 아닌 시대이다. 이를 증명하듯 세계적인 경영학자나 유수 기업의 CEO가 최근 수년간 가장 많이 강조한 키워드가 상상력과 창의력 그리고 혁신이다. 이 세 가지 키워드의 조합이 곧 상상력 경영이라고 할 수 있다.

상상력은 창조의 원동력이다. 존재하지 않는 새로운 상품이나 서비스를 만들어내는 것의 출발점이 상상력이기 때문이다. 아무리 뛰어난 두뇌와 지식정보가 있어도 그것을 상상력과 결합시키지 못하면 새로운 창조를 통한 미래 가치 창출에는 한계가 있다. 상상력 경영은 남보다 먼저 새로운 상품을 선보일 기회를 만들어준다. 블루오션을 만드는 핵심 원동력이 상상력에 있는 셈이다.

현재 경영 현장에서는 상상력이 고부가가치의 서비스와 상품을 만들어내고 있다. 앞서가는 기업은 이미 상상력으로 혁신을 이뤄내 수익을 올리고 있는 것이다. 미래를 상상하면 좀더 현실적이고 구체적인 대안이 떠오른다. 그것이 바로 상상력의 힘이다.

21세기를 지배할 새로운 권력

프랑스의 미래학자 자크 아탈리^{Jacques Attali}는 "미래에는 넘쳐나는 정보는 실질적인 가치가 없고 희소한 자원인 시간을 얼마나 효율적으로 사용하느냐가 관건이다"라고 말했다. 이 말은 앞으로 시간을 벌어주는 사업이 더욱 활기를 띨 것이라고 해석할 수 있다. 즉, 창의적 혁신을 통해 효율성을 높여주는 상품과 서비스가 더욱 번창하고 시간을 아껴주는 상품에 대한 가치 또한 점점 커질 것이라는 얘기다.

이것 역시 상상력과 창의력에 달려 있다. 무형의 가치로 인식되던 시간이 어떤 유형의 가치보다 중요한 가치가 되고 있기 때문이다.

최근 지식정보시대는 상상력시대로 급격히 진화하고 있다. 탁월한 가치이자 경쟁력이던 지식정보가 점점 보편적인 기본 가치로 변모하고 있는 것이다. 물론 지식정보는 여전히 중요하지만, 그것이 상상력과 결합하지 않으면 진정한 지식정보시대의 혁명적 진화가 이뤄질 수 없다.

그동안 지식정보시대의 꽃으로 추앙받던 지식근로자knowledge worker의 역할은 서서히 기울고 있다. 이제는 지식만으로는 가치가 없으며, 이를 증명하듯 미국의 지식근로자는 아웃소싱Outsourcing이나 오프쇼어링Offshoring 형태로 인도에 대부분의 일을 빼앗긴 상태이다. 심지어 구글이라는 세계 최대 도서관을 이용하면 지식은 간단히 손에 넣을 수 있다.

결국 지식 자체만으로는 아무런 부가가치가 없다. 우리에게 필요한 것은 보이지 않는 것을 보는 능력, 즉 상상력이다. 다른 사람이 미처 생각하지 못한 것을 생각해내고 그것을 상품화하는 능력이 중요한 것이다.

상상력은 돈이자 권력이다. 상상력과 결합한 상품 및 서비스, 마케팅이 시장을 주도하는 것은 물론 상상력이 풍부한 지도자가 국가를 이끌고 또한 상상력이 풍부한 리더가 회사를 이끌게 된다. 미래에는 상상력이 더 강한 개인과 국가가 새로운 권력으로 떠오를 것이다. 어쩌면 상상력지수Imagination Quotient가 중요한 가치 기준이 될지도 모른다. 상상력에서 강한 자가 돈과 권력을 장악하는 시대, 그것이 바로 우리가 미래에 경험할 상상력시대이다.*

조직의 상상력이 성공을 결정짓는다

상상력을 마케팅과 경영 현장에서 활용할 때는 소소한 개별 사안과 전사적인 경우로 나뉜다. 당연히 후자가 훨씬 효율적이고 보다 많은 시너지와 성과물을 낳는다. 그 대표적인 사례가 GE의 전사적인 상상력 경영이다.

GE의 상상력 돌파 프로젝트: CEO에서 사원까지 상상력에 집중하라

잭 웰치에 이어 GE의 회장으로 취임한 제프리 이멜트는 성장엔진 발굴 수단으로 '상상력 돌파Imagination Breakthrough 프로젝트'를 직접 추진하고 있다. 그는 "상상력 돌파 아이디어는 어떤 것이라도 신성하기 때문에 예산삭감의 칼날로부터 보호받을 필요가 있다(HBR, 〈Growth as a Process〉, 2006. 6.)"라고 말했다.

실제로 GE는 전 세계에서 활동하는 직원은 물론 고객, 외부 전문

---

* 마케팅과 상상력의 상관관계에 대한 보다 많은 사례를 원한다면, 테오도르 레빗Theodore Levitt이 쓴 《마케팅 상상력Marketing Imagination》과 김용섭의 《날카로운 상상력Edged Imagination》을 읽어보길 권한다.

가 등 다양한 채널을 통해 들어온 사업 아이디어 중 1억 달러 이상의 신시장, 신사업, 신제품을 창출할 잠재력이 있는 것을 선정해 추진하고 있다.

상상력 돌파 프로젝트의 주요 유형에는 블루오션을 가능하게 하는 기술 혁신, 시장 확대 기회 창출, 고객과 GE 내부의 가치 창출을 위한 아이디어, 제품 사업화 프로젝트 등 네 가지가 있는데 이들 중에는 곧바로 사업화가 가능한 것도 있지만 10년 이상 걸리는 것도 있다고 한다.

GE는 이 프로젝트를 추진한 지 5년이 지난 지금까지 100여 개 이상의 프로젝트를 발굴해 개발을 진행하고 있다. 이미 결과가 나온 것으로는 2004년에 출시되어 좋은 반응을 얻었던 차세대 청진기 Vivid1과 15퍼센트 이상이나 연료 절감이 가능한 하이브리드 기관차(2006년) 등이 있다. 현재 진행 중인 프로젝트로는 근거리 이동수단으로 활용되는 소형 제트기, 전략 렌탈 사업으로 필요한 곳에 물이나 전기를 빌려주는 모바일 제품 등이 있다고 한다. GE의 미래는 분명 상상력의 산물로 채워지게 될 것이다.

직원들이 자발적으로 상상력을 발휘해 마케팅에 활용하고 또한 기업을 살리는 획기적인 제품 아이디어를 떠올릴 것이라는 생각은 CEO의 꿈일 뿐이다. 직원들의 자발적인 상상력을 기대하지 마라. 성공사례는 언뜻 자발적으로 한 것처럼 보이지만 사실은 동기부여로 유도된 타발적인 성과물이다. 그러므로 알아서 잘하도록 하는 게 아니라 잘할 수 있는 환경을 전략적으로 유도하고 지원해 동기부여를 해야 한다. 상상력은 결코 공짜로 얻어지지 않는다.

구글의 20퍼센트 원칙: 조직적으로 유도되는 자발적 상상력

구글에는 근무시간의 20퍼센트를 업무와 직접 관련이 없는 활동을 하도록 장려하는 20퍼센트 원칙이 있다. 이것은 구글의 대표적인 기업문화로 혁신적인 서비스와 프로젝트를 탄생시키는 밑거름으로 작용하고 있다.

기술 기반 회사에서 개발자들에게 창의력을 발휘할 시간을 주는 것은 매우 중요하면서도 필요한 일이다. 물론 그 20퍼센트의 시간은 창의력을 위한 무한 상상의 시간이지 그냥 노는 시간이 아니다.

구글의 20퍼센트 원칙은 자신이 관심이 있고 하고자 하는 프로젝트의 아이디어를 '아이디어 마켓'에 올리는 것으로 시작된다. 그것이 일정 수 이상의 직원에게 좋은 아이디어라는 평가를 받으면 '20퍼센트 프로젝트'가 되고, 이것이 어느 정도 성과를 거둬 더 큰 자원이 필요하다고 판단되면 임원에게 보고해 정식 프로젝트로 승격되는 과정을 거친다.

정식 프로젝트가 된다는 것은 '80퍼센트 프로젝트'가 된다는 것을 의미한다. '80퍼센트 프로젝트'는 임원의 승인을 거친 아이템으로 시장에 서비스로 출시할 것을 염두에 두고 진행하는 프로젝트이다. 즉, 구글의 서비스 런칭은 아이디어 마켓→20퍼센트 프로젝트→80퍼센트 프로젝트→상품화로 진행되는 것이다.

이로써 누구의 아이디어라도 사업화로 이어질 수 있는 길을 열어 놓은 셈이다. 이 과정은 위에서 아래로 일방적으로 전달되는 하향식 의사결정구조가 아니라 아래에서 위로 가는 방식인데다 민주적 의사결정에 따른다는 특징이 있다. 그러나 그 내면을 들여다보면 치열한 경쟁구도이자 약육강식의 구조로 이루어져 있음을 알 수 있다.

바로 이런 배경이 구글 구성원의 자발성과 창의성을 이끌어내는 힘으로 작용한다. 덕분에 구글에서는 늘 3, 4명 단위의 20퍼센트 프로젝트가 천여 개 이상 진행된다고 한다. 자신의 창의성과 능력으로 80퍼센트 프로젝트를 만들어내고 주도하기 위한 자발적 시도가 끊임없이 이어지는 것이다.

아이러니하게도 20퍼센트 원칙은 오히려 구글 내에서 워커홀릭 workaholic(일중독증)을 더 많이 만들어내는 역설적 상황을 만들어내고 있다. 회사 업무가 아닌 것에 투자하라고 준 20퍼센트의 시간에 자신의 창의력과 새로운 기회까지 투자하고 그것도 모자라 밤을 새워가며 창의적 상상을 현실로 만들어내기 위해 고군분투하게 되기 때문이다.

구글의 20퍼센트 원칙은 이상적인 제도이긴 하지만 그것을 도입해서 효과를 볼 수 있는 조직은 많지 않다. 20퍼센트의 시간을 창의적인 상상력을 위해 투자하라는 것은 쉽게 따라할 수 있어도, 그것이 실제로 자발성과 사업성으로 이어지려면 조직 내의 의사결정방식과 신사업 진행방식, 최고의 인재채용 등을 비롯한 구조적인 변화가 뒤따라야 하기 때문이다.

GE와 구글 외에도 상상력 경영을 선언하고 조직적으로 상상력을 촉진시키며 마케팅 현장에서 상상력을 적극 활용하는 기업은 무수히 많다. 전 세계 주요 기업들의 주요 관심사 중 하나가 상상력인 것이다.

일상을 관찰하고 뉴스를 재해석하라

좋은 상상력, 즉 돈이 되는 마케팅 상상력은 대개 거창한 것이 아니라 주변의 소소한 일상이나 우리가 알고 있는 정보로부터 시작된다. 일상을 관찰하거나 뉴스를 재해석하고 서로 연결하는 것만으로도 돈이 되는 상상력은 얼마든지 만들어진다.

LG전자에는 가전제품을 연구하고 개발하는 연구소 중에 일상을 관찰하는 연구소도 있다. 기술을 개발하고 연구하는 것 이상으로 중요한 것이 소비자의 일상에서 찾은 필요와 욕구이기 때문이다. 사실 그것을 잘 관찰하고 해석하면 돈이 되는 상상력을 찾아낼 수 있다.

LG전자 LSR 연구소: 관찰에서 돈이 되는 상상력이 나온다

1989년에 설립한 LG전자의 LSR연구소^{life soft research}는 소비자의 시시콜콜한 일상생활을 자세하게 연구해 신상품 개발의 기초 아이디어를 제공하는 역할을 한다. 소비자의 일상생활을 다양한 관점에서 관찰하는 이 연구소는 국내는 물론 세계 각국 현지인의 생활도 관찰한다. 그러한 결과를 제품에 적용해 히트한 사례는 매우 많다.

러시아에서는 1주일간 현지인의 집에서 숙식하며 생일파티 때 보드카를 냉동실에서 몇 시간씩 얼려 젤과 비슷한 상태로 마시는 것을 보고 상품개발에 적용해 좋은 반응을 얻고 있다. 20~30분 만에 보드카를 얼리는 급속냉동 공간을 별도로 설치한 신제품 냉장고로 러시아를 비롯한 동구권을 공략했던 것이다. 중동에서 히트한 키블라

폰도 중동 현지인의 생활을 관찰한 결과이다.[*]

이밖에도 에어컨 필터의 세균 문제에 민감한 주부들의 반응을 보고 에어컨에 필터 자동 청소 기능을 설치했고, 텔레비전을 보다가 잠시 자리를 떠야 할 때 놓친 내용을 바로 이어서 볼 수 있도록 텔레비전에 자동 녹화 기능을 만들었다.

LSR연구소의 연구원은 전공이 디자인, 심리학, 경영학, 사회학 등으로 매우 다양하고 석사 이상의 고학력자가 70퍼센트를 넘는다. 이들 중 여성 인력이 절반에 이르며 이들은 소비자행동을 관찰, 연구, 분석해 트렌드를 찾아낸다. 해외 소비자를 연구하기 위해 연구소 인력의 10~20퍼센트는 늘 출장 중이다.

발로 뛰는 상상력, 관찰과 기록으로 하는 상상력 속에서 돈이 되는 결정적인 마케팅 결과물이 나오게 마련이다. 번개가 번뜩이듯 어느 순간 내리치는 상상력은 결코 마케팅에 응용할 수 없다. 마케팅 현장에서의 상상력은 지극히 계산적이고 체계적인 관찰과 분석의 산물인 것이다.

LG전자의 LSR연구소가 일상에 대한 관찰로 마케팅 상상력을 찾는다면, 정치 컨설팅사 유라시아그룹은 국제정세와 국제뉴스를 관찰해 비즈니스 상상력을 찾아낸다.

정치 컨설팅사 유라시아그룹: 정치적 상상력을 경제로 해석하다

유라시아그룹Eurasia Group은 다양한 정치 이슈 속에서 비즈니스 정보

---

* 참고 : 신제품 개발 주도하는 생활의 재발견, 김종호, 〈조선일보〉, 2007. 6. 22.

를 끄집어내는 독창적인 컨설팅회사이다. 경제적 이슈나 경영 현장에서 비즈니스와 마케팅의 답을 찾아내는 것과 다르게 접근하는 것이다. 사실 국제정치 분석 한 줄에 수십억 달러가 왔다 갔다 하는 현실을 생각해보면 정치적 상황을 경제적 상상력으로 해석하는 것은 매우 중요한 일이라고 할 수 있다.

2006년 11월 에콰도르 대통령 선거에서 반미좌파 성향의 라파엘 코레아의 당선이 확정된 직후, 뉴욕 월스트리트와 런던시티 투자가들 사이에 에콰도르가 100억 달러가 넘는 외채에 대해 채무불이행을 선언할 것이라는 소문이 퍼졌다. 즉시 관련 채권과 주식의 매도 물량이 대거 시장에 쏟아져 나왔다. 그런데 유라시아그룹은 에콰도르가 채무불이행을 선언하지 않을 것이라는 전혀 상반되는 전망을 제시했다. 분명 누군가는 큰 손해를 또 누군가는 큰 이익을 볼 중요한 전망이자 판단이 나온 것이다.

과연 결과는 어땠을까? 2007년 2월 15일, 에콰도르는 외채 이자를 상환했고 라파엘 코레아 대통령은 외채 100억 달러를 우선 갚겠다고 선언했다. 결국 유라시아그룹의 전망을 믿고 에콰도르와 관련된 채권 및 주식을 매도하지 않은 투자자는 물론 급매도로 쏟아진 것을 오히려 매수한 투자자는 큰 이익을 얻게 되었다.

경제 중심의 이코노미스트나 애널리스트의 정치적 해석에는 한계가 있다. 이러한 틈새를 파고든 유라시아그룹은 경제학적 시선의 한계를 극복하고 정치학적 시선으로 분석한 경제적인 답을 찾아내 비즈니스 판단에 도움을 주는 컨설팅회사인 것이다. 에콰도르와 관련된 전망으로 유라시아그룹이 크게 주목을 받은 것은 당연한 결과다.

정치가 경제에 미치는 영향은 아주 크다. 특히 국제정세는 투자가들과 글로벌 기업의 커다란 관심사이다. 그런데 투자은행에는 대개 경제나 경영을 전공한 이코노미스트는 많아도 정치학자는 없다. 이러한 사실에 착안한 정치학박사 이언 브레머 Ian Bremmer 는 1998년에 유라시아그룹을 설립했던 것이다. 그는 보스턴이나 월스트리트에 있는 금융기관의 엘리베이터에 설치된 모니터에서는 늘 국제뉴스가 나오는데, 투자자들을 관찰한 결과 그들이 늘 정치뉴스에 관심을 기울인다는 것에서 힌트를 얻었다고 한다.

이언 브레머의 경우 회사 창업은 물론 회사가 하는 일도 결국은 관찰과 분석의 산물이다. 즉, 그의 관찰과 상상력이 새로운 비즈니스를 만들어낸 것이다. 유라시아컨설팅은 각국의 정치 리스크가 경제에 미칠 수 있는 영향을 분석해 다국적기업과 투자자들에게 판매하며 주요 고객으로는 구글, 보잉, AIG, 골드만삭스, 모토로라 등 300개 이상의 기업이다.*

유럽의 지진아를 우등생으로 만든 상상의 힘

상상력 경영, 상상력 마케팅, 창조 경영 등 상상력과 창의력을 중요시하는 경영 전략과 마케팅은 이미 시대적 요구이다. 지금은 소비자의 상상력이 생산자를 압박하고 경쟁자의 치열한 싸움이 더욱 가속

---

* 참고: 유라시아그룹 이언 브레머 회장 인터뷰, 김현진, 〈조선일보〉, 2007. 11. 10.

화되고 있으며 간신히 블루오션을 찾더라도 그 유효기간이 점점 단축되는 시대인 것이다.

상상력은 그 자체로써 기회이자 위기이다. 상상력이 부족하면 위기에 처할 것이고 상상력이 풍부하면 새로운 기회를 찾을 것이다. 상상력은 늘 우리 주위에 존재하는 일상적인 도구처럼 보이지만, 그것을 마케팅 기회로 삼기 위해서는 피나는 노력과 투자가 필요하다.

매각될 위기에 처했던 아사히야마 동물원은 상상력을 통해 위기를 기회로 바꾼 창조 경영의 대표적인 사례로 꼽히고 있다. 인구 35만 명의 중소도시인 홋카이도 아사히카와시에 있는 이 동물원은 일본의 96개 동물원 중 최북단에 있어서 가장 춥다. 겨울에는 영하 25도까지 내려가 동물들도 활동하기 힘들고 관람객도 찾아오기 힘든 곳이다. 이로 인해 자연스럽게 도태될 위기에 처했지만, 상상력을 통해 단순히 동물을 전시하는 게 아니라 동물의 행동과 능력을 전시하는 개념으로 바꿔 새로운 전기를 마련했다.

예를 들어 이곳에서는 유리터널 수조 안에서 헤엄치는 펭귄, 감춰진 먹이를 찾아 야생의 능력을 발휘하는 원숭이를 구경할 수 있다. 이러한 변화를 통해 1996년 한 해 방문객이 26만 명이던 그 작은 동물원은 2006년 304만 명이 찾는 일본 최대의 명물 동물원이 됐다. 만약 그들에게 상상력이 없었다면 그 동물원은 지금쯤 사라졌을 것이다.

현재 세계적으로 주목을 받고 있는 두바이도 마찬가지의 사례다. 수십 년 전만 해도 두바이는 미래가 암울한 도시였다. 소량의 석유 매장량이 바닥나면 무엇을 먹고살 것인지 고민하던 해안가의 작은 도시였던 것이다. 그런데 그곳은 지금 창조적 상상력이 결합된 세계적인 금융도시, 무역도시, 관광도시, 쇼핑도시, 휴양도시 등 여러 가지 면모를 갖춘 도시로 탈바꿈하고 있다.

그들에게 상상력이 없었다면 두바이는 지금쯤 어떻게 되었을까? 두바이가 위기를 극복하도록 해주고 새로운 기회를 가져다준 것은 바로 상상력이었다.

지금은 잘사는 나라가 된 아일랜드도 수십 년 전에는 유럽에서 가장 가난한 나라였다. 물론 지금은 영국보다 더 잘사는 나라로 탈바꿈했다. 아일랜드 정부에는 마케팅부가 있는데, 이들은 마치 기업처럼 적극적으로 마케팅 활동을 펼친다. 정부를 기업처럼 운영하면 어떨까 하는 상상력이 최고의 효율성과 놀라운 성과를 내는 정부를 만들고, 결국 세계적인 기업의 유치와 혁신적인 경제정책 및 관광정책으로 '유럽의 지진아'를 '유럽의 우등생'으로 만들어 놓은 것이다.

상상력을 마케팅으로 전환하는 8단계 프로세스

그러면 《날카로운 상상력》을 토대로 정리한 상상력 마케팅과 경영 현장에서 활용할 수 있는 프로세스를 소개하고자 한다. 먼저 아래의 자질은 마케팅에서 상상력을 풀어가는 프로세스의 핵심이다. 조직 구성원이 상상력을 마케팅으로 풀어가고자 할 때 전제되어야 할 자질이자 개발해야 할 업무 능력인 것이다.

1. 복합지식을 습득해야 한다

복합지식을 습득하기 위해서는 다양한 독서를 통한 정보 습득, 문화예술 활동의 적극적 소비 및 다양한 경험 등이 도움이 된다. 어떤 분야에서든 밑천부터 쌓아야 한다. 비어 있는 머리로는 결코 상상력이 나올 수 없다.

이것은 동계훈련이 프로 야구선수에게 한 시즌을 위한 든든한 밑천으로 작용하는 것과 같다. 동계훈련을 할 때 이승엽 선수는 방망이를 들고 공부터 치는 것이 아니라 먼저 몸을 만든다. 기초가 되는 하드트레이닝을 먼저 하고 나서 자신이 익혀야 할 스킬을 훈련하는 것이다. 마찬가지로 상상력을 위한 머리의 기초를 다지는 것은 우선적으로 전제되어야 할 조건이다.

2. 즐겨라

상상력을 끄집어내는 것은 지적 노동으로 '안 해도 그만인 일'이나 '재미없고 흥미 없는 일'에서는 상상력이 샘솟지 않는다. 상상력이 무한정 툭툭 튀어나오는 것도 아니고 돌아가지 않는 머리로 짜내야 할 경우에는 머리도 아프고 스트레스도 쌓인다. 따라서 일단 일에 대한 애정을 갖고 그것을 즐겨야 한다. 사물이나 사람에 대한 진정한 애정은 상상력을 잉태하는 법이다. 즐겁다고 스스로에게 다짐하라.

3. 선입견과 고정관념을 탈피하라

이를 위해서는 다양한 직간접 경험이나 많은 사람과의 교류가 도움이 된다. 선입견의 틀 속에서는 결코 획기적이고 혁신적인 상상력을 만나기 어렵다. 설령 그런 상상을 만났어도 자신의 선입견 때문에 그 가치를 못보고 지나치게 된다. 따라서 상상을 하기 전에는 선입견을 버려야 한다.

4. 비판적으로 사고하라

있는 그대로 관성에 젖어 무작정 받아들이지 말고 부정하고 비판하면서 바라봐야만 숨겨진 시각을 찾아낼 수 있다. 순응하는 온순한 시선보다는 반발하는 삐딱한 시선이 혁신을 이루고 역사를 바꿀 수 있는 것이다.

● **나비 효과** Butterfly Effect

중국 베이징에 있는 나비의 날갯짓 하나가 미국 뉴욕의 폭풍을 발생시킬 수도 있다는 과학이론이자 상호 연결성에 대한 이론이다. 미국의 기상학자 에드워드 로렌츠(E. Lorentz)가 1961년 기상 관측을 하다가 생각해낸 이 원리는 훗날 물리학에서 말하는 카오스 이론(Chaos Theory)의 토대가 되었다. 변화무쌍한 날씨의 예측이 힘든 이유를, 지구상 어디에서인가 일어난 조그만 변화로 인해 예측할 수 없는 날씨 현상이 나타났다는 것으로 설명한 것이다. 이후 과학이론을 넘어 정치, 경제나 트렌드, 사회문화 등을 설명하는 데 사용되고 있다.

5. 나비효과에 주목하라

세상의 모든 것은 제각각 분리되어 있기보다 서로 연결되어 있다. 따라서 나비 효과 Butterfly Effect 처럼 연결성의 고리를 찾아내는 자세를 갖춰야 한다. 모든 현상과 사물을 바라볼 때 다각도로 살피고 또한 그것과 연결된 것을 찾는 습관을 통해 놀라운 답을 찾아낼 수 있다. 특히 모든 것에는 연결성이 있기 때문에 조합적 사고, 다양한 통합과 결합, 다각화된 시각이 더욱 필요하다.

6. 상호 커뮤니케이션을 통해 상상력을 보완하라

브레인스토밍, 토론, 발표 기회를 자주 갖고 적극적으로 커뮤니케이션을 해야 한다. 상상은 머리로 하지만 그 상상을 표현하고 구체화하는 것은 입과 손을 통한 커뮤니케이션이다.

7. 조사하고 분석하라

상상을 현실에서 검증하는 작업이 조사 분석이다. 좋은 상상을 찾는 것도 중요하지만 그 상상의 가치를 현실에서 구현할 수 있도록 확신을 주기 위한 조사도 무척 중요하다. 특히 상상을 검증 없이 현실로 바꾸는 것은 리스크 부담이 크므로 조사와 분석은 반드시 필요하다. 이를 위해서는 정보 해독 및 숨겨진 의미 파악, 상호 연관성 추론 등의 능력을 계발해야 한다.

8. 시나리오화 능력을 계발하라

늘 직간접적 경험을 기록하고 이를 분석하는 습관이 필요하며 매사에 계획표와 체크리스트 작성을 생활화하라. 상상력은 결국 현실화되기 위해 필요한 것이므로 체계적이고 효율적인 접근 순서와 계획은 매우 중요하다.

다음으로 마케팅과 비즈니스 상황을 비롯한 당면 문제 해결을 위해 상상력에 접근하는 방식과 순서는 다음과 같다.

1— 기존의 관성적 접근을 탈피한다. 문제 분석에서도 선입견과 관성을 버려야 한다. 문제는 분석하는 것보다 대안을 찾는 것이 더 중요하므로 그동안 대안보다 문제 분석에만 골몰하지 않았는지 돌아보라.

2— 새로운 대안을 위한 장기적 목표를 수립하고 그를 위한 단계적 접근으로 단기적인 현실 대안부터 도출해야 한다. 멀리 보되 당장 앞에 있는 것부터 하나씩 찾아보라.

3— 현실적인 대안의 기술적, 제도적, 경제적, 시의적 가능성과 타당성을 타진한다. 현실적인 대안과 타당성을 찾아내면서 상상력을 다듬어가는 것이다.

4— 유사하거나 연계되는 상황 및 사례를 조사 분석하고 검토한다. 벤치마킹이나 베스트프렉티스를 연구하되, 영역과 분야에 제약을 두지 않고 포괄적으로 접근하라. 가령 자동차 마케팅에 대한 분석을 명품의 사례에서 찾아보는 식이다.

5— 타당성이 검토된 아이템에 대한 시나리오를 구상한다. 마스터플랜과 액션플랜에 기초한 액션 시나리오를 준비한다. 좋은 실행은 좋은 계획에서 나온다.

6— 시나리오에 입각한 실행과 지속적인 시나리오 수정을 통해 변화

에 대응하며 탄력적이고 능동적인, 즉 진화하는 접근을 한다. 좋은 계획
도 실행 없이는 소용없다.

낯설지만 날카롭게 상상하라

● Key Point

마케팅과 경영 전략에서 상상력은 선택이 아니라 필수이다. 이제는 벤치마킹 전략보다 새로운 욕구와 필요를 창조해낼 상상력을 찾아내는 전략이 더욱 필요하다. 날카롭게 계산되고 분석된 상상력은 보다 현실적인 실행력으로 이어지며 성과를 창출한다.

● Think About

① 여러분이 속한 조직(기업)에서 상상력을 저해하는 요소는 무엇인가? 그 저해요소를 없애기 위해서는 무엇이 필요한가? 저해요소를 없애고 나면 조직에 어떤 변화가 생길 것 같은가? 이것을 보고서로 정리해 여러분이 속한 기업의 경영진에게 제안해보라.

② 여러분 주변의 일상을 관찰해보라. 가족을 관찰해도 좋고 동료나 공원의 사람들을 관찰해도 상관없다. 관찰 대상과 장소는 여러분이 정하되, 세밀하게 일주일만 관찰하고 그 결과를 정리해보라. 관찰 결과 그들의 일상에 도움을 줄 변화 요소를 찾았다면 그것에 마케팅 상상력을 덧붙여보라. 혹시 놀라운 상상력을 발견했다면 주저 말고 실행에 옮겨라.

③ 여러분이 속한 기업의 서비스나 상품에서 더하기와 빼기를 해보라. 더하기와 빼기의 결과물을 리스트로 만들어 하나씩 현실성과 가능성, 그리고 상품성을 타진해보라. 혼자 하지 말고 팀을 구성해 브레인스토밍을 해보라.

03

작지만 강한 스몰시스터

Small Sister

•　•　•

스몰시스터는 바로 우리 자신이다.

일상의 작은 일에도 카메라를 들이대고

인터넷에 자신이 찍은 이미지와 더불어

의견을 올리며 자신이 동조하는 의견에

집단행동도 서슴지 않는 우리의 모습인 것이다.

빅브라더를 무너뜨린 스몰시스터:
다윗은 약자인가?

다윗과 골리앗을 말할 때 덩치가 작다고 무조건 약자라고 생각해선 안 된다. 힘은 덩치가 아니라 영향력에서 나오기 때문이다. 앞으로 다윗이 골리앗을 이기는 일은 일상다반사가 될 것이다. 골리앗이여, 그대의 덩치를 무기로 생각하지 마라! 이제는 그 큰 덩치가 오히려 가장 큰 약점이 될 것이다. 스몰시스터 Small Sister 는 골리앗을 품고 있는 다윗이다. 겉으로는 다윗처럼 작아 보일지라도 골리앗을 능가하는 힘을 가지고 있음을 잊어서는 안 된다.

첫 번째 에피소드: 조작 가능한 여론

2007년 2월 15일 새벽 3시, 포털사이트 네이버의 실시간 인기 검색어 1위에 '신창원'이 올랐다. 감옥에 있는 신창원이 갑자기 인기 검색어 1위가 되자 사람들은 호기심에 사로잡혔다. 새벽부터 시작된 인기 검색어 신창원은 공통 화제에 동참하려는 네티즌의 클릭과 이를 기사화하는 인터넷 언론의 경쟁이 보태져 온종일 상위권을 유지했다.

과연 무슨 일이 있었던 것일까? 혹시 다시 탈옥이라도 한 것인지 아니면 삼일절 특사로 나온다는 기사라도 있었는지 이런저런 억측이 난무했다. 하지만 알고 보니 이는 일부 네티즌의 집단행동으로 인한 해프닝이었다. 이날 새벽 DC인사이드에 접속해 있던 네티즌들이 '신창원을 검색 순위 1위로 만들어보자'는 뜻을 모았고, 오전 2시에 이를 실행한 것이다.

이처럼 네티즌은 재미를 위해 집단행동도 서슴지 않고 이를 통해 여론에 영향을 주기도 한다. 이것을 흔히 낚시질이라고 하는데 이는 스몰시스터의 여론조작이자 놀이의 하나이다. 이러한 영향력 행사는 소수의 네티즌, 심지어 한 명에 의해서도 이뤄진다.

실제로 〈중앙일보〉에서 일주일 단위로 온라인 여론의 바로미터라고 할 수 있는 인기 검색어 순위 조작을 실험해본 적이 있다. 2007년 2월 8일 오후 6시, 〈중앙일보〉 기자 등 20명이 뉴스나 이슈와 전혀 관계가 없는 '박연미'라는 키워드를 네이버 검색창에 반복 입력한 결과 15분 뒤 실시간 인기 검색어 순위 8위에 올랐고, 3분 뒤엔 3위에 오르더니 한동안 그 순위가 유지되었다.

그로부터 일주일 후, 접속자 수가 급증하는 오전 9시에 비슷한 실험을 실시했다. 12명이 '우아니우'라는 단어를 집중 검색한 결과 50분

검색어

뒤에 '뉴스 실시간 검색어' 9위에 올랐고 곧바로 3위로 치솟았다.

이것은 여론조작이 충분히 가능하다는 것을 입증한다. 이에 따라 정치권이나 연예인 혹은 기업이 온라인을 통한 여론몰이에 나서고 있다. 특정 이해관계를 가진 사람들이 집단적으로 검색 순위를 통한 여론조작에 나서는 것은 물론, 심지어 검색 순위를 끌어올려 주는 전문업체까지 있을 정도이다. 따라서 우리는 상업적 이슈화나 정치적 이해관계를 계산한 의도적인 여론 왜곡 가능성을 경계해야 한다.

인기 검색어뿐 아니라 댓글도 마찬가지이다. 네이버의 조사 결과, 뉴스를 보고 댓글을 한번이라도 남기는 사람은 1퍼센트 미만이라고 한다. 더욱이 댓글을 다는 사람 중 3~4퍼센트가 전체 댓글의 절반 정도를 남긴다고 한다. 이는 네티즌 10,000명 중 3~4명이 50퍼센트 이상의 댓글을 남기는 셈이다. 이 통계는 극소수에 의해 댓글이 주도되고 있으며 댓글에서 드러나는 여론의 일방적 조작이 가능함을 보여준다.

결국 우리는 스몰시스터의 적극적인 영향력 행사와 공격 등이 무방비로 허용되는 환경에 노출되어 있는 셈이다. 그들은 재미삼아 혹은 어떤 이해관계를 위해 악의적으로 기업을 공격하거나 심지어 문닫을 위기에 직면하게 만들 수도 있다. 누가 그들을 작고 나약한 개인이라고 부르는가? 지금은 힘센 개인의 전성시대이다.

문제는 힘센 개인 중에 못된 개인도 있다는 점이다. 힘세고 못된 개인을 내편으로 만들거나 아예 마주치지 않도록 하지 않으면 커다란 위험으로 다가올 수 있다. 하지만 그들과 마주치지 않으려면 그들의 관심 밖으로 사라져야 하는데 그것은 마케팅과 비즈니스에 그리 좋은 상황이 아니다. 시장에서 소외되지 않는 이상 그들과 마주 치는 것은 피할 수 없다. 결국 내편으로 만드는 것이 유일한 방법인 셈이다. 나아가 그들을 아예 적극적으로 활용할 필요가 있다.

두 번째 에피소드: 절대권력을 견제하는 자발적 감시

2007년 10월 31일 김포외고 홈페이지의 입학 상담 게시판에 '김 포외고 지망생'이라고 밝힌 한 네티즌의 글이 올라왔다.

"오늘 너무나 뜻밖의 이야기를 들었습니다. 서울 목동 J학원에서 시 험 당일 김포외고에 시험을 보러 버스에 탄 학원생에게 준 시험 대비 유인물이 이번 시험문제와 거의 흡사하게 출제되었다는 겁니다. 수학 은 15문제 중 8문제, 국어는 40퍼센트가 같거나 다를 바 없었다고 합 니다."

이 글을 올린 학생은 김포외고에 응시한 여중생이었다. 발끈한 김 포외고는 글을 올린 여중생의 부모에게 법적 책임을 따지며 김포경 찰서에 명예훼손 등의 혐의로 고소하기에 이르렀다. 네티즌들은 가 만있지 않았다. 김포외고 문제 유출 사건 해명을 촉구하는 인터넷 카페에 수험생들의 증언이 잇따랐던 것이다.

"버스에서 선생님이 자는 애들 다 깨워서 문제를 나눠주며 '문제 첫 부분과 답만 빨리 외워. 보기 순서는 상관하지 말고'라고 말했다(ID: sukho0110)."

"버스에서 프린트를 받았을 땐 '설마 다 나오겠어' 하면서 안 외우는 애들도 많았고, 나중에 걸어갈 때 왜 걸어가느냐고 항의도 했어요. 그게 정말 유사하게 나올 줄은 꿈에도 몰랐으니까요(ID: dolemi603)."

"1교시 시험이 끝난 후 친구들이 모인 자리에서 한 친구가 '아까 학원 프린트에서 나눠준 지문이 많이 나왔어. 3번은 문제도 완전 똑같던데'라고 말하는 걸 들었어요. 학원 선생님이 프린트를 버스 안에서 걷어가면서 '이거 정말 아무한테도 말하면 안 된다!'라고 했다더군요(ID: seongheo)."

결국 경찰 수사에서 김포외고 입시홍보부장이 J학원 원장에게 이메일로 38개 문항을 사전 유출한 사실이 밝혀졌다. 오랫동안 유지되던 특목고와 입시학원 간의 검은 커넥션이 파헤쳐진 것이다.

열다섯 살 소녀의 용기 있는 행동은 경기권의 외고와 관련 입시학원들의 입시 비리를 만천하에 알리는 계기가 되었고, 그것은 전국의 외고에 대한 입시 비리 관련 조사로 이어졌다. 물론 관련 외고는 외국어고 지정이 취소될 위기에 처하고 수많은 사람이 법의 처단을 받게 되었으며 학부모를 비롯해 민형사상 소송 제기도 줄을 잇게 되었다.

이처럼 개인에 의한 자발적 감시와 고발은 사회의 수많은 권력과 비리에 대한 강력한 견제 작용을 한다. 바로 이것이 스몰시스터의 힘이다.

황우석 박사의 줄기세포 논란도 스몰시스터의 힘에 의해 파헤쳐졌다고 해도 과언이 아니다. 생물학연구정보센터^{BRIC}의 커뮤니티와 DC인사이드, 과학갤러리 등은 황우석 박사 논문의 문제점을 조목조목 제기해 묻힐 뻔했던 의혹을 드러내는 데 핵심적인 역할을 했던 것이다. 이들은 각종 언론이 사안의 실체에 접근하지 못한 채 우왕좌왕하는 동안 구체적인 사진과 자료 등 물증을 제시하기도 했고 논문의 진위와 재검증 요구를 촉발시키기도 했다. 그리고 이것은 네티즌의 여론을 확장시키고 의혹 규명을 유도하는 원동력으로 작용했다.

결국 여기서도 스몰시스터의 힘이 발휘된 것이다. 세기의 발견이라 추앙받던 연구에서 허점을 찾고 의혹을 파헤친 이들의 자발적 감시와 견제야말로 스몰시스터의 전형적 접근이다.

신정아 씨의 학력 위조 사건도 스몰시스터에 의해 파헤쳐졌다. 신정아 씨의 박사논문을 입수한 교수가 그것이 기존의 다른 논문을 그대로 베꼈다는 것과 예일대의 논문 형식이 아니라는 사실을 밝히면서 허구가 드러나기 시작했던 것이다. 이것이 예술계와 학계로 확산되면서 본격적인 조사가 진행되었고, 결국 신정아 씨 외에도 전국적으로 수많은 학력 위조 사건이 드러나게 되었다.

이처럼 스몰시스터는 본래의 존재 이유에 걸맞게 사회적 권력이나 부정 비리 등을 감시하고 견제하는 대안세력으로 긍정적 역할을 수행하는 경우가 많다. 하지만 스몰시스터가 지닌 일종의 정의감과 양심 그리고 사회고발 의식이 기업에겐 위협적 존재가 될 수 있음을 경계해야 한다.

스몰시스터는 분명 빅브라더^{Big Brother}에 대응하며 개인의 표현 자유와 사회적 참여 확대 및 권력에 대한 감시와 견제를 하는 긍정적 측면이 있다. 그러나 기업의 입장에서는 이것이 긍정적일 수만은 없다. 기업에 대한 감시와 견제, 적극적인 소비자운동 등을 통해 기업을 위협할 수도 있기 때문이다. 아울러 스몰시스터는 악의적 공격과 무분별한 감시 및 견제라는 부정적 측면도 지니고 있다.

간섭하고 주장하고 연대하고 싶은 욕구

스몰시스터, 너는 누구냐

내가 《대한민국 디지털 트렌드》에서 정의한 스몰시스터의 개념은 디지털 트렌드이자 사회문화적 이슈이며 동시에 마케팅에 매우 중요한 코드이다. 그러면 앞으로 더욱 중요한 영향력을 발휘할 스몰시스터를 마케팅 코드의 세 번째 요소로써 소개하고자 한다.

스몰시스터는 정보의 분산으로 사회적 통제를 견제하는 개별 분산식 자생적 민간 관리 권력으로, 정보의 독점을 통해 사회적 통제를 가하는 관리 권력인 빅브라더와 반대의 의미이다. 또한 스몰시스터는 수다스럽고 일상의 소소한 관심사에도 모두 참견한다는 의미와 함께 끈끈한 가족애 같은 연대의식을 갖는다는 의미로 사용되기도 한다.

스몰시스터는 바로 우리 자신이다. 일상의 작은 일에도 카메라를 들이대고 인터넷에 자신이 찍은 이미지와 더불어 의견을 올리며 자신이 동조하는 의견에 집단행동도 서슴지 않는 우리의 모습인 것이다. 그리고 보면 스몰시스터는 디지털의 사회화와 대중화가 낳은 산물이라고 할 수 있다. 그동안 마음 깊은 곳에 꽁꽁 숨겨두었던 개입하고 간섭하고 주장하고 연대하고 싶은 욕구를 디지털 도구의 대중화를 통해 자연스럽게 발산하기 때문이다. 특히 익명성의 특혜를 누리며 더욱 잔인하고 비이성적인 관음과 고발, 사이버 테러도 서슴지 않는 공격적인 스몰시스터로 점점 진화하고 있는 중이다.

스몰시스터를 긍정적인 측면에서 보면 빅브라더를 견제하는 자생적 민간 권력으로써 권력의 균형을 이루는 선의의 개인 권력으로 해석할 수 있다. 그러나 개개인의 정보 생산력과 사회적 영향력 증대로 얻은 개인 권력을 개인 스스로 감시의 주체가 되어 프라이버시 침해나 인권 침해, 스토킹 등 악의의 목적으로 사용하는 부정적 측면도 있다.

집단이라는 엄청난 힘

무소불위의 절대 권력을 가진 생산자, 수동적이고 한없이 나약하기만 한 소비자가 통용되던 시대는 역사 속으로 사라졌다. 지금은 생산을 주도하는 소비자를 비롯해 생산과 소비를 병행하는 중간자도 등장하고 있다. 일방적 생산에서 소비자 참여 생산으로, 수동적 소비에서 능동적 소비로 변화한 것이다.

특히 정보와 콘텐츠에서 소비자가 직접 생산에 참여할 수 있고, 독자적인 생산과 유통도 할 수 있게 되면서 생산과 소비의 분리구도는 급격히 사라지고 있다. 소비자가 사이버 공간에서 자신이 원하는 제품에 대해 구체적인 요구를 하고, 이를 공급자가 만들어 공급하는 방식으로 소비가 변화되고 있는 것이다. 그렇다고 공급자의 권리가 사라지고 소비자의 권리만 부각된다는 것이 아니라, 아날로그시대에 일방적으로 공급자의 권리만 보장되던 것에서 이제는 소비자의 권리도 동시에 보장된다는 것을 의미한다.

이런 상황에서 스몰시스터는 능동적 소비자에게 힘을 실어주는 든든한 배경이자, 디지털화가 낳은 사회문화적 개인 권력으로 기업과 생산에 대한 견제와 간섭을 지속적으로 하게 된다.

스몰시스터는 더 이상 생산하지 않는 제품을 재생산하도록 하는 위력까지 발휘한다. 아모레퍼시픽의 라네즈는 2006년 3월 '핫핑크'를 콘셉트로 봄 메이크업을 발표하면서 시즌(3개월) 한정 제품으로 '라네즈 메이크업 브라이터'를 선보였다. 이는 마니아를 겨냥한 제품으로 2만 개만 한정적으로 생산할 계획이었다. 그런데 6개월이 지난 시점에서 계획에 없던 5,000개를 추가 생산하게 되었다. 화장품 관련 인터넷 동호회에서 제품 품평과 테스트를 실시한 결과 '라네즈 메이크업 브라이터'가 최고의 제품으로 뽑히게 되었고, 이것이 입소문을 타면서 강력한 구매문의가 이어졌기 때문이다.

또한 스몰시스터는 언제든 기업의 실수를 놓치지 않고 파헤친다. 수없이 존재하는 스몰시스터의 날카로운 눈이 기업이나 정부를 전방위적으로 감시하는 것이다. 물론 이들은 제품의 테스트베드로서의 역할을 하기도 한다. 자신에게 이익이 없음에도 자발적으로 제품에 대한 사용후기나 문제점 등을 적극 지적해주는 것이다. 나아가 이들은 제품의 하자를 파헤쳐 리콜을 이끌어내기도 한다. 이것은 자신의 이익과 과시, 재미를 위해서 하는 일이지만 때로 그것이 기업에게 이익 혹은 손해로 다가오기도 한다. 그러므로 이들의 행동에서 옥석을 구분해 취할 것을 취한다면 오히려 기업의 마케팅 활동에 득이 될 수 있다.

정보화 사회는 더 이상 '나약한 개인'이라는 것을 인정하지 않는다. 어떤 개인도 무시하고 간과해서는 안 될 위험한 존재이기 때문이다. 더욱이 티끌 모아 태산이 되듯 개개인이 자생적으로 모여 스몰시스터라는 권력이 되면 엄청난 힘을 지닌 존재가 된다.

따라서 기업에게는 어떤 소비자도 위협이 될 수 있다. 이들을 효과적으로 활용하면 새로운 기회가 오지만, 그렇지 못할 경우 심각한 위기에 직면할 것이다. 피할 수 없다면 즐겨라. 소비자를 위험한 존재로 방치하지 말고 내편으로 만들어 적극 스몰시스터를 이용해야 한다.

스몰시스터를 우호집단으로 만들어 입소문 유포자로 활용할 수도 있고, 타 기업이나 산발적인 스몰시스터의 공격에 대응할 존재로 키워내도 좋다. 스몰시스터를 내편으로 만들어 마케팅 지원군으로 활용할 방법을 모색하는 것이야말로 디지털시대 마케터의 최대 고민이 아닐까?

작지만 강하고 자유롭지만 위험하다

처음에 스몰시스터는 빅브라더를 견제하는 대안세력으로 받아들여졌지만 점점 그 위험성이 드러나고 있다. 그러면 스몰시스터 현상의 배경에는 어떤 것이 있고, 또한 그들이 왜 위험한지 살펴보자.

비밀 없는 사회

현대는 개인의 상호견제와 자율감시의 시대로 피할 곳도 숨을 곳도 없다. 심지어 우리의 일상이 추적과 감시에 무방비로 노출되기도 한다. 예를 들어 휴대전화와 신용카드는 현대인의 필수품이지만 또한 이들은 추적과 감시의 도구로 활용된다. GPS를 통해 휴대전화 사용자의 위치를 추적할 수 있고 신용카드 사용처를 보면 그 일상의 흔적을 추적해낼 수 있다.

곳곳에 설치된 CCTV도 우리를 감시한다. 아침에 집을 나서서 사회활동을 끝내고 집으로 올 때까지 우리를 지켜보는 CCTV는 수십 대에 이른다. 이러한 CCTV는 공원이나 골목은 물론 엘리베이터, 지하주차장, 사무실 내에도 설치된다. 여기에 개개인의 휴대전화 카메라까지 포함하면 우리는 언제 어디서든 카메라 앞에 놓여 있는 셈이다.

한편, 인터넷에서는 익명성 덕분에 비밀이나 각종 부정비리에 대한 투서가 활발하다. 물론 개중에는 익명을 악용한 허위사실 유포도 있지만 긍정적 기능도 크다.

스스로 감시의 틀 속으로 편입되는 이들도 있다. 대개 연구 차원인 경우가 많지만 디지털 기술을 맹목적으로 지지하는 이들도 있다. 예를 들어 몸 안에 RFID칩을 이식해서 자신의 흔적과 동선을 디지털로 온전히 기록하고 감시할 수 있게 만드는 경우가 있다. 이와 유사하지만 자발성이 아닌 강제적 형태가 바로 전자팔찌이다. 이것은 주로 성범죄자들을 감시하기 위한 용도로 쓰인다. 굳이 교도소라는 한정된 공간에 있지 않더라도 일거수일투족을 감시 및 추적당한다면 교도소에 있는 것이나 다름없을 것이다. 전자팔찌에 대해서는 여전히 찬반양론이 분분하지만 결국 미래사회에서는 보편적으로 사용될 것이다.

어쨌든 기술적 진화는 감시와 추적 방법을 더욱 쉽고 다양하게 만들고 있다. 더욱이 거대 권력에 의한 것뿐 아니라, 개인도 쉽게 감시와 추적에 관여할 수 있을 정도로 감시와 추적의 대중화가 이뤄지고 있다. 소위 비밀 없는 사회가 되는 것이다. 디지털화가 비밀 없는 사회를 만드는 데 한 축을 담당했다면 또 다른 축은 관음에 대한 사회적 욕구가 아니었을까?

타인을 바라보는 눈, 관음증 전성시대

우리 주변에서 일어나는 여러 가지 상황을 디카나 폰카, 캠코더 등으로 촬영하고 그것을 온라인에 유포하는 동시에 의견을 펼쳐 그 파급력 재생산을 시도하는 것은 스몰시스터의 전형적인 모습이다. 이러한 행동을 통해 스몰시스터 사이에는 일종의 유대감이 만들어진다. 서로 일면식도 없는 사이지만 공통의 이슈에 대해 흥분하고 얘기하는 것만으로도 일시적인 유대감이 형성되는 것이다.

이에 따라 스몰시스터는 계속 이야깃거리를 찾는다. 수다를 떨려면 이야깃거리가 필요하고 보다 쇼킹하고 특이한 이야기라야 수다가 왕성해진다. 그러니 수다를 떨기 위해 타인을 바라보는 눈이 될 수밖에 없다. 그 대표적인 사례가 스타의 열애설이다. 스몰시스터는 이니셜로 처리된 열애설도 감시와 추론으로 실체를 찾아내는 활약을 펼친다. 손가락에 낀 반지만으로도 커플을 찾아내는가 하면, 여러 가지 정황과 네티즌들의 목격담 혹은 목격 사진 등도 이어진다.

어딜 가든 스몰시스터의 카메라를 피할 곳이 없을 정도이다. 누구나 손에 카메라가 쥐어져 있는 데다 거침없이 찍고 주저 없이 인터넷에 올리기 때문이다. 이제 스타나 공인이 비밀이나 사생활을 지키기가 아주 어렵게 되었다.

집단적 마녀사냥과 인권침해

스몰시스터의 위험성을 단적으로 드러낸 사례가 2005년 한국 인터넷을 떠들썩하게 했던 개똥녀 사건이다. 아이러니하게도 이 사건은 스몰시스터의 위험성이 본격화된 사례였다. 개똥녀 사건에서 개똥을 치웠느냐, 안 치웠느냐 하는 사실이 중요한 것은 아니다. 중요한 것은 그 상황에서 디카를 들이대 사진을 찍고 그것을 인터넷에 올렸다는 점이다. 나아가 그 사진에 댓글을 달고 사진을 올린 사람에게 동조하는 네티즌이 많았다는 사실이 중요하다. 전혀 일면식도 없는 이들이 순식간에 개똥녀를 비난하는 연대그룹을 형성한 것이다.

그런 상황에서 어떻게 사진을 찍을 수 있을까? 정황으로 볼 때 사진을 찍는 순간에는 아직 그녀가 개똥을 치울지 치우지 않을지도 모르는 상황이었다. 만약 그녀가 개똥을 치웠다고 가정해보라. 설사 그렇더라도 처음에 찍힌 사진만 갖고 그녀는 개똥을 치우지 않은 몰염치한 사람이 될 수 있는 것이다.

사진을 찍은 사람은 과연 무엇을 기대하고, 아니 어떤 생각이나

의도로 사진을 찍은 것일까? 분명 유쾌한 장면도 아니고 그렇다고 심각한 사회문제도 아니다. 물론 그녀가 개똥을 치우지 않고 내림으로써 사진을 찍은 사람에 대한 정당성이 부여되었지만, 만약 그녀가 개똥을 치웠다면 어땠을까? 개똥을 치웠음에도 그 사진이 인터넷을 돌아다닌다면 그녀는 그야말로 억울한 피해자가 되었을 것이다. 또한 사진을 찍히면서 그녀가 개똥을 치우지 못하는 상황이 유도되었을 수도 있다.

창피하고 당황스러운데다 사진까지 찍혀 무슨 범죄자인양 취급받는 상황에서 빨리 자리를 피하려 하는 것은 당연한 일 아닐까? 사진을 찍은 사람은 그 사진이 상대방의 초상권을 침해한다는 것은 안중에도 없었을 것이다.

만약 이런 일이 예전에 일어났다면 지하철의 그 객차에 탔던 사람들 외에는 잘 모르는 일로 묻혔을 것이다. 하지만 안타깝게도 오늘날의 스몰시스터는 늘 무언가를 찍고 무언가를 퍼뜨릴 준비가 되어 있다. 탓에 개똥녀 사건은 일파만파 퍼져 누구나 알게 되었고 심지어 지하철공사에서 애완동물을 데리고 지하철을 타지 말라는 내용이 포함된 지하철 에티켓을 발표하기에 이르렀다.

개똥녀 사건이 스몰시스터의 구전을 거쳐 사회적 이슈가 되고 그에 따라 공공의 규칙까지 새롭게 만들어져 공표될 정도니 얼마나 파급력이 센 것인가? 이것은 심지어 외국의 뉴스에도 소개되고 온라인 백과사전 위키피디아에도 등장했으며 외국에서 인터넷 문화와 관련된 연구사례로 활용될 정도였다.

사실 스몰시스터는 빅브라더의 견제 세력으로 등장했지만, 오히려 빅브라더보다 더 부정적인 경우도 있다. 각종 파파라치의 활성화도 스몰시스터의 역효과 중 하나이다. 물론 이러한 파파라치들의 긍정적 효과도 무시할 수 없지만 민간의 자생적 감시 수단이 확산되는 것은 우려할 만한 일이다.

정부 정책으로 양산된 각종 파파라치는 별의별 것을 다 찍고 감시한다. 그들의 감시는 돈을 버는 직업적 차원에서 출발한 것이지만 지금은 감시문화로 확산되고 있다. 심지어 영세상인에게까지 감시 대상을 넓혀 악의적으로 감시 수단을 이용하기도 한다.

이처럼 스몰시스터가 빅브라더를 견제하기는커녕 오히려 빅브라더의 감시 도구가 되는 경우도 있다. 엄밀히 말해 이들은 빅브라더의 감시 도구이자 정보원이지만, 외형적 형태로만 보자면 스몰시스터이다. 스몰시스터 내에는 자생적 민간 권력과 더불어 빅브라더와 연결된 의도적 권력 수하가 존재하는 것이다. 각종 파파라치들은 후자에 속한다.

빅브라더 VS 스몰시스터

빅브라더가 국가 권력이라는 체계적인 시스템에서 이뤄지는 독재이자 통제라면, 스몰시스터는 불특정 개인에 의해 일어나는 자생적 행위이다. 따라서 빅브라더의 위험은 상대적으로 예측하기가 쉽지만 스몰시스터는 개별적 활동이라 예측이 불가능하고 통제가 안 된다. 더욱이 스몰시스터는 조직화되지 않은 개개인의 개별적 행위가 온라인을 통해 연결된 고리를 만들기 때문에 즉시적이면서 충동적이다. 이 둘의 비교는 아래의 표를 참고하라. 물론 두 가지 모두 역기능뿐 아니라 순기능도 있다. 그러나 역기능의 위험성을 간과해선 안 될 만큼 위험도가 크다는 점은 공통적이다.

	빅브라더	스몰시스터
순기능	• 안정적인 사회관리 수단 • 국가 권력 유지에 유리 • 범죄율 저하 • 법률, 사회적 규칙의 안정적 준수	• 개인에 의한 빅브라더에 대한 견제 • 시민단체의 빅브라더 견제 • 국가 권력에 대한 안정적 견제와 비판 세력의 확대 • 개인의 정보생산 및 표현의 자유 확대 • 자생적 민간 권력 기능 • 민주주의 심화
역기능	• 개인에 대한 통제 • 개인 인권 침해 • 국가 권력에 의한 개인의 사생활 침해 • 개인의 활동반경 및 행동의지 위축 • 국가 권력의 극대화에 따른 개인 권력의 극소화 • 독재의 심화 • 창의성과 자발성 위축	• 튀는 개인, 공격적 개인의 급증 • 무분별한 사회적 유언비어 급증 • 디지털 레밍스의 급증 • 마녀사냥식 인권침해 급증 • 개인에 의한 개인의 사생활 침해 • 개인의 활동반경 및 행동의지 위축 • 빅브라더를 위한 하나의 정보세포(정보원)로 기능할 우려 • 시민단체 난무와 시민단체의 지나친 국가 간섭 및 공격 • 디지털 직접 민주주의 악용

빅브라더와 스몰시스터 비교[*]

소비자와 싸워서 이기는 기업은 없다

디지털시대의 소비자는 온라인 커뮤니티를 중심으로 뭉친다. 이들

* 김용섭 저, 《대한민국 디지털 트렌드》, 한국경제신문, 2006.

은 단순한 정보 교류나 친목 도모를 넘어 기업의 마케팅 활동에 직접적인 영향력을 행사하기도 한다. 그들의 목소리는 점점 거세지고 있고 집단화된 소비자의 힘은 막강하다.

적을 죽일 수 없다면 내편으로 만들어라

2002년, 대원C&A가 제작한 〈센과 치히로의 행방불명〉의 타이틀 구동 시 화면에 가로줄무늬 현상이 지속적으로 나타나는 것이 DVD 동호회 사이트에서 논란이 됐다. 소비자들은 이 DVD에 대한 플레이어별 구동 실태 조사까지 벌이며 제작사를 압박했지만 대원C&A는 눈 하나 깜빡하지 않았다. 그러다가 아이디 '디비거'를 사용하는 네티즌이 '센과 치히로 문제점 철저 해부'란 글을 통해 이 DVD의 문제점을 전문성 있고 정확하게 분석하자 제작사는 리콜 요구를 받아들이고 공식사과문까지 발표했다. 한 명의 네티즌이 기업을 이긴 셈이다.

2003년, 일본의 캐논^{Cannon}으로부터 전문가용 디지털카메라 EPOS-10D를 수입해서 판매한 LG상사가 카메라의 자동초점 기능에 결함이 있다는 소비자의 산발적인 지적을 무시하다가 인터넷 동호회를 중심으로 불매운동으로 확산돼 곤란을 겪었다. 결국 일본 캐논사의 전문가와 인터넷 동호회 대표를 초청해 공동 테스트를 실시하고 고객에 대한 AS를 강화하는 것으로 불매운동을 무마시켰다.

2004년, 인터넷 동호회 '클럽쏘렌토'로부터 쏘렌토의 결함을 지적받은 기아자동차는 소비자의 운전 습관에 의한 문제라며 일축했다가 네티즌의 거센 항의와 부정적 여론에 휩쓸리게 되었다. 결국

클럽쏘렌토 대표를 연구소로 초청해 공동 테스트까지 실시하고, 전자제어장치 프로그램을 조정하는 리매핑 Remapping 을 무상으로 실시하면서 무마시켰다.

2006년, 국내 최대의 카메라 동호회인 SLR클럽에서 'No 캐논' 운동을 벌였다. 캐논 제품을 수입 판매하던 LG상사가 약속한 CMOS 청소와 핀 점검 등에 대한 평생 무료서비스에 대해, 새로 사업을 인수한 캐논코리아가 구매 1년이 지난 사용자의 경우 서비스를 유료로 전환하겠다고 밝혔다가 문제가 불거진 것이다. SLR클럽의 사용자들은 No 캐논 사이트를 만들고 불매운동을 선언하는 등 강력하게 반발했다. 결국 캐논코리아가 기존 서비스의 승계를 약속하고 각종 AS 정책을 개선한 후에야 불매운동을 무마시킬 수 있었다.

2006년, PMP업체 디지털큐브의 V43 리콜도 한 네티즌의 문제제기에서 비롯되어 스몰시스터의 연대를 통해 이뤄낸 성과다. V43을 사용하던 한 네티즌이 DMB용 수신기에 이어폰이 닿을 때마다 방송이 끊기자 전자파 문제를 의심해 전파연구소에 민원을 제기하고 이 내용을 PMP 관련 전문 온라인 커뮤니티인 PMP인사이드에 올렸다. 결국 디지털큐브는 전파연구소로부터 전자파 기준 초과 판정을 받았고 한 달간 생산 중지 및 수거 명령을 받았다. 논리 정연한 데이터를 통해 회원들의 연대를 호소하고 해당 제조사를 기술적으로 압박한 덕분에 리콜 결정을 이끌어낸 것이다. 이후 디지털큐브는 PMP인사이드를 비롯한 PMP 사용자 모임 회원들과 정기모임을 갖고 있고, 마케팅부서 담당자들이 사용자 모임의 대표들과 상시적인 연락체계를 갖추고 있다.

요즘에는 많은 기업이 자사 제품과 관련된 인터넷 동호회에 들어가 게시물을 모니터링한다고 한다. 이는 인터넷 동호회의 여론을 파악해 제품개발에 활용하기 위한 의도도 있겠지만, 인터넷 동호회의 막강한 권력 때문이기도 하다. 심지어 관련 인터넷 동호회나 영향력 있는 블로거들을 초청해 대접하거나 그들과 상시적인 관계를 형성하는 경우도 많다.

적을 죽일 수 없다면 내편으로 만들라는 말이 있다. 기업에게 이들은 아주 강력한 위험요소일 수도 있고 반대로 잘 활용하면 강력한 우군을 확보할 수도 있다.

드라마 주인공을 죽이거나 살리는 일종의 놀이

불매운동은 상품에 대한 불만에서 그치지 않는다. 기업에 대한 불만도 불매운동으로 이어지는 것이다. 예를 들어 비정규직 문제가 대두된 이랜드그룹을 압박하기 위해 뉴코아, 킴스클럽, 2001아울렛 등 유통계열사에 대한 불매운동이 펼쳐지기도 했고, 귀족노조라는 오명을 쓰고 있는 현대자동차 노조의 이기적 행태에 반발해 네티즌들이 산발적으로나마 불매운동을 벌이기도 했다.

기업의 반사회적 역할이나 국민 정서에 반하는 행동에 직면할 경우, 이전에는 시민단체나 사회활동단체에서 응징하는 차원의 불매운동을 벌였지만 이제는 네티즌들이 자발적으로 벌이고 있다. 이러한 소비자운동은 정상적인 소비자들의 권리행사이지만, 한편에서는 소비자운동을 가장한 인터넷 놀이를 펼치기도 한다. 일부에서 재미삼아 혹은 주목을 받고자 소비자운동과 비슷한 불매운동이나 특정 기업 및 제품에 대한 안티활동을 하는 것이다. 심지어 초등학생이나 청소년이 정치적 판단이나 이성적 접근이라기보다 감정적으로 집단적 연대를 하는 경우도 있다.

특히 일본과 관련된 문제일 경우에는 더욱 극단적이고 감정적인 집단행동이 이뤄진다. 광복절이나 삼일절이면 일본의 주요 웹사이트에 대한 사이버 공격이 감행되는데 여기에 10대들이 참여하는 경우가 많다. 물론 그 이유를 분석하는 것은 쉽지 않은 일이다. 스몰시스터의 연대나 집단행동 그리고 안티활동 등에서 정치적 이유나 실용적 목적을 찾아낼 수 없는 경우도 많기 때문이다.

그것은 그저 그들의 일상이자 놀이이고 표현이다. 이들을 폐인, 괴짜 혹은 찌질이라 부르며 부정해도 소용없다. 그들이 바로 우리이고, 이들은 앞으로 더욱더 마케팅에 직간접적 영향을 미치게 될 테니까! 이들은 드라마의 주인공을 죽이기도 하고 살리기도 하며 심지어 드라마의 스토리까지 바꾸는 힘을 발휘한다. 방송사 게시판에 의견을 표출하는 네티즌은 점점 늘고 있고 드라마 마니아나 폐인들은 집요하고 공격적으로 행동하기도 한다. 이런 상황이라면 앞으로는 본격적인 쌍방향 드라마가 나올 수밖에 없다. 이미 네티즌의 투표를 통해 주요 스토리 라인을 결정하는 인터렉티브 드라마가 시도되기도 했다. 굳이 쌍방향 드라마를 표방하지 않아도 이미 스몰시스터의 개입과 간섭을 참고하고 있으므로 어느 정도 쌍방향 드라마가 만들어지고 있다고 해도 과언은 아닐 것이다.

소비자는 더 이상 착하지도 순하지도 않다

디지털시대에는 과거의 소비자처럼 불특정 다수를 대상으로 뿌려지는 광고만 보고 물건을 산다거나 목적 없이 매장에 들러 물건을 사는 경우가 드물다. 소비자 자체가 생산적 소비성향을 지닌 데다 인터넷이 그러한 성향을 뒷받침해줄 다양한 서비스를 계속 내놓고 있기 때문이다. 오늘날 지능화되고 힘이 세진 소비자는 기업에 당당하게 요구하고 불매운동도 서슴지 않는다. 기업의 입장에서는 이러한 생산적 소비성향을 지닌 디지털 세대가 두려울 수밖에 없다. 이에 따라 프로슈머 마케팅을 확대하고 프로슈머의 입소문을 적극 활용하려 노력한다.

그러나 프로슈머의 활성화가 긍정적인 것만은 아니다. 자칫 잘못하면 소비자 권력의 남용이라는 폐해를 낳을 수도 있다. 예를 들면 소비자가 집단적 연대를 통해 힘을 과시하면서 악의적인 불매운동이나 상품에 대한 부정적 이미지를 조장할 수 있는 것이다.

실제로 특정 상품과 관련된 대형 커뮤니티에서는 개인적 경험을 근거로 특정 상품의 불매운동을 벌이자는 제안이 무수히 올라오고, 불매운동을 빌미로 기업에게 돈을 받아내는 경우도 있다.

공수표처럼 내뱉던 "손님은 왕"이라는 말은 이제 현실이 되고 있다. 소비자의 눈 밖에 나면 하루아침에 망할 수도 있기 때문이다. 얄팍한 상혼으로 소비자를 우롱하는 것을 소비자들은 더 이상 참고 넘어가지 않는다. 인터넷 덕분에 적극적인 안티운동이 활성화되었고 소비자들의 자기 권리 찾기도 보다 강화된 것이다. 아직까지 이러한 변화에 발맞추지 못하는 생산자도 있지만, 그들은 조만간 시대 흐름에 맞게 변하거나 혹은 도태되거나 둘 중 하나를 선택할 수밖에 없다.

얼리어답터, 마니아, 프로슈머

스몰시스터 중에서 기업과 관련한 활동을 가장 왕성하게 하는 이들이 얼리어답터, 마니아, 프로슈머이다. 이들은 자발적으로 신상품을 사용하고 전문적인 수준의 정보를 갖고 있으며 생산적 소비활동을 통해 기업에 직간접적인 기회를 안겨주기도 한다. 물론 이들을 잘못 다루면 기업을 위기로 몰아넣는 가장 강력한 위험인자로 대두될 것이다. 그러므로 기업의 입장에서는 반드시 내편으로 만들어야 할 존재이다.

얼리어답터를 주목하라

얼리어답터는 본래 남들보다 빨리 신제품을 구입해 써보아야만 직성이 풀리는 소비자군을 일컫는 말이었다. 하지만 요즘에는 그 의미가 확대되어 제품이 출시될 때 남보다 일찍 제품에 관한 정보를 접하고 제품을 먼저 구입해 제품을 평가한 뒤 주변 사람에게 제품의 특성을 알려주는 성향을 가진 일련의 소비자군을 일컫는다.

2005년 초, 일본의 소니 본사에 비상이 걸렸다. 새로 출시한 디지털카메라 '사이버샷 F828' 성능에 문제가 있다며 고객의 항의가 들어왔기 때문이다. 일정 조건에서 사진을 찍으면 사물과 사물의 경계

면이 보라색으로 나오는 것을 소비자가 문제 삼은 것이다. 더욱 이상한 점은 전 세계적으로 발매한 이 제품에 대해 유독 한국에서만 항의가 들어왔다는 사실이다. 소니는 자체 조사를 통해 카메라 결함이 아니라는 결론을 내렸지만, 국내 소비자들은 카페를 중심으로 환불여부와 AS 등 소니코리아의 AS 정책에 대한 의견을 나누면서 지속적으로 문제제기를 하는 등 거센 움직임을 보였다. 일명 '보라돌이(영상 테두리에 보라색이 진하게 나오기 때문에 이렇게 불려졌다)'로 불린 이 사건은 국내 소비자가 디지털기기에 얼마나 빠르고 민감하게 반응하는지 확인시켜주는 계기가 됐다.*

이들은 신기술에 대한 접근을 주저하지 않으며 새로운 기술의 진화나 발전도 금방 받아들인다. 얼리어답터에 의해 기술도 유행을 타는 시대가 되었으며 디지털 기술도 소비 대상이 되는 시대가 된 것이다. 특히 한국은 디지털 제품에 관한 한 얼리어답터의 천국이라고 해도 과언이 아니다. 이는 얼리어답터의 보편화라기보다 디지털 제품에 대한 집중화 경향이 있기 때문이다. 기업은 이들을 테스트베드나 입소문의 진원지로 바라보기도 한다.**

2003년, 제일기획에서 '코얼리어답터'에 대한 심층 분석 보고서를 발표했는데, 그들은 코얼리어답터(Koarly adopter＝Korean＋Early adopter)를 "국내의 독특한 환경에서 태어난 독특하고 새로운 체험 전도사"라고 정의하고 있다. 또한 '코얼리어답터'는 경제적 여유가

---

* 이형근, 얼리어답터 전문커뮤니티 맹활약, 〈디지털타임즈〉, 2006. 3. 3.
** 김용섭 저, 《대한민국 디지털 트렌드》, 〈한국경제신문〉, 2006.

있고 많은 신제품이 나오던 환경에서 탄생된 기존의 얼리어답터와 달리, 장기적인 경기침체와 소비심리가 위축된 국내 상황 탓에 소유한 재화의 제한 등 제한적 요소에서 최대한 얼리어답터 활동을 영위하기 위한 행동양식으로 변화되어 등장했다고 분석하고 있다.

미국의 사회학자 에버릿 로저스 Everett M. Rogers 가 1957년에 출간한《디퓨전 오브 이노베이션 Diffusion of Innovation 》에서 처음으로 이 용어를 사용할 때만 해도 대중에게 알려지지 않았지만, 1995년 이 책의 재판이 나올 무렵에는 현대의 신조어로 부상하게 되었다. 물론 얼리어답터의 확산에서 전환점이 된 것은 바로 인터넷이다. 인터넷이 신제품 사용후기를 서로 공유하고 이를 확산시키거나 기업에 의견을 펼칠 수 있는 기회를 만들어주었기 때문이다.

사실 기업의 입장에서 얼리어답터는 고마운 존재이다. 먼저 신상품을 소비하는데다 제품의 결함이나 개선사항을 자발적으로 연구해 의견을 개진하기 때문이다. 아울러 기업은 이들을 통해 제품이 초기에 시장에 진입할 수 있을지를 테스트해볼 수도 있다.

마니아를 잡아라

마니아는 미래 소비의 선도자이며 문화 권력이자 소비 권력이 되기도 한다. 따라서 기업 마케팅 부서에서는 자사의 상품과 관련한 새로운 마니아 집단을 만들어내거나 기존의 마니아 집단에 잘 대응하는 것이 중요한 미션이 되고 있다. 마니아 집단은 해당 상품에 대한 우호 집단인 동시에 프로슈머로서 상품 생산과 마케팅에 긍정적 기능을 하기도 한다. 그러나 그 반대의 경우에는 악성 입소문을 내고 적극적인 안티운동을 펼치기도 한다.

요즘의 마니아들은 대부분 인터넷에 능숙하고 쇼핑몰 게시판 등에 자신의 의견을 활발하게 개진한다. 따라서 마니아의 눈에 들면 달리 광고를 하지 않아도 쉽게 자사 상품을 홍보할 수 있다. 물론 반대의 경우라면 돈을 들여 광고를 해도 마니아의 악성 입소문과 안티활동으로 기대했던 광고 효과를 보기 어렵다. 기업의 입장에서는 마니아가 득도 되지만 실도 될 수 있는 양면적 존재인 것이다.

마니아의 마음을 끌기 위해서는 몇 가지 선행적 노력이 필요하다. 무엇보다 마니아는 상품에 대한 호기심이 강하다. 따라서 적극적인 정보 제공을 통해 이들의 관심을 끌 필요가 있다. 또한 이들은 고객으로서의 대우를 지나칠 정도로 요구하는 경향이 있다. 그러므로 마니아층으로 추정되는 고객에 대해서는 AS를 비롯한 고객응대에서 각별한 주의가 요구된다. 나아가 이들은 자존심이 강하고 공격적인 성향을 보이기도 하므로 인터넷상에서 분쟁이 발생했을 때는 우회적으로 대응하는 것이 효과적일 수 있다.

우리가 주목해야 할 것은 이처럼 일반인의 소비를 리드하는 마니아의 세계가 점점 다양해지고, 일반인에게 미치는 영향도 강력해지고 있다는 점이다.

마니아층에 머물러 있던 소비가 일반인으로 확산되면서 큰 시장을 형성하는 경우도 있다. 90년대 초반만 해도 스노보드는 일부 마니아의 전유물이었지만 지금은 스키보다 스노보드가 더 인기가 많다. 스키장에 가보면 스키어보다 스노보더의 비율이 높은 편이다. 물론 카빙스키의 등장으로 스키어 비율을 많이 끌어내리진 못했지만, 여전히 스노보드가 더 잘 팔린다. 인라인 스케이트도 90년대 말까지 일부 마니아의 영역에 머물렀으나 2000년대 들어 급속히 대중화되었다.

와인 역시 90년대 말까지만 해도 일부 애호가만 즐기는 소수의 문화였다. 그런데 2000년대 들어 와인 열풍이 불면서 지금은 누구나 마시는 술이 되었고 특히 경영자에게 와인은 빼놓을 수 없는 기호품이 되었다. 심지어 집에서 와인을 마시는 사람도 꽤 많다. 골프도 마찬가지다. 여전히 비용이 부담스럽긴 하지만 예전에 비해서는 상당히 대중화되었다.

이밖에도 마니아 소비가 대중적 소비로 확산된 사례는 무궁무진하다. 마니아의 검증이 대중 소비 확산의 원동력이 된 셈이다.

소비자가 곧 생산자이다

프로슈머라는 용어는 미래학자 앨빈 토플러^{Alvin Toffler}가 《제3의 물결》에서 공급자^{producer}와 소비자^{consumer}를 합성해 사용한 것으로, 소비는 물론 제품 개발과 유통과정에도 직접 참여하는 생산적 소비자를 뜻한다.

프로슈머는 마케팅 방식에 처음 도입되었다. 그리고 소비자가 단순히 물건을 구입하는 데 그치지 않고 다양한 참여 방식을 통해 소비자의 요구를 제품과 판매방식에 반영하도록 한 프로슈머 마케팅은 소비자와 생산자 모두에게 좋은 마케팅 방법으로 효과를 거두었다. 생산자는 소비자의 신선한 의견이나 아이디어를 참고할 수 있어서 좋고, 소비자는 자신들의 요구가 제품에 반영되어 좋았던 것이다.

이는 기업이 과거에 신제품을 개발할 때 소비자 욕구를 파악한 후 신제품을 개발하던 방법에서 한층 발전한 형태이다. 일종의 고객만족 경영 전략으로 소비자가 직접 상품개발을 요구하며 아이디어를 제안할 때 기업이 이를 받아들여 신제품을 개발하는 것이다. 국내에서도 고객만족경영의 일환으로 컴퓨터, 가전, 가구, 의류와 관련된 기업에서 공모 작품을 통해 적극적으로 소비자의 아이디어를 수용하는 사례가 많다. 또한 소비자의 취향을 살린 자가조립방식의 DIY^{do it yourself} 상품도 대표적인 프로슈머 마케팅이라 할 수 있다.

특히 프로슈머 마케팅은 인터넷 쇼핑몰 등 직접 상품을 보지 못하고 물건을 사야 하는 비(非)대면 거래의 단점을 보완하기 위한 수단으로 적극 활용되고 있다. 인터넷 상품거래에서 소비자가 결정한 가격에 생산자가 응찰하는 역경매 방식이나 다양한 형태의 경매 및 공동구매, 그리고 소비자가 제시한 상품평이나 상품에 대한 의견교환 등을 통해 소비자가 생산과 판매에 참여하는 것이 일반화되고 있는 것이다.

대표적인 프로슈머로는 먼저 제품을 사용하고 그에 대한 리뷰를 공유하는 얼리어답터, 해당 상품에 대한 전문적 지식을 갖춘 준전문가급의 마니아, 기업의 제품 생산단계에 참여해 소비자의 입장을 제시하는 경우와 기업에 대한 소비자운동 차원의 불매운동 및 안티사이트를 운영하는 경우가 있다. 특히 정보 분야에서는 일방적 소비에 그치지 않고 직접 생산활동에 참여하는 경우도 있다.

프로슈머 확산의 일등공신으로는 초고속 인터넷망과 멀티미디어 컴퓨터의 확산을 꼽을 수 있다. 아울러 디지털 캠코더와 디지털 카메라의 보급도 결정적 계기를 만들어준 매개체이며 무선인터넷과 DMB, PDA 등의 모바일 커뮤니케이션 서비스도 디지털 프로슈머의 운신의 폭을 확장시켜 주었다.

피할 수 없다면 철저하게 즐겨라

마케팅 차원에서 스몰시스터에 접근하기 위해서는 그들이 가진 위험요소를 이해하고 그들을 활용하기 위한 마케터로서의 태도를 견지해야 한다. 이들은 분명 위험하지만 결코 피하거나 무시할 수 없는 존재이다. 피하지 못할 바에는 철저히 활용하라.

스몰시스터의 3가지 위험요소

다음의 세 가지는 기업 입장에서의 위험요소이다. 이것은 스몰시스터의 사회적 역할 혹은 정부나 권력에 대한 역할로는 긍정적 요소로 작용할 수 있지만, 기업으로서는 이런 역할이 경계 대상일 수밖에 없다. 어쨌든 위험요소를 알아야 어떻게 대처할지 그 대책을 마련할 수 있다.

첫째, 일상적 감시. 그들에겐 찍고 올리고 퍼뜨리는 것이 일상이자 문화이다. 찍히면 죽는다는 말이 어울릴 만큼 한번 찍히고 올려져 퍼져나가면 그 파급 효과는 엄청나다.

둘째, 간섭과 수다. 그들의 존재감 확인, 과시적 욕구, 공명심과 정의감이 간섭과 개입을 유발한다. 이런 욕구는 수다라는 형태로 퍼져나가면서 증폭됨과 동시에 힘이 더해진다.

셋째, 공격과 테러. 극단의 폭력적 욕구 표출, 극단적 과시욕은 걷잡을 수 없는 기업의 이미지 손상이나 불이익을 초래할 수 있다.

스몰시스터를 활용하기 위한 3가지 태도

다음의 세 가지는 스몰시스터를 내편으로 끌어들이기 위한 과정에서 마케터가 염두에 두어야 할 태도이다.

첫째, 과감히 인정하고 수용하라. 그들을 인정하는 태도에서부터 그들을 끌어안을 전략이 나온다. 그들 중 리더에 해당하는 사람과의 교류도 필요하다.

둘째, 불필요한 자존심은 버려라. 그들이 미처 몰랐던 문제를 지적해주면 오히려 감사하라. 괜한 자존심 내세우며 소비자와 싸우려들지 마라. 그들은 생각보다 훨씬 똑똑하고 강하다.

셋째, 그들이 물어뜯을 새로운 먹을거리를 제공하라. 스몰시스터가 누군가를 공격하려 한다면, 타깃을 돌려 자사가 아닌 경쟁사와 경쟁제품을 공격하도록 유도하는 것도 좋은 방법이다.

디지털시대의 소비자가 곧 스몰시스터이다

디지털시대의 소비자는 정보를 통해 합리적인 결정을 하는 똑똑한 소비자로, 비용과 효용을 분석해 가장 적합한 대안을 선택하는 경향을 보인다. 아울러 기업 활동에 적극 문제를 제기하는 행동하는 소비자이다. 공동구매나 주문형 생산, 맞춤형 생산 등은 소비자가 생산과 소비에 적극 개입하고 있는 증거이다. 물론 안티사이트 개설이나 온라인 불매운동, 소비자 고발 등도 적극적인 소비자행동에 해당한다.

그렇다고 특별히 소비자의 권리를 주장하는 사람이 많아진 것은 아니다. 다만 개별 소비자에게도 소비주권이 강화되어 개별 소비자의 목소리 하나하나가 큰 파장을 일으키게 되었을 뿐이다. 더욱이 개별 소비자는 온라인을 통해 보다 쉽게 소비자의 당당한 발언을 할 수 있게 되었다.

전자거래에 익숙한 소비자는 냉정하고 이성적이다. 또한 보다 적극적인 개입과 참여를 통해 소비자의 권리를 보장받는 데 주저하지 않는다.

전사적으로 소비자를 관리하라

소비자는 적이 아니다. 설사 적이 될지라도 적으로 두지 말고 과감히 품어야 한다. 문제가 생기면 기업에서는 보통 관련 부서의 담당자나 홍보 부서가 이를 해결하기 위해 접근하는데, 그보다는 소비자운동과 스몰시스터에 대한 상시적 전담 부서 및 담당자를 운용하는 것이 훨씬 효과적이다. 마케팅 부서나 홍보 부서가 알아서 하도록 하는 게 아니라 이들 부서 내에 전담파트나 인력을 배치해야 하는 것이다.

모두의 책임은 어느 누구의 책임도 아니라는 말과 같다. 그러므로 문제가 생기면 그때그때 대응한다는 발상은 버리는 것이 좋다. 특히 오늘날에는 문제가 자주 발생하고 있으므로 상시적으로 그들과 소통하고 교류하지 않으면 심각한 문제가 발생할 수도 있다. 이는 위기대응 차원의 부서나 인력이긴 하지만 상시적인 관리와 적극적인 스몰시스터 활용 차원에서이기도 하다.

성공적인 런칭을 위한 훌륭한 네트워크 허브

스몰시스터가 주는 마케팅 기회로는 입소문 증폭 집단으로서의 활용 가치가 높다는 점이다. 따라서 기업은 네트워크 허브가 될 파워블로거나 온라인 커뮤니티 운영자를 주요 공략 대상으로 삼아 이들과 교류관계를 유지하면서 입소문 마케팅을 해야 한다. 더욱이 얼리어답터는 자발적인 홍보 역할을 수행하므로 초기 시장 진입을 할 때 이들은 좋은 마케팅 대상이 된다.

또한 사용자가 만든 UCC인 것처럼 해서 기업에서 SCC^{Seller Created Contents} 혹은 PCC^{Product Created Contents}, CCC^{Company Created Contents} 등을 만들어 입소문에 활용하는 경우도 많다. 기업의 직설적인 마케팅과 홍보는 저항감을 불러일으킬 수도 있기 때문에 사용자들의 자발적 컨텐츠인 UCC 형식을 차용하는 경우가 늘고 있는 것이다. 각종 댓글이나 게시판 아르바이트도 스몰시스터를 마케팅에 활용한 사례로 볼 수 있다.

한편, 정부나 사회를 감시하고 경계하는 역할이 새로운 비즈니스 기회를 만들어내기도 한다. 프라이버시를 강조하다 보면 프라이버시 보호와 관련된 비즈니스 기회가 늘어나고 이를 활용하는 새로운 마케팅 수요도 증가할 것이다.

사실 신문 사회면의 악성 범죄 소식에서도 새로운 비즈니스 기회를 찾는 것이 마케팅의 힘이다. 마찬가지로 스몰시스터의 사회적 위험요소도 분명 새로운 기회가 될 수 있다. 다만 누가 그 위험에서 역발상의 답을 찾아내느냐가 관건일 뿐이다.

스몰시스터가 주는 마케팅 위기로는 그들의 활동이 기업을 위협하는 소비자운동으로 진화하는 것이다. 이들은 안티활동으로 불매운동도 거침없이 펼친다. 따라서 판매 후 사후관리와 소비자 대응에 대한 비용 부담이 증가하는 것도 리스크가 된다. 더불어 AS나 리콜 등을 잘못했을 때 소비자의 강력한 공격에 시달리는 것도 리스크이다. 이 경우 블랙컨슈머^{Black Consumer}가 등장하고 각종 온라인 여론조작이 성행하며 소비자운동을 가장한 악의적인 공격이나 거래를 요구하는 일도 증가한다.

스몰시스터가 주는 마케팅 기회와 위기는 공존한다. 위기 없는 기회도 없고, 기회 없는 위기도 없다. 결국 관건은 마케터가 기회를 얼마나 잘 찾고 위기에 얼마나 잘 대응하느냐 하는 것이다.

나약한 개인이 모여 구축한 강력한 집단지성

● Key Point

정보 분산으로 사회적 통제를 견제하는 개별 분산식 자생적 민간 관리 권력이 스몰시스터이다. 이들을 경계해야 하는 이유는 적극적인 개입과 간섭을 통한 소비자운동으로 기업을 곤혹스럽게 만들 존재로 진화할 가능성이 크기 때문이다. 하지만 이들을 내편으로 만든다면 매우 효과적인 마케팅 도구로 활용할 수 있다.

● Think About

① 여러분이 속한 기업(조직)에 위협이 되는 온라인 커뮤니티나 파워블로거 혹은 온라인에서의 움직임이 있는지 조사해보라. 아직 표면적으로 드러나지는 않았지만 서서히 움트는 위험요소도 분명 있을 것이고, 이미 커질 대로 커졌는데도 방치하는 위험요소도 존재할 것이다. 일단 위험요소를 찾으면 대응방안을 찾는 것은 아주 쉽다. 문제는 누가 위험요소인지 모를 때 발생한다.

② 여러분 자신도 스몰시스터이다. 온라인에서 기업의 마케팅 활동에 대응해 간섭 혹은 개입하거나 안티활동을 해본 적이 있는가? 자신을 돌아보면 스몰시스터에 대한 대응책 마련이 한결 수월하지 않을까?

나약한 개인이 모여 구축한 강력한 집단지성

04

흩어져야 잘사는 **개인주의**
Individualism

· · ·

마케팅은 매스^{Mass}에서 시작해 타깃^{Target}을 거쳐
마이크로^{Micro}로 진화한 다음 궁극에는 개인화로 갈 것이다.
개인화 마케팅은 마케팅 개념에서
최후이자 궁극의 방법이다.

개인주의가 마케팅의 중심이 되는 징조들

밥 먹는 것만 봐도 시장의 트렌드를 안다

얼마 전까지만 해도 우리에겐 혼자 밥 먹는 문화가 익숙지 않았다. 우리의 집단화, 소속화의 정서 때문에 혼자 밥을 먹으면 무슨 문제가 있거나 친구도 없는 외톨이라고 여기기 십상이었던 것이다. 하지만 개인주의의 확산으로 우리의 정서도 서서히 변화되고 있다. 혼자 밥 먹는 것이 자연스러워지고 혼자 먹는 사람을 의식하는 시선도 사라지면서 식당에는 1인용 식탁이 늘고 있고 음식재료도 1인용으로 소포장된 것이 많이 늘었다.

개인주의의 확산이 안정적인 문화로 정착된 셈이다. 이처럼 혼자 밥 먹을 곳이 늘어나는 것만 보아도 개인주의 확산의 정도를 파악할 수 있고 그와 연관된 새로운 시장도 찾아낼 수 있다.

4인용 테이블이 바 형태의 테이블로 교체

커피빈과 스타벅스에 가보면 바Bar 형태의 긴 테이블을 만날 수 있다. 그것은 대개 창가나 벽 쪽에 놓여 있는 1인용 자리로, 이제는 타인과 마주할 필요가 없는 그런 자리가 늘고 있다. 2인용, 4인용 테이블에서는 밥이나 술을 먹으며 인간관계를 의식해야 하지만, 1인용 자리에서는 그럴 필요가 없다. 타인과의 관계를 고려하지 않고 오로지 자신의 실용적인 목적만 달성하면 되는 셈이다.

사실 4인용 테이블에서 밥을 먹으면 비어 있는 세 자리가 주는 압박이 있지만, 1인용 자리에서는 그런 압박이 사라진다. 더욱이 타인의 시선을 느낄 필요도 없이 자연스럽게 먹을 수 있다. 최근에는 식당에도 1인용 자리가 늘고 있으며 심지어 고깃집에서도 바 형태의 테이블에서 바텐더가 서빙을 하거나 고기를 구워주고 대화도 하는 곳이 등장하고 있다.

미래의 자동차 트렌드는 1인용 자동차

1인 중심의 도시형 삶을 누리는 사람에게 높은 연비, 적은 주차공간의 혜택을 주는 1인용 자동차는 충분히 매력적이다. 실제로 최근 몇 년간 이루어진 한국교통연구원 국가교통센서스 결과를 보면, 평일 전체 차량의 최소 60퍼센트 이상이 운전자 혼자 탑승하는 것으로 나타났다. 10대 중 6대는 나홀로 차량인 셈이므로 나중에 1인용 자동차가 상용화되면 아예 1인용 자동차를 구매하는 사람도 꽤 나올 것이다.

사실 가족 중심에서 싱글 중심으로 재편되는 가족관은 물론 도시의 라이프스타일과 친환경 및 효율성을 추구하는 가치관은 1인용 차량이 미래의 주요 트렌드가 되는 데 결정적 기여를 하고 있다.

실제로 2006년 제40회 도쿄모터쇼에서는 도요타의 아이리얼

REAL, 스즈키의 픽시PIXY, 닛산의 피보Pivo2, 혼다의 푸요Puyo 등의 1인용 자동차가 소개되어 주목을 받았다. 이것은 모두 미래형 1인용 자동차의 콘셉트카로 당장 상용화되는 것은 아니지만 조만간 시장에 선보일 것이다. 이후 매년 새롭게 열리는 모터쇼마다 1인용 자동차는 관심을 끌고 있고 늘 새로운 진화 모델이 소개되곤 한다.

셀프기프팅: 나에게 선물을 보낸다

친구가 없는 외톨이라서 자기가 자기에게 선물을 하는 것은 아니다. 개인주의는 남에게 보여주기 위한 소비에서 자신을 위한 소비로 바꿔놓고 있다. 이미 자기중심적 소비심리가 사회 전반에 자리 잡았고 싱글족이 늘어나면서 자신에게 선물하는 셀프 기프팅self gifting 소비성향은 더욱 확산될 것으로 예상된다.

옥션에서 회원 1,149명을 대상으로 조사한 결과(2006년 2월), 무려 70퍼센트 이상의 응답자가 셀프 기프팅 경험이 있다고 밝혔다. 더욱이 그것은 연령대에 구애받지 않고 폭넓게 확산돼 10대에서 40대까지 68~74퍼센트로 별 차이가 없었다. 기혼자의 셀프 기프팅 경험 비율도 미혼자와 비슷한 70퍼센트대로 나타났다.

물론 대개는 예상치 못한 수입이나 여윳돈이 생겼을 때, 기분전환 및 스트레스 해소 차원인 경우였다. 다른 사람의 선물을 사다가 자연스럽게 자신을 위한 선물을 사는 경우도 많았다. 주요 품목은 의류나 패션소품, 가전제품 등인 것으로 나타났다.

세상에 둘도 없는 오직 나만의 것을 위해!

소비욕구에서 희소성은 커다란 매력이다. 특히 타인과의 차별화는 초고가의 상품에 대한 욕구로 이어지며, 남들이 엄두도 못내는 그런 상품을 소비한다는 것만으로도 개인주의적 소비지향성을 유지한다.

과거에는 고가의 명품 시장에서 극소수의 한정 상품이나 온리원only one 상품이 대두되었지만 이제는 일반 소비재에서도 그런 경향이 나타나고 있다. 차이가 있다면 한정된 명품은 장인에 의해 특별하게 만들어진 것을 소비하는 것이고, 일반 소비재는 소비자가 직접 만드는 즐거움을 소비한다는 것이다.

세상에 단 하나만 존재하는 특별한 것을 찾는 사람은 갈수록 늘고 있다. 자신이 직접 시간과 돈을 투자해 인형이나 액세서리, 책 등 세상에 유일하게 존재하는 내 것을 만드는 사람이 많은 것이다. 이러한 심리를 이용해 직접 만든 인형에 ID카드를 부여해주거나 완성된 인형이 아니라 인형의 소품과 재료만 파는 인형가게, 연인을 위해 직접 목걸이나 반지를 만들 수 있게 하는 액세서리 가게도 등장하고 있다.

결국 만드는 것이 곧 소비인 셈이고, 관련 기업으로서는 소비자의 개인화된 욕구를 충족시키기 위해 무언가를 만들 수 있는 환경과 재료를 파는 것이 상품인 것이다. 물론 만들어진 상품이 아니라 자신이 만들어낼 수 있는 상품을 소비하는 것도 개인화된 욕구의 표출이다.

한편 자동차나 오디오, 컴퓨터 등에 대한 튜닝도 개인주의적 소비욕구의 표현이다. 그들은 대량으로 생산된 제품을 자신만의 것으로 재창조하려는 의도로 튜닝을 하는 것이다. 남과 같은 것에서 출발했지만 남과 다른 나만의 것으로 변신시키는 셈이다. 차 값보다 튜닝 비용이 더 들었다는 얘기나 마티즈에 튜닝 비용만 그랜저 두 대 값이 들었다는 얘기를 들으면 도무지 이해할 수 없는 일이라고 할 사람도 있겠지만, 그들에겐 그것이 자기만의 차별화와 개성 추구를 위한 지극히 개인주의적 소비 행태일 뿐이다.

뭉치면 살고 흩어져도 산다

이제는 뭉쳐야만 사는 것이 아니라 흩어져도 잘 산다! 이러한 흐름을 반영하듯 조직에서도 위계구조 중심에서 탈피해 수평구조가 늘고 있고, 이는 조직 중심의 조직문화가 개인 중심의 조직문화로 전환하고 있음을 의미한다.

이것은 어디까지나 개인의 선택이 아닌 시대적 선택이다. 심지어 가전(家電)에서 개전(個電)으로 바뀔 판이다. 가전은 말 그대로 집에서 가족과 함께 쓰는 도구이지만 이제는 싱글을 위한 전용 전자제품이 속속 등장하고 있는 것이다. 예를 들어 개인용 컴퓨터, 휴대전화, 각종 디지털 단말기 등은 혼자 정보를 보고 즐기는 도구이다.

이런 도구의 확산은 자연스럽게 혼자 노는 문화도 확산시키고 있다. 이들은 디지털 도구를 통해 가상공간에서 가상의 존재들과 소통하고 어울리는 것이다. 각종 디지털 도구들과 노느라 스스로 외톨이가 되는 셈이다.

싱글 이코노미

21세기는 개인주의 시대로, 개인주의는 하나의 라이프스타일이자 가장 주도적인 문화 트렌드이다. 이미 사회적으로도 조직 중심에서 개인 중심으로 무게 중심이 옮겨가고 있으며 전통적인 가족관도 붕괴되고 있다. 미혼과 이혼의 증가로 1인 가구의 비율이 점점 높아지고 획일적이던 부모와 자녀 위주의 가족에서 자발적 비혼모를 비롯한 싱글맘, 기러기 가족, 동성애 커플 등 다양하고 새로운 가족형태가 등장하고 있는 것이다.

가장 매력적인 소비자

2007년 1월에 열린 세계경제포럼(다보스포럼)의 주요 논제 중 하나가 싱글 이코노미였다. 이는 전 세계적으로 싱글과 싱글 시장이 확대되고 있고 싱글이 산업적, 경제적으로 큰 기회가 되고 있음을 의미한다. 싱글이 증가하게 된 원인으로는 고학력화, 여성의 사회진출 확대, 개인주의 문화의 확산, 전통적 가족관의 붕괴 등이 있다.

2007년 기준으로 국내의 스물다섯 살 이상 서른아홉 살 미만의 미혼 인구는 5백만 명 정도로 추산된다. 1980년에는 같은 기준의 미혼 인구가 1백만 명 정도였으니, 27년 동안 무려 500퍼센트나 늘어난 셈이다. 특히 과거에는 20대 후반만 되어도 노처녀 소리를 들었지만 이제는 30대 중반이 되어야 그런 말을 들을 정도로 결혼연령도 높아졌다.

싱글은 대부분 경제활동을 하고 있기 때문에 경제적으로 여유가 있는 편이다. 따라서 이들은 자신을 위해 좀더 적극적인 소비를 한다. 더욱이 싱글일 때는 기혼자와 달리 이것저것 따지지 않고 자신을 위해 과감하게 돈을 쓴다. 예를 들어 여성은 싱글일 때는 패션에도 관심이 많고 명품도 좋아하지만 결혼한 후에는 그런 것을 포기하고 양육과 집안일에 집중한다. 그러다 보니 싱글의 눈에는 결혼이 그리 달갑지 않게 보일 수도 있다. 가족을 위한 삶을 살면서 포기하는 것을 늘리기보다 싱글을 유지하면서 자신을 위해 여유롭게 쓰기를 더 원하는 것이다.

한편 소유보다 소비를 지향하는 싱글은 빌려 쓰는 문화에도 익숙하다. 예를 들어 주거공간은 모든 가전과 가구가 빌트인으로 갖춰진 오피스텔이나 원룸 등 싱글 주거용 공간을 선호한다. 집을 사기 위해 돈을 아끼고 모으는 것보다 집을 임대해 쓰면서 자신을 위해 풍요로운 소비를 즐기고 싶어 하는 것이다. 상대적으로 미래가 아닌 현재를 위한 소비지향성이 크다고 볼 수 있다.

더욱이 싱글은 새로운 것에 대한 소비욕구도 높고 유행과 브랜드에도 민감하다. 따라서 이들은 그 자체만으로도 큰 소비 세력이며 이를 간파한 기업의 투자로 싱글을 위한 싱글 상품 시장은 갈수록 커지고 있다. 기업에게 싱글은 가장 매력적인 소비자이자 앞으로 가장 커질 시장 중 하나인 것이다. 한 가지 조언을 하자면 싱글에게는 배려가 필요하다. 싱글은 자기계발과 개인의 가치에 매우 민감하므로 이들에 대한 개인적 배려가 필요한 것이다. 아울러 싱글은 상대적으로 바쁘고 혼자서 일을 처리해야 하므로 시간적 배려도 필요하다. 시간을 절약해주는 것은 싱글 마케팅에서 중요한 유혹이 된다.

개인화도 디지털 진화의 산물이다

인간을 위한 기술적 진화는 인간이 홀로 살아가기에 좋은 환경을 만들어주고 있다. 개인주의 확산은 기술적 진화, 산업적 진화의 영향을 받으며 그것이 정착되면서 사회문화적 현상으로 표출되고 다시 산업, 정치, 경제, 사회, 문화 전반의 주류 현상으로 진화하는 것이다. 이러한 개인주의는 싱글이나 개인화 서비스 수요의 확산에서 그치지 않고 개인의 보다 능동적인 생산성과 참여로 이어진다.

2.0 트렌드라고 할 수 있는 소통과 참여의 개념도 결국은 개인주의의 기반에서 출발한다고 할 수 있고, UCC를 비롯한 인터넷 콘텐츠 문화도 개인의 자생적인 능동성에 기반을 두고 있는 셈이다. 인터넷 산업의 성장과 디지털문화의 확산을 주도하는 원동력 속에 개인주의적 사회문화 환경이 자리하고 있는 것이다.

사실 아날로그시대에는 개개인을 배려하는 것이 현실적으로 어려웠지만, 디지털시대에는 기술의 발전으로 개개인에 대한 배려가 가능하다. 개개인의 맞춤소비나 맞춤교육 등은 이미 현실화되고 있으며, 기업의 마케팅 활동에서도 개인화를 강조하는 원투원 마케팅 및 타깃 마케팅이 점점 강조되고 있다.

특히 인터넷에서 개인화는 상당히 보편적이다. 실제로 포털사이트를 비롯해 큰 웹사이트에 가보면 'my'라고 붙은 메뉴가 많이 눈에 띈다. 사용자가 직접 자신의 요구에 맞게 설정하고 구성할 수 있도록 하는 각종 'my' 서비스는 이제 필수적인 메뉴로 정착되고 있다. 앞으로는 인터넷에서 누가 더 개인화 서비스를 잘 구현하느냐가 경쟁력이 될 것이다.

개인화 서비스 구현으로 성공한 대표적인 사례로는 네오위즈의 아바타와 싸이월드의 미니홈피가 있다. 개인의 취향에 맞게 자신의 분신을 꾸밀 수 있도록 한 아바타 유료 서비스는 네티즌이 가장 좋아하는 대표적인 서비스로 자리 잡았다. 미니홈피 역시 10대와 20대를 비롯해 직장인의 상당수가 갖고 있을 정도로 대중화되었다. 이들은 모두 자신에 대한 서비스 공간을 통해 개인화를 상품화한 셈이다.

한편 생산단계에서부터 모든 제품에 RFID칩을 부착함으로써 생산과 유통과정을 한번에 파악할 수 있게 하는 기술은 제품의 판매방식에 큰 변화를 가져다줄 것이다. 기존에는 소비자가 구매한 제품을 계산원이 바코드로 읽어내 계산을 했지만, RFID칩이 내장된 제품은 소비자가 카트에 제품을 담고 RFID 판독기가 있는 곳을 지나치면 RFID가 내장된 신용카드로 자동으로 계산이 이뤄지게 된다. 이렇게 되면 RFID칩이 유통매장을 비롯한 각종 공간에서 일하던 계산원을 사라지게 만들 것이다.

기업의 입장에서는 물류 유통의 자동화, 간소화와 함께 인건비 절감과 부대비용 절감 효과까지 누릴 수 있는 장점이 있다. 한마디로 RFID칩은 유통과 물류, 그리고 판매 환경에서의 비약적인 변화를 몰고 오게 된다. 경우에 따라서는 소비자의 구매 패턴에 대한 정보를 데이터베이스로 확보할 수도 있기 때문에 기업 마케팅에서 요긴하게 쓰일 수 있다. 물론 소비자 입장에서는 이것이 사생활 침해의 소지가 높은 사항이라 문제가 될 수 있다.

실제로 소비자가 구매한 제품에 있는 RFID칩과 함께 해당 소비자의 신용카드 RFID칩도 판독기에 읽혀지기 때문에 누가 어떤 물건을 언제 어디서 구매했는지에 대한 정보가 고스란히 드러날 수 있다. 이렇게 되면 특정 고객의 선호에 대한 분석은 물론 그것을 바탕으로 한 개인화 마케팅도 가능해진다. 우리가 물건을 사러 어떤 매장에 들어섰을 때 모니터가 자신의 이름을 불러주며 자신이 평소에 자주 사던 물건에 대한 할인이나 이벤트 정보를 알려주며 구매를 유도한다고 상상해보라.

개인화 시대의 첨단광고는 공격적이고 자극적이다

디지털화는 점점 개인의 모든 정보를 훔쳐보고 엿보는 기술을 발전시키고 있으며, 이것이 디지털시대의 주요 광고이자 마케팅의 중심축으로 자리 잡고 있다. 개인화를 지향하는 마케팅에서 가장 두드러지는 것이 바로 디지털 기술을 이용한 첨단 광고기법이다. 프로슈머시대이자 개인화 기회가 점점 확대되는 시대를 맞아 광고의 모습이 변하고 있고 그 속에는 첨단기술과 함께 다양한 개인정보의 활용이 자리 잡고 있는 것이다.

이제 소비자에게는 추상적 이미지나 브랜드로 포장한 상품 및 서비스가 아니라, 구체적인 정보와 개인화된 서비스를 제공해야 한다. 앞으로는 개별적이고 특화된 메시지를 담은 광고가 주류를 형성할 것이고 이미 개인화 광고시대는 시작되고 있다.

영화 〈마이너리티 리포트〉는 사람 눈의 망막(홍체)을 인식해 각종 개인화 서비스와 광고를 하는 미래사회의 광고 환경을 소개하고 있다. 영화 속 주인공인 탐 크루즈는 어디를 가든 홍체가 수시로 스캐

닝되고 즉시 그의 개인정보에 바탕을 둔 개인화된 광고 메시지를 접하게 된다. 눈길이 미치는 곳마다 광고 메시지가 탐 크루즈를 알아채 이름을 불러대고 어떤 상품과 서비스를 마케팅하기 위해 공격적으로 끈적끈적한 유혹을 보내는 것이다. 만약 자신을 부르는 소리를 듣고 고개를 돌려 눈길을 한번이라도 더 주면 광고는 좀더 공격적이고 유혹적인 메시지를 선사한다.

쉽게 말해 디지털시대의 광고는 소비자에게 수동적으로 보이고 노출되기를 바라는 것이 아니라, 소비자를 불러 세워 공격적이고 자극적인 유혹과 마케팅 메시지를 직접 쏘아대는 것이다.

디지털 기술 중에 상품 제조일이나 판매점, 고객정보 등을 담은 작은 컴퓨터칩을 상품이나 회원카드에 넣고 무선 수신 장치를 이용해 추적하는 '무선 아이디 태그'라는 것이 있다. 미국 정보통신업체 텍사스 인스트루먼트와 의류업체 갭은 애틀랜타의 갭 매장에서 진바지에 이 무선 태그를 부착시키고 정보를 추적하는 실험을 3개월간 실시했다. 그리고 코카콜라, 홈디포, 월마트 등은 MIT의 '오토 아이디 센터'를 통해 미래의 무선 식별 장치가 어디에서든 쓰일 수 있도록 표준을 만드는 연구를 진행하였다.

이러한 기술을 활용하면 상품 제조 시점에서 물류시스템을 거쳐 판매에 이르는 과정은 물론 구매자 정보까지 확보할 수 있다. 이탈리아의 패션브랜드 프라다는 이 기술을 도입해 매장에서 활용하고 있다. 일단 컴퓨터칩이 들어 있는 회원카드를 지닌 고객이 매장에 들어오면 칩 속에 기록된 고객정보나 구매 취향 등이 판매자에게 바로 보인다. 이를 통해 진열상태가 해당 고객에게 맞는 상품들로 재배치되고 판매자 역시 이를 바탕으로 고객에게 추천과 권유를 하게 된다.

나아가 고객의 시선이 오랫동안 머문 상품이 무엇인지를 밝혀내는 기술도 있다. 매장을 둘러보는 고객은 자신이 선호하는 특정 상품에 오랫동안 시선을 두게 마련이다. 이때 해당 상품에 고객의 시선(엄밀히 말하면 고객이 특정 상품 앞에서 머무는 시간)을 가늠할 수 있는 센서가 부착되어 고객이 어떤 상품에 더 많은 관심을 보이는지 측정하게 된다. 고객의 마음까지 꿰뚫어볼 수는 없지만 적어도 고객의 시선만큼은 확실히 측정해낼 수 있는 것이다. 물론 이러한 측정 결과는 상품진열과 배치에 수시로 반영된다.

고객이 원하는 것을 알게 되면 마케팅은 한결 수월해진다. 미국 캘리포니아의 연안도시인 데일리시티, 팰러앨토, 프리몬트 등의 고속도로변에는 운전자의 라디오 청취 취향을 파악해 '맞춤광고'를 내보내는 첨단 전자광고판이 설치되어 있다. 이 광고판은 고속도로를 주행하는 운전자가 듣고 있는 라디오 방송의 주파수 정보를 확인한다. 그리고 라디오 방송의 주파수는 현재 어떤 취향의 음악을 듣고 있는지 실시간으로 분석하고, 이를 통해 해당 운전자의 취향과 라이프스타일에 대한 표준적인 분석 데이터를 적용한 광고를 즉각 제공한다. 결국 운전자는 자신의 취향에 가까운 광고를 접하게 되고 광고 효과는 획일적인 광고시스템이 적용되던 것보다 훨씬 효용성이 높다고 한다.

이러한 시스템은 이미 자동차 판매상들이 활용하고 있던 방법이었다. 이들은 운전자들이 운전 중에 주로 어떤 라디오 방송을 듣는지를 알아내 그 방송국에 자사 자동차 광고를 내보냈다고 한다. 이러한 기술과 시스템은 앞으로 디지털 방송 환경에서 더욱 활성화될 것이다. 앞으로는 광고주가 시청자나 청취자가 무엇을 보고 듣는지 실시간으로 분석해 그에 상응하는 채널에 광고를 제공할 거라는 얘기다.

매스에서 타깃으로, 마이크로에서 인디비주얼로

개인주의와 마케팅의 관계

국가나 사회, 조직보다 개인을 우선시하는 것이 개인주의다. 여기에는 타인으로부터 개인생활을 침해받지 않으려 하는 경향도 포함된다. 물론 이를 지향하다 보면 자신의 쾌락과 이익을 위해 타인에게 피해를 주는 이기적 경향으로 변모될 수도 있다. 개인주의는 사회문화적 트렌드이지만 이것은 마케팅에서도 중요한 트렌드 코드이자 마케팅 대상이다. 개인주의 트렌드가 만들어낸 새로운 비즈니스 기회를 비롯해 개인주의를 활용한 마케팅 전략이 가능하기 때문이다. 반면 개인주의의 심화가 개성 추구로 이어지면서 과시적 소비를 비롯한 상향 구매경향과 대중적 대량소비 등이 타격을 받을 수도 있다.

마케팅의 궁극적 목표는 개인화이다

본래부터 모든 마케팅은 개인화를 지향해야 했다. 단지 효율성과 소비자의 요구 수준 문제로 인해 개인화를 피해왔을 뿐이다. 하지만 더 이상 회피할 수 없을 만큼 개인화 마케팅에 대한 사회적 요구와 기업의 접근이 거세지고 있다.

마케팅은 매스^{Mass}에서 시작해 타깃^{Target}을 거쳐 마이크로^{Micro}로 진화한 다음 궁극에는 개인화로 갈 것이다. 개인화 마케팅은 마케팅 개념에서 최후이자 궁극의 방법이다. 특히 개인주의 트렌드는 개인별로 배려 받고자 하는 개개인의 다양한 욕구와 그것을 가능하게 하는 기술적 차원이 결합하면서 더욱 힘을 발휘하고 있다. 분명 개인화 마케팅은 앞으로 마케팅 트렌드의 주류가 될 것이다.

사실, 기업의 입장에서 개인화 마케팅은 비용이 많이 들기 때문에 그리 생산적인 마케팅은 아니다. 그래도 울며 겨자 먹기로 할 수밖에 없는 것은 경쟁기업이 앞 다투어 개인화 수준을 높이고 있기 때문이다.

엄밀히 말해 개인화 마케팅은 하지 않을 수 있다면 하지 않는 것이 기업에게 가장 좋다. 고객 한 사람에게 맞는 제품을 만들거나 고객 한 사람만을 위한 서비스, 고객 취향에 맞는 개인적 배려를 하는 것은 모두 비용이기 때문이다. 따라서 고객접점에 있는 소비재나 서비스업이 아니라면 가급적 하지 않는 것이 좋다. 고객의 요구나 시장의 요구가 없는데 개인화 마케팅을 지향하다가는 손해를 입을 수도 있기 때문이다.

그러므로 만약 개인화 마케팅을 고려하는 기업이라면 먼저 자사의 업종 특성에 개인화 마케팅이 적합한지부터 검토해야 한다.

나를 드러내는 사람들

개인주의는 나만의 이익과 안위를 위하는 행태에서 진화해 내 가치를 더욱 강조하는 데 관심을 쏟는 것이다. 나를 드러내는 가장 효과적인 도구는 인터넷이고 그중에서도 1인 미디어이다. 자신을 드러내는 것은 디지털시대를 살아가는 이들의 미덕이고 이제는 자기 PR과 자기표현의 시대인 것이다.

예를 들어 미니홈피나 블로그 등의 1인 미디어를 운영하느라 하루 종일 여유시간을 모두 투자하는 이들도 많고, UCC 만드는 것이 취미를 넘어 일상이 되어 버린 이들도 많다. 심지어 과하다 싶을 정도로 시간과 노력을 쏟는 소위 1인 미디어 페인이나 UCC 페인도 있다. 이들 중에는 자신의 프라이버시나 일상의 모든 면을 공개하는 사람도 있다. 자신이 생산한 컨텐츠를 공개하는 것에서 더 나아가 자신을 하나의 컨텐츠화 하는 셈이다.

사실 요즘은 1인 1미디어 시대라고 해도 과언이 아니다. 이러한 문화적 배경에는 컨텐츠를 만드는 기능, 즉 찍고 편집하는 환경의 보편화도 한몫 하고 있다. 지금은 휴대전화와 디지털카메라, 개인용 컴퓨터 등 누구나 갖고 있는 도구만으로도 사진과 동영상을 찍고 편집해 자신만의 컨텐츠를 만들어낼 수 있다. 더불어 UCC 컨텐츠를 올려놓고 쉽게 유통시킬 수 있는 공간도 늘어나고 있다.

컨텐츠 양의 확대는 인터넷 기업에게 수익증대의 기반이 되므로 그들은 유저의 UCC를 부추기고, 유저 입장에서는 자신의 컨텐츠 생산에 참여하고 유포해 주목을 받거나 수익화할 수 있기에 더욱 적극적으로 UCC에 관심을 갖게 된다. 이처럼 디지털 공간에서 자신을 드러내는 일은 개인적 즐거움에 그치지 않고, 디지털 문화의 거점이자 새로운 산업의 기회가 되고 있다.

사람들은 왜 디지털 공간에서 자신을 드러내는 데 열광하는 것일까? 물론 자기만족과 즐거움이 가장 크다. 자신만의 미디어를 갖는다는 것이나 자신이 직접 만든 컨텐츠를 다른 사람에게 유통시킨다는 것은 아주 매력적인 일이다. 자신이 만든 컨텐츠나 이야기에 귀를 기울이는 사람이 많아진다는 것은 그들이 댓글이나 이메일로 보여주는 반응으로 확인된다. 조회수, 추천수 그리고 1촌이나 이웃 숫자는 자기만족과 즐거움을 배가시켜 주는 근거가 되는 것이다. 아울러 새로운 기회를 만들어주는 경로가 되기도 한다. 자신의 재능을 드러내 미래를 개척해나가는 데 인터넷이 효과적인 도구가 되고 있는 것이다.

한편으로 자신을 드러내는 것은 마케팅 차원에서도 좋은 이슈가된다. 따라서 자신의 정체성을 표현하고 가치를 드러내며 인정받으려고 하는 사람들의 니즈와 원츠를 찾아내야 한다.

조직은 개인을 지켜주지 않는다

조직주의에서 개인주의로의 전환은 조직이 개인을 끝까지 지켜주지 못하는 것으로부터 촉발되었다. 사실 개인은 조직에 기대 사회적 영위를 하는 것에 익숙하고 또한 그것을 안정적으로 여긴다. 그런데 삼팔선이니 오륙도니 하면서 정년을 채우지 못하고 조기 퇴사를 하는 것이 당연해지다 보니 개인이 점점 조직주의보다 개인주의를 택하고 있는 것이다.

정년이 보장되지 않는 시대, 평생고용이 사라진 노동 환경에서는 개인주의가 더욱 확산될 수밖에 없다. 기업에 대한 근로자의 충성도는 약해지고 언제든 이직과 전직의 기회를 노리게 되며 찾아온 기회는 놓치려 하지 않는다. 이런 상황에서는 결국 조직의 체계성은 사라지고 효율성만 남게 된다.

심지어 어렵게 들어간 직장을 스스로 그만두는 신입사원도 늘고 있다. 조직이 개인을 지속적으로 지켜주지 못하는 것을 알기 때문에 자신을 조직에 투자할 가치를 느끼지 못하거나 조직문화가 이질적이면 미련 없이 퇴사하는 것이다. 좀더 시간을 두고 적응하거나 차분히 미래를 기다리기보다 즉시 판단하고 행동하는 것도 조직의 위상 약화가 만든 현상이다.

한국경영자총협회가 근로자 100인 이상 321개 기업의 인사노무담당자를 대상으로 '대졸 신입사원 업무능력'을 조사한 결과(2007년 5월 발표), 2006년 입사한 신입사원 가운데 20.6퍼센트가 입사 1년 만에 퇴사한 것으로 집계되었다. 퇴사 이유로는 전체의 절반에 가까운 48.5퍼센트가 '조직 및 직무 적응 실패'라고 답했다. 이처럼 조직에 적응하지 못하는 신입사원이 점점 늘고 있다. 개인주의에 익숙한 디지털 세대가 조직문화에 적응하지 못하기 때문이다.

참고로 취업포털 인크루트가 대기업 60개 사와 중견 및 중소기업 200개 사 등 총 260개 사를 대상으로 2006년에 입사한 신입사원 중 입사 1년 내 퇴사자 비율을 조사한 결과(2007년 4월 발표), 평균 퇴사율은 28.8퍼센트로 집계됐다. 전년도의 조사 결과, 즉 2005년에 입사한 신입사원의 1년 내 퇴사율은 29.4퍼센트였다.

조사기관과 대상에 따라 다소 차이는 있지만 신입사원의 1년 내 퇴사율이 상당히 높다는 것은 공통적이다. 취업이 어려운 시대에 힘들게 취업한 직장을 퇴사한다는 것은 그만큼 조직문화에 적응하기 어려워하는 개인이 많은 것이라 해석할 수도 있고, 사회 전반에서 일고 있는 강한 개인주의의 영향이라 해도 결코 비약이 아니다.

조직주의의 붕괴와 개인주의의 대두는 개인의 생존권을 위협한다. 따라서 개개인은 자기계발에 더욱 집중하게 된다. 믿을 것은 오로지 자신의 능력뿐이므로 자기계발을 통해 상품성을 높여 어떻게든 조직에 오래 있으려는 욕구와 조직에서 벗어나더라도 홀로서기가 가능한 개인이 되고자 하는 욕구가 공존하기 때문이다.

한편, 물리적으로 혼자라는 점도 개인주의를 확산시킨다. 통계청 조사(2007년)에 따르면 우리나라 총가구수는 1,641만 7,000가구로 이 중 1인 가구는 전체의 20.1퍼센트(329만 8,000가구), 2인 가구는 22.5퍼센트(369만 3,000가구)를 차지한다고 한다. 6년 전에 비해 1인 가구, 2인 가구가 모두 50퍼센트 가까이 증가한 것이다. 또한 통계청은 2030년이면 1인 가구 비중이 23.7퍼센트(471만 3,000가구)로, 2인 가구 비중은 28.1퍼센트(558만 3,000가구)로 각각 늘어나 4인 가구(22.7퍼센트)와 3인 가구(19.1퍼센트)를 추월할 것으로 예측하고 있다.

이는 우리나라 가족 구성에 혁명적인 변화가 일어나고 있음을 의미한다. 실제로 미국과 유럽 등 선진국의 예를 보면 소득수준이 높아질수록 1인 가구와 2인 가구가 지속적으로 증가하는 현상을 보인다.

개인주의 트렌드는 개개인의 개인적 사유가 아닌 사회경제적 흐름 속에서 생성 및 확장되고 있다. 따라서 개개인이 아무리 선하고 공공을 위할지라도 사회 자체가 개인주의를 지향하기 때문에 개개인이 그것을 부정할 수는 없다. 결국 개인주의는 사회적, 경제적 산물인 셈이다.

앞으로 역사상 그 유례를 찾아보기 힘들 정도로 강한 개인의 파워 시대를 맞이할 것이다. 개인주의의 심화는 물론 개개인에 대한 개인화와 개별화 역시 강화될 것으로 보인다. 이에 따라 개인과 관련한 산업은 더욱 커질 것이며 새로운 틈새시장도 계속 만들어질 것이다.

더불어 개인이 생산 주체이자 여론 주체로 자리 잡을 것으로 예상된다. 아직은 개인이 힘을 얻어가는 전조를 보일 뿐이지만 앞으로는 개인의 권력화가 구축될 것으로 보인다. 이는 곧 개개인이 더욱 치열한 경쟁구도에 직면하게 된다는 것을 의미한다. 극단적 개인주의나 개인적 가치가 우선시되는 이기적 마인드가 확산될 것이기 때문이다.

이제 사회·문화적 트렌드로서의 개인주의는 현재진행형에서 미래지향형으로 바뀔 것이므로 마케팅 입장에서는 이러한 트렌드를 마케팅으로 연결시키려는 노력을 기울여야 한다. 더불어 역사상 유례없이 강한 개인과 소비자를 마주해야 하는 마케터도 더욱 강해져야 한다.

고객은 모두 특별하다

소비자의 성향을 그룹화하라

개인화 마케팅의 대상은 판매되는 상품과 판매를 위해 고객에게 전달하는 가치인 부가서비스, 그리고 판매 전의 과정과 판매 이후 고객과의 응대인 접점서비스로 나뉜다. 이 중 고객 응대인 접점서비스는 산업과 관계없이 개인화가 시도되어야 하고 개인화 구현이 상대적으로 쉬운 편이다. 그러나 상품의 개인화는 상대적으로 어렵다.

동일 상품의 대량생산체제는 원가절감과 경쟁력의 주요 요인으로 이것을 개별화시켜 생산하려면 비용과 효율성에 문제가 따르게 된다. 따라서 상품의 개인화는 기계로 대량으로 찍어내는 분야보다 수작업 의존도가 높은 산업이 유리하다. 대량생산체제에서는 개인화를 빙자한 그룹화가 효과적이다. 이는 소비자의 성향과 요구를 복수의 그룹으로 나눠 그에 맞게 만들고 소비자에게는 개인화된 것처럼 제공하는 방법이다.

한편 부가서비스는 상품에 비해 다소 개인화 구현이 수월하긴 하지만 결코 쉽지는 않다. 이 경우에는 접점서비스에서의 개인화를 통해 제품과 부가서비스에서 구현하지 못하는 개인화의 공백을 메워줄 필요가 있다.

제품은 대량생산품이지만 소비자 응대만큼은 개별 소비자를 배려하는 맞춤식 접근방식을 강조하는 게 필요한 셈이다.

상품이나 산업 자체가 개인화가 어렵다고 개인화를 마케팅 도구에서 배제하기보다는, 그룹화를 통해 개인화를 부분적이나마 충족시키거나 접점서비스에서의 개인화로 소비자를 개별적으로 배려해 개인별 만족도를 높여야 한다.

서비스의 흑과 백

사전적 의미의 개인화Personalization는 축적된 고객의 프로파일Profile 정보를 활용해 정황에 맞는 서비스를 적절한 시간과 방법을 통해 고객에게 제공하는 일련의 부가가치 창출 과정을 말한다. 개인화 이전 단계가 맞춤화customization로 이는 개개인의 특성을 모두 파악해서 대응하지는 못하지만, 세분화된 고객대상별로 대응하는 것이다.

따라서 불특정 다수를 대상으로 하는 서비스에서 진화해 특정 그룹별 및 대상별로 타깃팅하는 맞춤화 서비스로 1차 진화를 거치고, 개개인에게 개인화 서비스를 구현하는 2차 진화를 하는 셈이다. 특히 디지털시대에는 2차 진화인 개인화 서비스가 대세이다. 앞으로 개인화 서비스는 특화된 그 무엇이 아니라 필수이자 기본이 될 것이다. 개인화 서비스를 위해서는 개인을 알아야 한다. 그런데 개인을 알기 위해서는 몰래 개인을 훔쳐보거나 아니면 개인의 동의를 얻어 엿보는 수밖에 없다. 물론 인공지능에 의한 추론도 가능하지만 이 경우에도 결국은 개인정보가 필요하다. 이에 따라 기업의 개인정보 습득 노력은 한층 치열해질 것이고 이는 개인정보의 노출 위험성이 그만큼 확대된다는 것을 의미한다. 디지털시대에는 우리의 일상이 기록될 수 있고 그 기록이 흔적으로 남아 마케팅에 활용되거나 통제 수단으로 활용될 수 있다. 결국 개인화도 디지털이 주는 편의와 위험성이 이중적으로 교차하는 영역인 것이다.

비용 투자보다 정성과 감동이 먼저다

개인화 마케팅은 나만을 배려하길 원하는 사람들을 위한 마케팅이다. 불특정 다수 중 하나가 아닌 유일무이한 한 사람만을 위한 개인화 서비스를 하려면 전략과 기술적 환경이 필요하다. 그렇다고 개인화 마케팅이 기술과 비용의 투자를 통해서만 구현되는 것은 아니다.

재미있는 사례를 하나 살펴보자. 어느 호텔의 지배인이 재방문 고객에 대한 자연스러운 배려를 통해 개인화와 고객관계관리를 마케팅에 도입하려고 했다. 그런데 막상 예산을 뽑아보니 필요한 금액이 엄청나 좌절하고 말았다. 그러던 중 해외출장을 가게 된 그는 몇 년 전에 한번 묵었던 어느 호텔에 묵게 되었다. 규모는 자신이 몸담고 있는 호텔보다 작았는데, 체크인을 하려고 하자 프런트 데스크에서 자신이 예전에 숙박했었다는 사실을 알아보는 게 아닌가? 호텔에 첨단시스템을 구축한 모양이라고 생각한 지배인은 규모도 작은 호텔에서 어떻게 그 막대한 비용을 들였는지 궁금해졌다. 그는 자신의 신분을 밝히고 궁금한 것을 물어보았다. 그런데 돌아온 대답은 의외로 간단했다.

고객이 호텔에 들어서면 먼저 도어맨이 인사와 함께 문을 열어주고 가방을 들어주며 "안녕하세요, 고객님. 성함이 어떻게 되시지요? 저희 호텔에는 처음이신가요?"라고 묻는다. 그러면 '나는 누구이고 여기에서 지난번에 묵은 적이 있다'는 식의 대답이 돌아오게 된다. 도어맨이 손님을 프런트 데스크로 모시고 가는 동안 기본적인 정보를 파악해내는 것이다. 그리고 도어맨은 프런트 데스크까지 손님을 모시고 가서 "누구누구 씨입니다"라고 소개를 하며 자신의 귀를 살짝 만진다. 그 호텔에서 귀를 만지는 것은 재방문 고객이라는 암호였던 것이다. 프런트 데스크에서 체크인을 하고 벨보이가 짐을 들고 갈 때도 프런트 데스크에서 벨보이에게 "이분은 어떤 객실 몇 호에 머무실 누구누구 분이십니다"라고 말하며 자신의 귀를 살짝 만진다. 그러면 벨보이는 손님의 짐을 들고 "누구누구 님, 다시 모시게 되어 영광입니다"라는 인사를 건네게 된다.

그들의 개인화와 고객관계관리는 첨단시스템이 아니라 도어맨과 프런트 데스크, 벨보이 등 호텔 직원들의 눈치와 순발력이 만들어내고 있었던 것이다. 그 호텔로서는 막대한 개인화 마케팅을 위한 투자비용을 줄인 셈이다.

사실 고객의 이름을 불러주거나 재방문이라는 것을 알고 자연스럽게 배려해주는 것은 고객의 만족도를 한층 높이게 된다. 어쩌다가 온 뜨내기손님처럼 대하거나 기계적인 응대만 하면 고객은 감동은커녕 우호적이거나 호의적인 이미지조차 갖기 어렵다.

개인화 마케팅을 하려는 이유는 고객 모두를 특별한 개개인으로 인식하고 배려해 고객만족도를 높이고 이를 통해 마케팅 효과를 극대화하기 위해서이다. 이러한 개인화 마케팅은 시스템이나 기술로만 이해해서는 안 된다. 나아가 개인화 마케팅은 마케팅 부서에서만 하는 게 아니다. 물론 개인화를 위한 설계는 마케팅 부서가 하겠지만 실제 개인화의 실행은 고객관리나 생산 등 모든 부서가 연계되어야 한다. 따라서 개인화 마케팅의 효율성을 높이려면 모든 구성원의 동의와 적극적인 지원이 필요하다.

욕구의 최전선에 개인화가 있다

과거에는 대량으로 생산된 제품을 대량으로 판매했기 때문에 제품이나 고객을 개별적으로 관리할 필요가 없었다. 굳이 소비자 개개인의 니즈에 부응하지 않아도 팔렸기 때문이다. 그러나 이제는 소비자가 세분화, 다양화되었다.

마케팅 환경이 매스 마케팅에서 시장세분화 마케팅, 틈새시장 마케팅, 개인화 마케팅으로 이어지는 것은 고객 욕구의 변화에 따른 필수적인 현상이다. 더욱이 인터넷을 비롯한 디지털 기술의 발전으로 개별 소비자를 위한 개인화 마케팅이 현실화되었다. 인터넷을 이용해 개인 소비자의 욕구, 기호 등을 신속히 파악하여 커뮤니케이션하는 것은 물론 이를 토대로 고객관계 유지와 고객 맞춤서비스를 제공할 수 있게 된 것이다.

결국 개인화 마케팅 전략을 구사하려면 소비자 욕구를 파악해 곧바로 제품을 생산해낼 수 있는 유연한 제품생산 체계가 필요하며 또한 고객과의 광범위하고 지속적인 접촉을 통해 얻은 정보를 데이터베이스화해야 한다. 또한 이 데이터베이스를 토대로 개인화 마케팅 전략을 세우고 실천해야 하므로 데이터베이스 마케팅 역시 필요한 마케팅 전략이다. 이를 통해 개인화 마케팅의 발달은 기업이 소비자의 니즈와 원츠를 보다 정확하게 파악할 수 있는 디지털 기술의 발달과 연결된다는 것을 알 수 있다.

개인화 서비스의 보편화와 발전을 선도하는 분야 중 하나가 온라인 쇼핑몰이다. 온라인 쇼핑몰에서는 개인화 서비스가 매출에 직접적인 영향을 줄 수 있기 때문에 더욱 개인화에 대한 다양한 접근을 시도하고 있다. 예를 들면 아마존이 시작해 보편화된 관심 정보 추천서비스, 다음의 디앤샵^{d&shop}에서 제공하는 '빨간 구두' 서비스, 그 밖에 수많은 온라인 쇼핑몰에서 제공하는 개인의 쇼핑 체험 및 정보 공유를 위한 평가나 추천서비스 등이 있다. 개인 미디어인 블로그를 제공하는 온라인 쇼핑몰도 점점 늘고 있는데, 이는 블로그를 통한 개인화 서비스에 접근하는 것이다.

한편 오프라인에서도 개인화를 지향한다. 롯데백화점은 명품점에서 실시하던 '퍼스널 쇼퍼^{Personal Shopper}' 서비스를 확대하고 있는데, 이는 고객이 쇼핑을 예약하면 의류·가방·신발·액세서리 등 고객 취향에 맞는 상품을 미리 골라 놓고 기다렸다가 고객이 오면 적합한 상품을 보여 주는 고객 맞춤형 혹은 고객 개인화 서비스이다. 고객의 입장에서는 시간을 절약할 수도 있고 자신에게 맞는 옷을 쉽게 고를 수 있다는 장점도 있다. 물론 이렇게 하려면 개인화를 위해 고객 정보와 성향을 알아야 하고 고객과의 긴밀한 관계를 통해 개인화 니즈를 알아차려 그것을 배려해주어야 한다.

뉴로 마케팅과 CRM: 마케팅은 독심술이 아닌 과학이다

마케터의 로망 중 로망은 바로 독심술이 아닐까? 마케터에게 독심술은 상대를 제압하거나 공격하기 위해서가 아니라 더욱 인간적으로 배려하고 유혹하기 위한 것이다. 고객이 원하는 것을 알아내는 독심술이라면 어떤 상품에서든 마케팅 불패신화를 만들어낼 수 있을 것이다.

하지만 안타깝게도 소비자의 속마음을 파악하는 것은 그리 쉬운 일이 아니다. 투명유리처럼 자신의 속내를 다 비추는 사람들만 있다면 마케터는 아주 쉬운 직업이었을 것이다. 이제까지 등장한 수많은 마케팅 기법의 핵심은 오직 하나, 즉 '얼마나 소비자의 속마음을 잘 읽어내느냐'에 달려 있다고 해도 과언이 아니다.

다행이 기술적 진화로 서서히 마케팅 독심술이 현실화되고 있다. 그 대표적인 것이 바로 뉴로 마케팅neuro-marketing과 CRMcustomer relationship management이다. 뉴로 마케팅이나 CRM의 골자는 마케팅이 이심전심처럼 인간적인 친밀도를 가진 편안한 친구 같은 존재가 되는 것이다. 마케팅은 마음의 경계를 놓을 때 일사천리로 이뤄지므로 마음을 얻는 작업의 일환으로 마케팅 독심술을 시도한다는 얘기다.

뉴로 마케팅은 소비자의 속마음을 알아내는 데 뇌신경과학을 활용하고 있다. 뉴로 마케팅에서 neuro는 '신경'을 의미하며 이는 소비자가 특정 제품을 선호하게 되는 원인을 신경과학적으로 규명하면 기업 마케팅에 활용할 수 있지 않을까 하는 일부 과학자의 호기심에서 출발했다. 이처럼 뇌신경과학을 마케팅에 접목해 소비자의 속마음을 과학적으로 추론하고 해석한다고 해서 뉴로 마케팅을 탐정 마케팅이라고도 하고 지피지기 마케팅이라고도 한다.

이러한 뉴로 마케팅은 마케팅 효과 분석의 새로운 리서치 툴이기도 하다. 그동안의 광고를 비롯한 각종 마케팅 기법의 가장 큰 문제점은 효과 분석이 정확하게 이뤄지지 않는다는 것이었다. 대개 표집 집단의 설문조사를 통해 광고 효과를 측정할 수밖에 없었기 때문이다. 그러나 뉴로 마케팅은 보다 과학적인 방법으로 소비자의 속내를 들여다볼 수 있어 광고 효과를 더욱 정밀하게 측정할 수 있다.

나아가 뉴로 마케팅은 단순히 속내를 알아채는 것에서 그치지 않고 속내를 유도하거나 조작하는 데도 관심을 기울인다. 소비자의 속내를 알아내는 게 1차적인 목표라면, 소비자의 속내를 조작해 우리 상품을 사도록 유도하는 게 2차적인 목표이기 때문이다.

그렇다고 뉴로사이언스가 기업의 마케팅 활동에만 국한되는 것은 아니다. 정치 지도자나 정부에서 이를 활용해 국민의 선택을 미세 조종하는 것도 가능하다. 미국에서는 선거 때 뇌 촬영기술로 유권자의 마음을 읽는 뉴로 마케팅을 시도한 적도 있다. 그러고 보면 뉴로 마케팅을 구현하는 뉴로사이언스는 무시무시한 연구가 아닐 수 없다.

국내외 거대 기업을 비롯해서 주요 정부기관에서 뉴로사이언스를 활용한 뉴로 마케팅에 관심을 가지고 투자하는 것은 어쩌면 당연한 일이다. 그들은 끊임없이 소비자에게 뭔가를 팔아야만 생존할 수 있는데, 점점 영악해지고 지능적으로 진화하는 소비자에게 과거의 전통적인 마케팅 기법으로는 도저히 이길 수 없다는 것을 알기 때문이다. 포드자동차는 유럽에서 신차 반응 테스트를 할 때 뇌파를 읽는 의료장비인 MRI를 사용해 뉴로 마케팅을 실행하기도 했다. 그밖에 다임러크라이슬러, 제너럴모터스, 켈로그, 프록터앤갬블 등에서도 뉴로 마케팅을 활발히 연구하고 있다.

마케팅 기법은 점점 진화하고 있으며 그 진화의 중심에는 과학기술이 있다. 보다 과학적이고 더욱 기술과 조응하는 마케팅 기법이 많이 등장하고 있는 것이다. 이는 마케터의 직관이나 감에 의존하던 시대가 가고 정확한 지표와 과학적 방법에 의존하는 시대가 오고 있음을 의미한다.

고객과의 관계를 분석하고 관리하는 CRM도 대표적인 마케팅 진화의 한 축이다. 이것은 고객에 대한 맞춤식 개별화 접근이 가능하도록 해주고, 여기에 인터넷을 비롯한 각종 디지털 기술이 소비자와의 상호작용을 강화하면서 실시간으로 효과적인 마케팅 활동을 수행하게 해준다. 특히 온라인 환경에서는 CRM이 eCRM으로 진화해 사용자의 행동패턴과 성향을 데이터로 분석하는 독심술을 부리고 있으며, 앞으로는 RFID와 사용자의 안구 홍체를 인식하는 첨단기술의 힘을 통해 현실공간에서도 개별화 마케팅이 이루어질 것이다.

소비자의 구매동기와 속마음을 알아내려는 연구는 예전에도 많이 있었다. 이러한 시도는 소비심리를 과학적으로 연구하려는 마케팅 연구 분야를 더욱 발전시켰고, 미래에는 보다 과학적이고 지능적인 마케팅 기법이 소비자의 속내를 완전히 밝혀낼지도 모른다.

그렇다면 CRM을 버려야 하는가?

최근 몇 년간 인터넷에서 가장 인기 있는 키워드 중 하나는 CRM이었다. 고객 개개인을 파악해 이를 기반으로 고객을 관리한다는 이 개념은 본래 금융서비스 분야에서 시작되었지만, 지금은 어떤 사업자에게든 혹은 고객에게든 희망사항이 되고 있다.

CRM은 기술이나 장비를 설치하는 것도 중요하지만, CRM을 서비스 개념으로 접근하고 아울러 수집 분석된 정보를 바탕으로 개인화 서비스를 구현하는 것은 더욱 중요하다. CRM 서비스 설계의 가치는 비즈니스 전체의 가치를 결정할 만큼 중요한 것이다. 이처럼 모든 비즈니스와 서비스에서 개인화는 기본적인 도구이자 환경이 되고 있다.

고객은 단순히 물건을 사는 사람이 아니라 그 회사와 관계를 맺길 원한다. 이는 기업도 마찬가지다. 관계를 형성해야 고객은 더 많은 배려를 받을 수 있고, 기업은 배려를 통해 고객을 소비로 더 많이 유인해낼 수 있기 때문이다. 배려는 결국 개인화이고 이를 실현하는 가장 보편적인 방법이 CRM을 통하는 것이다.

고객이 원하는 CRM은 자신이 불특정 다수의 소비자 중 하나가 아닌 특정한 개인으로 취급받고 자신의 성향을 기억해주며 자신에게 맞춰 뭔가를 챙겨주거나 자기 목소리에 귀를 기울여주는 것이다. 한마디로 고객의 선택권을 높여주고 고객에게 충분한 정보를 제공해 원하는 것을 언제 어디서든 얻을 수 있도록 해주는 것이다.

그렇다면 기업이 원하는 CRM은 어떨까? 고객이 원하는 것과 그리 다르지 않다. 차이가 있다면 고객이 원하는 것을 이뤄주면서 고객의 지갑을 열게 만드는 것일 뿐이다. 즉, 고객이 원하는 것을 충족시켜 고객이 기업과의 관계에 만족하도록 만들고 이를 위해 개인화 수준을 높이는 것이다.

하지만 기능적이고 기계적인 CRM에만 의존해 시스템 도입이 능사라고 생각하는 오류를 범하기도 하고, 그밖에 여러 가지 시행착오를 겪으면서 CRM 무용론이 나오기도 했다. 중요한 것은 CRM이 아니라 그동안 접근해온 방법과 전략에서 발생한 오류들이 무용한 것이라는 점이다. 개인화는 반드시 필요한 마케팅 전략이며 개인화를 위한 CRM 역시 필수적이다.

공감, 소비자의 새로운 아킬레스건

외로운 개인주의자들

개인주의 팽배는 집단 중심에서 개인 중심으로의 패러다임 전환은 물론 독신자를 비롯한 1인 가구의 증가에도 일조한다. 또한 자녀와 독립하는 부모, 결혼 후 아이 없이 부부만 사는 2인 가구도 확대되고 있다.

사회적 패러다임은 점점 개인의 자기 주도적 환경을 만들어주지만 그 이면에는 외로움과 고립의 환경도 만들어지고 있다. 그리고 외로운 개인, 의지할 곳 없는 개인이 의지하는 것은 인터넷을 통한 네트워크일 가능성이 크다. 이것은 사람과 사람이 직접 소통하는 네트워크화가 아니라, 익명의 개별화된 개인이 불특정 다수와 상호 소통하는 가상 네트워크화에 해당된다.

개인주의 확산은 소비자를 개인별로 고립시키고 소비에 대한 의사결정에서도 본인이 모든 결정의 권리와 책임을 갖게 된다. 이때 개인 소비자는 다른 개인 소비자의 공감대에 의존하는 경향을 보인다. 개인 소비자가 기댈 곳은 가족이 아닌 다른 개인 소비자인 것이다. 여기서 나오는 소비 경향이 바로 트윈슈머^{Twinsumer}이다.

당신도 트윈슈머인가?

트윈슈머는 다른 사람의 소비 경험을 중시하고 의견을 공유하는 최신 유형의 소비자로, 온라인 시장의 발전과 함께 주요 소비 집단으로 급부상하고 있다. 온라인 공간을 통해 소비자 간에 상품과 서비스에 대한 사용 경험이나 각종 정보가 교환되고 공유되는 상황이 과거와는 비교할 수 없을 정도로 빠르고 파괴력 있는 입소문의 힘을 과시하고 있는 것이다.

특히 온라인 쇼핑몰에서는 제품을 직접 만져보고 선택할 수 없는 특성 때문에 다른 사용자의 사용후기나 상품 평점 등 사용자의 댓글이 최종 구매결정과 매출에 직접적인 영향을 미치고 있다. 이에 따라 온라인 쇼핑몰에서는 트윈슈머를 끌어들이기 위해 적립금을 비롯한 다양한 혜택을 제공하는데, 옥션의 경우 충성도 높은 트윈슈머 한 명을 유치하기 위한 마케팅 비용으로 100만 원을 자체 책정하고 있을 정도로 트윈슈머의 마케팅 활용 가치는 높다.

IT 시장조사업체 포레스터리서치는 유럽 소비자의 50퍼센트가 가전제품을 구매할 때 타인의 사용후기를 중시한다고 한다. 이 중 15퍼센트는 자신이 직접 사용후기를 작성하기도 한다. 인터넷 쇼핑업체인 CJ몰이 2007년에 발표한 자료에 따르면 사용후기가 있는 제품이 그렇지 않은 제품보다 평균 2.5배에서 최고 5배까지 매출이 많았다고 한다.

결국 트윈슈머를 고려한 마케팅 확산은 선택이 아닌 필수가 될 수밖에 없는 것이다.

그들과 친한 척하라

마케팅은 늘 새로운 방법을 찾아내고 동시에 소비자의 새로운 아킬레스건을 건드린다. 그중 하나가 바로 '공감(共感)'이다. 한때 연예인이나 유명인사를 내세워 메시지의 권위를 부각시키며 사라고 강요하고 겁주던 마케팅이 유행하기도 했다. 물론 여전히 강압적이고 위압적이며 왠지 거역하기 힘든 메시지를 전달하며 마케팅을 하는 경우도 있다.

하지만 요즘에는 그런 마케팅의 효력이 점점 상실되고 있다. 소비자가 예전의 소비자와 달라졌기 때문이다. 강요한다고 지갑을 열고 겁을 준다고 겁먹을 소비자가 아닌 것이다. 이제는 소비자와 친한 척하는 마케팅이 유행처럼 번지고 있다. 최근 들어 광고와 마케팅에서 일상을 소재로 한 내용이 많아진 것도 그 한 예이다. 우리가 일상에서 겪을 만한 일을 자연스럽게 재현해 소비자의 공감을 이끌어내고 있는 것이다.

물론 마케팅뿐 아니라 상품 자체도 공감대를 이끌기 위한 장치를 마련한다. 상품이나 서비스 설계의 새로운 기준이 공감을 이끌어내는 감성적 장치인 셈이다. 많은 사람이 "나도 그랬어", "그래 맞아" 하고 공감하도록 하면 자연스럽게 상품과 서비스를 소비자의 머릿속에 기억시킬 수 있다.

원래 모든 마케팅은 공감 마케팅에서 비롯된다. 소비자의 공감이 호감으로 이어지고 호감이 다시 구매의사로 이어져 결국 구매에 이르기 때문이다. 마케팅의 목적은 소비자가 상품을 구매하도록 하는 것이고, 그 속에 숨겨진 핵심은 결국 소비자가 상품에 대한 공감대를 형성하도록 유도하는 것이다. 이처럼 공감대를 형성하려면 우선 소비자에 대한 면밀한 분석과 최신 트렌드에 대한 이해가 높아야 한다. 소비자의 입장에서 그들의 속마음을 알아야만 성공적인 공감 마케팅이 이뤄지기 때문이다.

소비자와의 공감을 강조하고 소비자와 눈높이를 맞추려는 공감 마케팅은 사회 전반에 불고 있는 2.0 트렌드와 연결된다. 그런 점에서 공감 마케팅은 소비자의 힘이 성장하면서 이에 조응하기 위해 기업이 자연스럽게 선택한 마케팅 방법이라고 할 수 있다.

백만 개를 만들어 백만 명에게 팔아야 하는 시대

개인주의 트렌드는 우리에게 수많은 기회를 준다. 우선 서비스 산업과 제조 산업에서 개인화를 충족시키는 상품개발이 이루어지고 소비문화가 형성되며 싱글 산업이 성장한다. 물론 개개인이 만드는 UCC나 사용자의 능동성을 마케팅에 이용할 수도 있다. 나아가 능동적이고 생산적인 개인의 컨텐츠나 입소문을 마케팅에 활용하는 것도 필요하다.

개인화를 구현할 기술적 지원이 가능해지고 앞으로 더욱 우수한 개인화 구현 기술이 등장하게 되는 것도 기회가 된다. 예를 들어 마케팅 독심술이 구현되어 효율적이고 과학적인 마케팅 실행과 성과를 거두게 되면 기업의 마케팅 프로세스에 큰 변화가 찾아올 수 있다.

개인주의는 우리에게 무수한 마케팅 기회와 동시에 위기도 선사한다. 가장 큰 위기는 비용 증가이다. 개인화 마케팅은 돈이 많이 드는 마케팅이고 개인화 수준을 높일수록 비용이 상승해 이것이 고스란히 제품 가격 상승으로 이어질 수 있다.

또한 개인주의 트렌드는 다품종 소량생산과 맞춤화 생산을 확산시킨다. 이는 대량화의 한계로 생산원가가 상승하는 결과를 낳고 가격은 높아질 수밖에 없다. 한 가지 상품을 만들어 백만 명에게 파는 것과 백만 가지 상품을 만들어 백만 명에게 파는 것은 큰 차이가 있다.

기업의 입장에서 개인화 마케팅의 가장 큰 위기는 대량소비를 통해 거뒀던 이익이 줄어들 수 있고 또한 개인화를 위한 마케팅 비용 상승이 부담이 될 수 있다는 것이다. 더불어 맹목적 충성도를 가진 고객군이 사라질 수 있다. 맹목적이고 감성적인 브랜드 충성도는 기업이 고객에게 요구하는 가장 중요한 요소이다. 그러한 충성도를 버리게 된다는 것은 기업의 입장에서 위기가 아닐 수 없다.

한편 개인주의는 제품과 기업에 대한 충성 및 우호적 지지를 철회하고 모든 소비에서 더 높은 개인화 수준을 요구할 수 있다. 심지어 개인의 힘이 기업의 위기를 만들기도 하므로 UCC의 반기업적 역할을 경계해야 한다. 무엇보다 중요한 경계 요소는 개인정보와 사생활 보호이다. 사실 기업의 입장에서 개인화 서비스를 실현하려면 어떤 방법으로든 개인정보를 훔쳐볼 수밖에 없다. 개인화된 서비스를 제대로 하려면 개인에게 직접 물어보거나 아니면 개인정보를 통해 분석해내야 하기 때문이다.

개인정보는 마케팅에서 상당히 유용한 도구로 활용될 수 있지만, 자칫 불법적 범죄나 프라이버시 침해 등의 부정적인 도구로 악용될 소지도 있다. 분명한 것은 개인정보를 매개로 하는 마케팅과 광고 기법이 악용되는 것을 방지하기 위해서라도 개인정보 보호에 대한 법적 기준과 제도적 장치를 마련해야 한다는 것이다.

앞으로 디지털 기술을 이용한 첨단 광고와 마케팅 기법은 날로 발전할 것이고 이로 인해 우리의 은밀한 모든 것을 누군가가 엿볼 수 있다는 사실을 간과해서는 안 된다. 결국 개인화 마케팅의 활성화 변수는 기술적 진화와 함께 개인정보와 사생활 보호에 대한 법적, 제도적 보호 장치 마련에 있다고 할 수 있다.

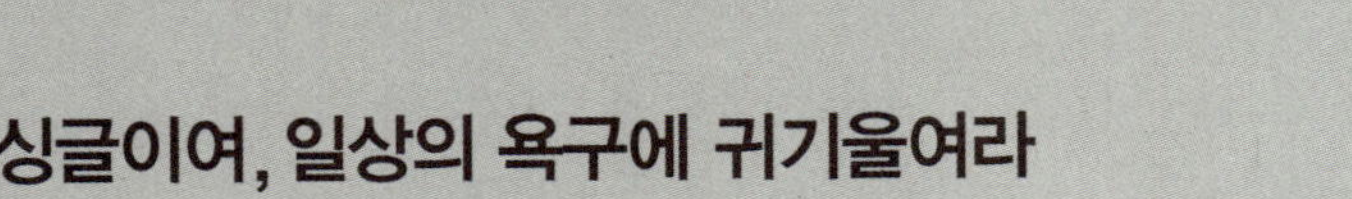

싱글이여, 일상의 욕구에 귀기울여라

● Key Point

원래부터 모든 마케팅은 개인화를 지향해왔다. 지금까지는 기술과 비용 문제로 구현하지 못했지만, 이제는 점점 그것이 가능해지고 있다. 특히 개인주의 트렌드가 개개인의 욕구를 더욱 다양하게 만들고, 그것이 기술적 진화와 결합되면서 더 큰 힘을 발휘하고 있다.

● Think About

① 여러분은 싱글인가? 그렇다면 일상의 니즈를 생각해보라. 싱글로서의 니즈, 개인적으로 배려 받고 싶은 니즈를 찾아라. 혹시 싱글이 아니라면 싱글을 찾아 만나고 어울려보라.

② 현재 개인화 마케팅을 하고 있는가? 어떤 성과와 문제가 있었는가? 이 책을 통해 얻은 생각을 바탕으로 개선사항과 추가전략을 모색해보라.

③ 개인주의 트렌드 확산이 기업에는 어떤 위험요소가 될까? 개인주의가 여러분이 속한 기업이나 관련된 상품에 대한 위험요소가 될 수 있다는 생각을 해보라. 위험요소에 대한 대응책으로는 어떤 것이 있을까?

05

소비문화의 딜레마 **최저가격**

Bottom Price

• • •

저가 마케팅은 단순한 가격 인하가 아니다.

소비자의 입장에서는 소비문화를 확산시키는

마케팅 유혹으로 가시 돋친 장미이고,

기업의 입장에서는 소비 중독을 통한

장기적 고객확보라는 최고의 선물이다.

세월을 거스르는 가격표: 0이 하나 빠진 거 아냐?

"자동차 300만 원, 노트북컴퓨터 10만 원, 휴대전화 1만 원, 국내선 항공티켓 1만 원, 유럽 내의 국제노선 2만 원, 원피스 1만 원, 트렌치코트 2만 원… 음, 10년 전 가격표인가? 10년 전에도 가격이 저렇게 낮지는 않았던 것 같은데, 혹시 사기나 흠 있는 물건이 아닐까? 터무니없이 싼 걸 보니 문제가 있는 모양이군. 아니면 가격표에 0이 하나 빠진 것 아냐? 맞아. 점원의 실수일지도 몰라. 설마 저 가격이 제대로 된 가격이겠어?"

위 가격표를 보고 무언가 잘못된 가격표라고 생각하는 사람이 많을 것이다. 그러나 그것은 모두 정상가격이고 품질도 이상이 없는 신제품이며 최근의 가격이 맞다. 이미 시장에 나온 제품도 있고 조만간 선보일 제품도 있지만 분명한 것은 이것이 정상가격이라는 점이다. 그렇다면 저 가격으로 팔아도 이익이 남을까? 대체 무슨 일이 일어난 걸까? 세월을 거슬러 가는 것도 아니고 어떻게 저토록 싼 가격대로 팔 수 있단 말인가?

캐리의 선택: 패션은 럭셔리한 것이 아니다

미국의 인기드라마 〈섹스앤더시티 **Sex and The City**〉에서 주인공 캐리 역을 맡은 사라 제시카 파커 **Sarah Jessica Parker**가 의류사업 진출을 선언했을 때, 대부분의 사람이 고급 브랜드를 예상했다. 고가의 마놀로 블라닉을 즐겨 신고 명품 핸드백을 들고 다니며 사치와 소비를 일삼던 그녀의 드라마 속 이미지와 함께, 뉴욕을 대표하는 패션 스타로 세련된 패션 감각을 자랑하는 그녀의 실체적 이미지를 떠올렸기 때문이다. 그런데 그녀가 선보인 브랜드 '비튼 **BITTEN**'은 옷 가격이 20달러 이하로 책정된 초저가 의류 브랜드였다. 단돈 몇 만 원이면 최신 유행의 패션 아이템을 위아래로 쫙 빼입을 수 있는 것이다. 덕분에 미국 전역에서 동시에 문을 연 200개의 비튼 매장에서는 연일 제품이 동날 정도로 인기를 모으고 있다고 한다.

비튼이 탄생하기 전, 사라 제시카 파커는 미국의 유명의류 유통업체인 스티브앤배리스 **Steve & Barry's**에 디자이너로 합류해 모든 여성을 위한 최고 품질의 컬렉션을 담당하게 되었다. 이를 계기로 그녀는 '비튼'이라는 브랜드를 생각해냈고, "패션은 럭셔리한 것이 아니다 **Fashion is not a luxury**"라는 브랜드 슬로건을

직접 만들어내 의류업에 뛰어든 것이다.

물론 미국의 패션 시장은 이미 자라^{ZARA}, H&M, 망고^{Mango}, 바나나 리퍼블릭^{Banana Republic} 등의 패스트 패션들이 장악하고 있는 상태였다. 값비싼 명품의 세련된 디자인을 차용해 최신 유행을 빠르고 값싸게 전달하는 패스트 패션은 저가 소비문화를 대중화시킨 장본인이다. 그런데 비튼은 이들 패스트 패션의 대표적인 브랜드보다 값이 싸다. 사라 제시카 파커의 선택은 패스트 패션이자 초저가 패션이었던 셈이다.

덕분에 소비자들은 적은 돈으로도 충분히 세련되고 화려한 패션을 구현하게 해준 그녀에게 열광한다. 사라 제시카 파커는 패션 소비의 진입장벽을 대폭 낮춰 굳이 패션에 돈을 쓰지 않던 사람들까지도 저가 소비의 유혹에 빠지도록 했던 것이다. 패션 소비에 익숙해지고 중독되면 결국 소비자들은 더욱 자주 지갑을 열게 된다.

100달러짜리 노트북이 비싸다고?

MIT의 니콜라스 네그로폰테^{Nicholas Negroponte} 교수가 주도하는 100달러(한화로 약 10만 원)짜리 노트북은 비록 개발도상국 어린이를 위해 개발된 것이지만 일반인에게도 판매된다. 처음 100달러짜리 노트북 계획이 나왔을 때는 기부와 공익적 차원에서 싸게 파는 줄로만 알았다. 시중 노트북의 10퍼센트도 안 되는 터무니없는 가격이었기 때문이다.

그런데 2년여의 개발 기간을 거쳐 출시된 100달러짜리 노트북을 보면 제조사가 손해를 감수할 필요가 없음을 알 수 있다. 원가 인하를 통해 누구도 손해 보지 않고 저가 컴퓨터를 만들어낼 수 있기 때문이다. 심지어 인도 정부는 100달러짜리 노트북도 비싸다며 10달러짜리 PC를 자체적으로 개발하겠다고 나섰다. 반도체집적회로의 설계를 완전히 바꾸는 방식을 적용하면 칩 가격을 낮춰 PC 가격을 47달러 수준까지 떨어뜨릴 수 있고, 장기적으로 10달러까지 낮추는 것도 가능하다는 이유에서이다. 또한 델에서는 30만 원대의 저가 PC 출시를 계획하고 있다. 30만 원대도 충분히 수익성이 확보되는 가격인 것이다.

10년 전 노트북 가격은 평균 200만 원 내외였고, PC 가격도 150~200만 원 사이였다. 더욱이 지금 나오는 저가 컴퓨터는 10년 전 컴퓨터에 비해 사양이 더 좋다. 그 점을 고려하면 가격은 거의 1/10 수준이라 해도 과언이 아니다.

저가 열풍은 휴대전화 시장에도 불고 있다. 2007년에 모토로라는 38달러, 삼성전자는 65달러, 노키아는 44달러짜리 저가 휴대전화를 세계 시장에 내놓았다. 세계 휴대전화 시장에서도 저가 휴대전화 시장이 전체의 70퍼센트에 이를 정도로 급성장하고 있기 때문이다. 2006년에는 노키아가 출시한 휴대전화 중에서 저가 휴대전화의 비율이 42퍼센트에 이르렀고 개발도상국을 중심으로 하는 저가 휴대전화의 수요는 점점 커지고 있다. 원칩 기술을 통한 원가 인하가 가능해지면 2009년에는 20달러짜리 초저가 휴대전화도 충분히 나올 수 있을 것으로 예상되며 앞으로는 10달러짜리 휴대전화 출시도 불가능한 일이 아니다.

레드오션의 비애 : 가격전쟁

무조건 싸게 매길 필요는 없다

가격경쟁은 주로 포화시장, 즉 새로운 시장이라기보다 그동안 익숙하게 자리 잡은 시장에서 생긴다. 소비자의 새로운 관심을 끌만한 요소가 없는 상태에서는 가격을 통한 소비 촉진이 자연스러운 수순 중 하나이기 때문이다.

어떤 기업이 제반비용을 줄여 제품 가격을 경쟁사와 비교할 수 없을 정도로 낮출 수 있고, 그 가격이 경쟁사가 대응할 수 없는 수준이라면 이는 충분히 마케팅 전략이 된다. 물론 가격을 낮춰 수익은 줄어들겠지만 반대로 시장점유율을 높이고 경쟁사를 무력화시켜 시장지배력을 높일 수 있다.

가격은 보통 원가와 수익률을 고려해 책정되지만, 소비자의 수요와 소비심리를 고려해 책정되기도 한다. 비싸게 팔아도 팔릴 물건은 굳이 싸게 팔 필요가 없다. 싸든 비싸든 양에 차이가 없다면 비싸게 파는 것이 유리하다. 가격 정책은 마케팅의 4요소 중에서도 가장 중요한 것으로 기업의 수익과 직결되는 부분이기에 신중하게 채택해야 한다.

가격은 마케팅에서 가장 강력한 도구이므로 기업은 소비자가를 낮추는 노력은 하지 않아도 원가를 낮추려는 노력은 끊임없이 기울인다. 물론 특별한 이유 없이 원가 인하를 소비자가 인하로 결부시키지는 않는다. 기업이 가격을 낮춘다는 것, 즉 최저가격으로 마케팅한다는 것은 결코 소비자를 위한 선택이 아니다. 그 속에는 철저한 계산과 전략이 숨어 있다.

가격 정책은 개발도상국을 중심으로 하는 신흥시장 공략을 위한 마케팅 전략이자 치열한 레드오션에서 기업이 꺼내들 수 있는 최후의 마케팅 무기이다. 즉, 소비자의 입장에서는 소비문화를 확산시키는 마케팅 유혹으로 가시 돋친 장미이고, 기업의 입장에서는 소비 중독을 통한 장기적 고객확보라는 최고의 선물이다. 이처럼 저가 마케팅은 단순한 가격 인하가 아니다.

어떻게 가격을 낮출 수 있나

가격을 낮추려면 비용, 즉 원가를 낮춰야 한다. 단순히 경쟁자를 무력화시키기 위한 마케팅 비용 차원으로 무작정 가격을 낮춰서는 안 된다. 마케팅 차원이 아닌, 실질적인 비용 절감 요인을 찾아 원가를 줄이는 것이 필수적인 전략이다.

물론 원가를 낮췄다고 모두 가격을 낮춰야 하는 것은 아니다. 원가는 낮추되 가격은 유지하면 이익은 커진다. 이때 낮춘 원가만큼의 가격 인하 여력은 마케팅에서 강력한 무기가 된다. 특히 신흥시장 공략과 치열한 경쟁구도에서는 가격 인하의 강력한 유혹을 받게 되고, 이를 위해서는 원가를 낮추는 묘안을 찾는 것이 최고의 마케팅 전략이다. 원가를 인하하는 중요한 방법으로는 유통 개선과 기술 혁신을 통한 인하가 있다.

유통 혁신을 통해 원가를 낮춘다

최저가격의 대표주자인 델은 유통단계를 줄여 소비자와 직거래를

함으로써 컴퓨터 가격을 낮출 수 있다는 발상으로 시작했다. 특히 이들은 회사가 성장하면서 효율적인 생산시설 배치, 조립라인의 단순화, 제품 완성에 필요한 인원감축, 시간별 재고관리와 부품관리 등 생산 전반의 효율성 강화로 제품 원가를 더욱 낮출 수 있었다.

사실 델은 PC 개발이 아닌 PC 조립 및 유통 회사이다. 컴퓨터의 각 부품을 개발한 회사로부터 부품을 구매해 조립한 다음 저가 컴퓨터를 범용 상품화하는 것이다. PC 시장은 이미 포화상태라 성장세가 더딘 탓에 치열한 가격경쟁이 심화되고 있다. 이에 따라 가격경쟁에서 절대적으로 유리한 델은 다수의 선발업체를 무력화시키며 세계 PC업계의 강자로 우뚝 섰다.

대형할인매장 같은 유통기업도 유통 혁신을 통한 저가 마케팅을 주도하고 있다. 대표적으로 막스앤스펜서는 100퍼센트 PL Private Label 제품을 판다. PL 제품은 일반 제품에 비해 크게는 절반 가까이 싸기 때문에 일반 제품이 가격경쟁력으로 PL 제품을 따라잡긴 어렵다. 유통을 장악한 유통 공룡의 PL 제품을 통한 저가 마케팅은 해당 제품을 생산하는 생산기업에게 가혹할 정도이다. 유통 권력을 이용한 저가 마케팅은 대형할인매장에게 효과적인 시장 공략법이지만, 그들에게 납품하는 생산기업이나 중소하청기업에게는 수익성 저하를 감수할 수밖에 없는 최악의 환경이다.

> **● PL** Private Label **제품**
>
> 유통업체가 제조업체 브랜드 대신 자사 브랜드를 붙여 판매하는 상품. 유통과정을 단순화하고 마진을 줄임으로써 소비자가가 낮아지는 효과가 있다. PB(Private Brand)라고도 한다.

기술 진화가 원가를 낮춘다

갈수록 기술은 진화하고 있고 이는 IT 기기의 부품가격을 떨어뜨리고 있다. 이에 따라 기업은 제품 가격을 떨어뜨리기보다 다른 기능을 추가해 가격을 유지하거나 오히려 더 높이고 있다. 일종의 기능 비대증인 셈이다. 덕분에 우리는 기본 기능 외에 쓰지도 않을 수많은 기능, 심지어 무슨 기능이 있는지도 모를 기능에 돈을 써야만 한다.

사실 원가 인하로 인한 가격 인하 요건이 발생하더라도 기업의 입장에서는 굳이 가격을 떨어뜨릴 이유는 없다. 자발적으로 매출을 떨어뜨릴 이유가 어디 있는가? 오히려 기능을 늘려 떨어진 원가만큼의 보완을 통해 가격을 유지하는 것이 기업의 입장에서는 더욱 효과적인 선택이다. PC나 휴대전화 등이 모두 여기에 해당된다.

기능 비대증을 덜어내고 제품의 단순성과 본원적 목적성에만 치중하면 가격 인하 요인은 매우 많다. 100달러짜리 노트북이나 10달러짜리 휴대전화가 싸구려가 아닌 저가의 질 좋은 제품으로 생산될 수 있는 이유가 바로 그것이다. 이처럼 기능 비대증을 덜어내는 저가 제품이 속속 등장하게 되면 IT 기기에서의 초저가 혁명이 일어날지도 모른다. 실제로 가격을 낮추려면 얼마든지 낮출 수 있지만, 기업은 일부러 낮추지 않고 있었던 것이다.

더욱이 기술적 진화는 가격 인하의 요인을 제공한다. 다양한 기능을 칩 하나에 통합하는 원칩 기술은 PC와 휴대전화 저가화의 또 다른 원동력이다. 칩이 하나면 부품도 줄어들고 원가도 자연스럽게 줄어들 수 있다. 앞으로 IT 기기의 초저가 혁명은 기능 비대증 탈피,

부품의 간소화, 공장 자동화로 인한 인건비 절감 등에서 오는 가격 인하로부터 비롯될 것이다.

이것은 자동차도 마찬가지이다. 자동차의 달리는 기능은 100년 전이나 지금이나 마찬가지이다. 교통수단으로서의 본원적 기능에는 차이가 없지만 자동차의 각종 편의사양과 부가기능은 점점 늘고 있다. 자동차의 에너지가 달리는 곳에만 쓰이지 않고 점점 차의 새로운 기능을 구동하는 데 많이 쓰이는 것이다. 이는 곧 자동차의 본원적 기능에만 충실하면 가격 인하 요인은 얼마든지 있다는 얘기다.

싼inexpensive 것과 싸구려cheap 는 다르다

무조건 싼 것이 비지떡은 아니다. 싸지만 세련되고 품질 좋은 상품을 파는 브랜드는 갈수록 늘고 있다. 따라서 싼 게 비지떡이라는 공식은 더 이상 모든 저가 상품에 적용할 수 없다. 실제로 패션 소비자 중에는 버버리의 코트, 샤넬의 원피스를 사는 프리미엄 고객이 자라나 망고에서 저가의 옷을 사기도 한다. 이는 가격이 싸면서도 디자인이 훌륭하기 때문이다. 저가 옷이 저렴하면서도 디자인이 백화점 수준인 셈이니 당연히 경쟁력이 있을 수밖에 없다.

이들은 결코 싸다는 것을 내세우지 않는다. 단지 최신 유행과 세련미, 패션 감각이 뛰어난 디자인을 내세울 뿐이다. 소비자는 싸다고 선택하는 것이 아니라 싸면서도 디자인이 만족스럽기 때문에 선택하는 것이다. 그동안의 저가 마케팅은 싸지만 품질은 다소 떨어지는 것을 소비자가 감수하도록 했다. 싼 게 비지떡이라는 말을 유지한 셈이다. 그런데 최근의 저가 마케팅에서는 가격과 함께 디자인을 무기로 삼아 소비자 만족도를 높이고 있다.

특히 저가 마케팅은 절대적 저가가 아닌 상대적 저가인 경우가 많다. 몇 천 원, 몇 만 원짜리가 아니라 몇 십만 원이나 몇 백만 원 하는 경우도 상대적으로 저가라면 소비자는 반응하게 마련이다. 예를 들어 명품 아울렛도 저가 마케팅이다. 본래 고가의 명품이라 아울렛에서도 절대적 금액 자체는 비싸지만, 할인율이 40~70퍼센트 이상이 되기 때문에 소비자의 심리적 가격 인식은 저가로 자리 잡는다.

이에 따라 상당수의 명품 브랜드가 아울렛 시장을 양성화해 짝퉁 시장을 봉쇄하면서 명품 브랜드에 대한 진입 기회를 늘리는 접근을 통해 시장을 확대하고 있다.

저가 마케팅의 전략적 계산: 왜 싸게 파는가

'10년 전보다 물가가 얼마나 올랐는데 이건 가격이 왜 이렇게 싸졌지?' 이러한 의심을 품어본 사람이 한둘은 아닐 것이다. 대체 왜 싸게 파는 것일까? 무엇을 노리는 것일까? 싸게 팔면 더 많이 팔 수 있다고? 정말 저가 마케팅은 박리다매를 노리는 것뿐일까?

저가 마케팅을 시행할 때는 대개 박리다매, 경쟁자 무력화, 고객과의 관계 형성 도모, 신흥시장 선점, 소비문화 중독 등 여러 가지 계산을 하게 된다. 결국 저가 마케팅도 하나의 마케팅 투자이자 시장 공략 방법인 것이다.

마케팅 전쟁에서 이기기 위한 가장 효과적인 무기

저가 마케팅은 시장 진입기의 효과적인 공격 전략 중 하나이다. 새로운 시장에 진출할 때는 기존 시장점유자와의 전쟁이 불가피하다. 저가 전략을 위해 투여하는 마케팅 비용으로 시장점유율을 확보하는 셈이다. 반대로 저가 마케팅은 시장을 지키는 방어 전략으로 구사되기도 한다. 새로운 경쟁자가 시장에 진입하고자 할 때, 기존에 자리를 차지하고 있던 기업이 신규 경쟁자를 무력화시키기 위해 저가 마케팅을 펼치기도 한다.

전쟁에서는 이익을 위한 계산기를 두드리기 이전에 무조건 이겨야 한다. 적을 쓰러뜨려 우월적 지위를 보장받아야 앞으로의 시장을 안정적으로 차지할 수 있다. 때론 전쟁을 피하고 담합이라는 동맹을 맺기도 하지만, 궁극적으로 더 큰 이익을 위해서는 전쟁을 피할 수 없다.

시장점유율을 높이는 것은 마케팅에서 아주 중요한 일이다. 점유율은 매출뿐 아니라 상품의 소비 지위와 마케팅에서의 유리한 환경을 만들어내기 때문이다. 종종 출혈을 감수하는 저가 마케팅 사례도 볼 수 있다. 특히 대부분의 기업이 시장점유율을 높이기 위한 마케팅 전쟁 중에 선택하는 최후의 수단 중 하나가 저가 마케팅이다.

신흥시장을 선점하라

이미 확고하게 자리를 잡은 미국과 유럽의 선진시장은 레드오션에 속한다. 반면 브릭스 중심의 신흥시장은 먼저 깃발을 꽂아도 되는 블루오션에 해당한다. 이 때문에 글로벌 기업들은 개발도상국을 중심으로 하는 신흥시장 공략을 위해 저가 마케팅을 확대하고 있다.

인도나 중국을 비롯한 개발도상국의 신흥시장은 매년 6,000만 명 정도의 인구증가를 보이고 있다. 가뜩이나 많은 인구에 매년 새로운 소비자가 될 인구가 막대하게 늘고 있으니 개발도상국은 미래의 가장 매력적인 시장이 아닐 수 없다.

이미 개발도상국은 좋은 시장으로 떠오르고 있다. 신흥시장의 경제성장으로 국민소득 수준이 현저히 높아졌기 때문이다. 현재 신흥시장의 가구당 연소득이 5000~6000달러 이하인 것을 감안하면 저가 제품의 잠재수요는 엄청나다고 할 수 있다. 더욱이 당장은 저가 제품으로 이들의 수요를 흡수하지만, 이들의 소득이 증가하고 선진시장으로 성장하면 고가 제품 수요도 새롭게 창출해낼 수 있다.

최근 글로벌 기업이 노리는 것은 브릭스로 대표되는 신흥시장을 선점하고 이들 시장이 선진시장으로 무르익을 때까지 꾸준한 미래시장 가치를 누리겠다는 것이다. 당장은 덜 남아도 장기적으로 크게 남을 수 있는 떠오르는 시장이기 때문이다. 물론 지금도 기술 진화와 원자재값 인하, 생산설비에서의 자동화 등으로 이익을 거둘 수 있는 구조에서 저가 전략을 펼칠 수 있다.

미래의 고객 가치를 위한 투자이다

고객 가치는 한번 구매로 결정되는 것이 아니라, 그 고객이 평생 구매할 것으로 예상되는 현금 가치에 의해 평가된다. 기업의 입장에서는 한번 고객을 영원한 고객으로 만드는 것이 지상최대의 숙제이다. 실제로 한번 유대를 쌓은 고객과 그 관계를 계속 유지해 지속적인 고객으로 남도록 하는 것이 훨씬 쉽고 효율적인 마케팅이다. 따라서 저가 마케팅을 통해 보다 쉽게 소비자를 고객으로 만드는 방법을 택하는 것이다.

자동차 업계의 엔트리카 개념도 여기서 출발한다. 재정적 여력 때문에 당장은 소형차를 타는 고객이 중대형차를 타게 되면 같은 브랜드의 자동차를 이용해주길 기대하는 의미로 경차나 소형차를 엔트리카의 개념으로 마케팅하는 것이다. 첫차의 브랜드가 무엇이냐 하는 것은 그 다음에 살 차의 브랜드를 결정하는 데 중요한 기준이 된다. 특히 자동차나 가전제품, 가구 등 고가의 내구재는 소비자가 한번 만족한 브랜드에 충성할 확률이 높다.

재구매율은 고객 가치에서 아주 중요한 요소이다. JD Power의 2004년 조사에 따르면 자동차의 경우 동일 회사 제품의 재구매율은 평균 48.4퍼센트에 이른다고 한다. 실제로 자동차회사는 경차나 소형차 혹은 초저가 자동차를 만드는데, 그 이유 중 하나는 고객의 평생 가치를 고려하기 때문이다.

예를 들어 BMW는 고가의 자동차 브랜드이지만 수익성 높은 5, 7시리즈를 위해 3 시리즈를 엔트리카로 내놓는다. 여기에 더 싼 1 시리즈를 내놓아 엔트리카의 진입장벽마저 낮추고 있다. 이를 통해 상대적으로 돈이 없는 젊은이도 BMW 브랜드를 소유할 기회를 제공하고 있으며, 이는 해당 고객이 1 시리즈에서 시작해 점점 돈을 벌어가며 3 시리즈를 거쳐 5, 7 시리즈로 이어질 것을 기대하기 때문이다. 당장의 수익성이 아니라 고객관계 형성의 시작으로 누구나 쉽게 자사 브랜드에 접근할 수 있도록 장벽을 낮추는 의미인 것이다.

이는 모든 자동차회사의 공통적인 접근 전략 중 하나이다. 저가 제품은 미래를 위한 하나의 투자인 셈이다.

파생상품에 대한 마케팅도 가능하다

모든 것을 싸게 파는 것이 아니라 가장 수요가 크고 대표성을 띠는 것을 싸게 팔아 일종의 미끼로 삼는 경우도 있다. 예를 들어 양복을 사러온 고객에게 셔츠와 넥타이, 벨트를 파는 것은 상대적으로 쉽고 자연스럽게 이뤄질 수 있는 마케팅이다. 이처럼 한번 고객을 만들면 부가되는 파생상품이나 연동상품을 통해 부가적인 수익 창출이 가능해진다.

프린터 업계가 프린터를 싸게 팔아 누구나 프린터를 갖게 만드는 것도 이러한 전략에 해당된다. 물론 프린터 자체의 수익성도 고려하지만 소모품인 카트리지에서의 수익성이 만만치 않기 때문이다. 이를 반영하듯 대개 프린터는 싸지만 소모품인 카트리지는 비싼 편이다.

또한 부가상품과 함께 연동되는 상품으로도 수익을 창출할 수 있다. 애플의 아이팟은 세련된 디자인과 함께 일부 제품의 저가 정책을 통해 MP3P 시장을 장악했고, 아이팟 고객은 애플의 아이튠즈라는 디지털음원서비스를 이용함으로써 파생되는 수익 창출을 낳고 있다. 더욱이 아이팟 사용자는 휴대전화인 아이폰 고객으로도 이어진다.

소비문화에 중독시켜라

기업이 가장 꺼리는 소비자는 한번 산 물건을 고장 나지 않게 조심스럽게 사용하다가 고장이 나면 고쳐서 사용하는 사람이다. 사는 것보다 기존의 것을 재활용하려는 사람이 많아지면 소비는 위축되기 때문이다. 즉, 소비자의 소비문화를 활성화시키고 소비에 중독시키는 것이야말로 기업을 위한 최고이자 최선의 미션인 것이다.

쇼핑은 인간의 기본적 욕구에 해당될 만큼 보편적이다. 문제는 돈이다. 돈이 있으면 활발한 소비를 할 수 있고 자연스럽게 소비문화에 익숙해지게 된다. 그러나 돈이 없으면 소비가 위축되기 마련이다. 그런데 저가 혹은 초저가 마케팅은 소비문화에 익숙해질 수 있는 계층의 범위를 더욱 넓히게 된다. 가격이 싸지면 더 많은 사람이 소비에 동참하고 더 많은 제품을 구매하는 것이다.

저가 소비문화로 소비의 진입장벽이 낮아져 소비대상이 확대되면 싸게 팔아도 장기적으로는 이익이 된다. 그리고 일단 소비에 길들여진 소비자는 서서히 가격이 올라도 소비를 유지하려는 경향을 보인다.

저가 마케팅의 가장 강력한 영향력은 쉽게 사고 쉽게 소모시킬 수 있게 만들어 소비하는 즐거움에 중독시키는 것이다. 저가 상품 소비를 통해 카타르시스를 느끼게 되면 소비자는 상품에 대한 애착도 떨어지고 쓰고 버리는 소비문화에 익숙해지게 된다. 특히 새것에 대한 선호를 높이면 지속적인 소비를 생성할 수 있다.

소비자를 유혹하는 가시 돋친 장미

유통 공룡의 가격파괴 : PL 제품의 유혹

2007년 10월, 이마트의 대대적인 PL 제품 런칭으로 유통업계에 서서히 변화가 일어나고 있다. 예를 들어 코카콜라 1.8리터는 1,630원인데 이마트 콜라 1.5리터는 790원에 불과하다. 물론 코카콜라보다 브랜드 파워에서 밀리고 맛도 약간 차이가 나지만 반값 수준인 가격은 이 두 가지 열세를 극복하고도 남는다. 실제로 이마트 콜라는 코카콜라보다 2배 이상 판매되고 있다. 이밖에도 이마트는 3천 가지 정도의 생활용품을 기존업계 1위 상품보다 47퍼센트 이상 싸게 팔고 있다.

소비자 반응은 즉각 나타났고 PL 제품의 매출은 급격히 늘고 있다. 소비자의 입장에서는 이왕이면 싼 제품을 선호할 수밖에 없다. 더욱이 PL 제품이 대기업 생산품인 경우가 많기 때문에 품질에 그다지 차이가 없다는 장점도 있다.

PL은 PB[Private Brand]라고도 불리는데 유통업체의 자체 상표 제품을 의미한다. PL 제품이 상대적으로 저렴한 것은 자체 상표로 제품을 직접 조달해 제품 원가에 포함되는 관리비와 물류비, 마케팅비를 줄일 수 있기 때문이다. 아울러 거대 유통기업은 보다 유리한 조건에서 PL 제품을 생산하고 수급할 수 있는 지배력이 크다.

이에 따라 해외 유통업체의 PL 제품 비율은 상당히 높은 편이다. 막스앤스펜서의 경우는 아예 100퍼센트 PL 제품이고, 월마트와 테스코도 최고 50퍼센트에 육박한다. 이마트는 2006년 매출액 기준

PL의 비중이 10퍼센트 미만이지만 앞으로 PL의 비중을 30퍼센트까지 늘리려는 계획을 갖고 있다. 롯데마트는 현재 3,900여 종류의 PL 제품을 판매하고 있으며 2006년에는 전체 매출의 12퍼센트에 해당하는 4,500억 원의 매출을 PL에서 올렸다. 롯데마트는 2010년까지 PL의 매출을 전체 매출의 20퍼센트까지 확대할 계획을 세우고 있다. 홈플러스는 4,300여 종류의 PL 제품을 판매하는데 2006년 전체 매출 중 PL의 비중은 18퍼센트 정도였다.

물론 PL 제품의 비중이 높아지면 소비자는 더 싼 가격의 제품을 구매할 수 있지만, 기존 제조업체의 가격경쟁력은 취약해지게 된다. 실제로 유통업체의 가격결정권은 더욱 높아지고 있고 심지어 유통이 생산을 장악해 가격까지 쥐락펴락하는 경우도 있다.

PL 제품의 달콤한 유혹을 뿌리치기란 쉽지 않다. 같은 돈으로 더 많은 소비를 할 수 있고, 같은 소비로 돈을 줄일 수 있으니 말이다. 이에 따라 앞으로 PL 제품을 통한 유통업체의 저가 마케팅은 더욱 확산될 것이다.

고속버스보다 싸고 빠른 비행기

저가 항공사는 기존에 비행기를 타던 사람들의 주머니를 가볍게 해주고, 이전에 비행기 대신 기차나 고속버스 등 육상교통을 이용하던 사람들이 비행기를 선택하도록 하고 있다. 사실 소비자로서는 기차나 고속버스보다 싼 값에 빨리 갈 수 있는 비행기의 유혹을 뿌리치기 어렵다. 이에 따라 저가 항공사는 기존의 항공기 시장과 육상교통 시장의 대체 효과를 내며 이들의 시장을 빼앗고 있다.

저가 항공의 핵심은 경비절감 극대화에 있고 대부분의 저가 항공사는 단일 기종 운영을 통한 항공기 정비와 운영의 효율성을 높이고 최소의 서비스만을 제공해 서비스 비용도 절감한다. 예를 들면 수화물은 유료이고 짐을 승객이 직접 내리는 경우도 있다. 또한 기내에서의 물품 판매를 확대하고 공짜 음료수도 제공하지 않는다. 공항도 상대적으로 비용이 저렴한 교외의 공항을 이용하는 경우가 많다. 그럼에도 승객은 갈수록 늘고 있다.

저가 항공사는 유럽에서 시작되었다. 유럽의 대표적인 저가 항공사 라이언에어는 최근 4년 동안 승객이 두 배로 늘어나는 성장세를 기록했는데, 연간 승객 수가 5,000만 명에 이른다. 또 다른 저가 항공사 이지제트는 평균 100달러 미만의 운임으로 유럽 내의 노선을 운용하며 연간 승객 수가 3,300만 명에 이른다.

이밖에도 유럽에는 수십 개의 저가 항공사가 성업 중이고 미국과 아시아 전역에서도 저가 항공사가 속속 생겨나고 있다.

자동차 신제품 가격이 200만 원대

우리에게 싼 차의 대명사로 인식되는 티코도 1991년 출시 당시 300만 원 정도였는데, 그로부터 17년이 지난 2008년에 200만 원대 자동차가 나온다니 믿기 어려워하는 사람도 꽤 많을 것이다. 하지만 세월을 거슬러 물가를 초월한 놀라운 가격이 현실이 되고 있다.

이탈리아의 피아트는 인도의 타타자동차와 공동으로 약 10만 루피(230만 원 정도)의 초저가 자동차 양산 프로젝트를 진행하고 있는데, 2008년 중반에 출시할 계획이다. 만약 이것이 출시되면 초저가 자동차로 기록될 것이며 신흥시장에서 비중이 큰 인도의 자동차 시장을 무섭게 점유해나갈 가능성이 크다.

타타자동차의 초저가 자동차 개발의 원동력은 저렴한 인도의 인건비이다. 단지 저렴하기만 한 것이 아니라 기술자들의 수준이 높아 저렴하면서도 효과적인 인력 활용이 가능한 것이다. 여기에 최대출력 33마력인 소형엔진과 자동차 외관은 스틸을 기본으로 하되 플라스틱을 상당 부분 적용한다는 점도 저가격의 요인이다.

또한 이들은 마케팅 비용 최소화를 위해 대대적인 광고도 하지 않을 것이고 특정 딜러들을 통해 독점 판매하던 전통적인 생산 유통체제를 폐지하고 대리점을 통해 주문을 받게 될 것이다. 더불어 각 대리점에서 고객의 수요가 있을 때마다 자동차를 조립, 판매해 생산원가를 절감한다는 전략도 갖고 있다.

2006년 브릭스에서 팔린 자동차는 1,351만 대 정도이다. 최대 시장인 미국이 1,655만 대였고, 유럽이 1,462만 대인 것을 감안하면 결코 무시하지 못할 큰 시장임에 틀림없다. 브릭스에서 팔린 자동차 가운데 저가 자동차는 478만 대로 3분의 1에 이른다. 더욱이 신흥시장에서는 고유가로 인해 경차 수요가 연평균 10퍼센트씩 늘어 5년 후에는 865만 대에 이를 것으로 추정된다.

저가 자동차란 보통 1만 달러 이하의 자동차를 말한다. 흔히 경차로 불리는 자동차는 저가 자동차의 가격 기준에 부합하는 셈이다. 그런데 개발도상국을 중심으로 하는 신흥시장에서는 저가 자동차보다 훨씬 싼 초저가 자동차가 등장하고 있다.

2004년에 출시된 르노닛산의 저가형 자동차 '로간'의 가격은

7,000달러 정도이다. 이 자동차는 출시 이후 2006년까지 누적판매대수 40만 대를 넘어섰다. 로간은 인건비가 저렴한 루마니아에서 생산되어 유럽, 러시아, 아프리카 등지로 수출되는데 2006년 판매량은 25만 6,000대이고 이것은 전년대비 70퍼센트 증가한 수치이다. 로간은 현재 북유럽의 다치아^{Dacia} 공장에서 생산되고 있으며 앞으로는 인건비를 낮추기 위해 브라질 등의 남미에서도 생산할 계획이다.

크라이슬러는 중국 체리자동차와 합작해 초저가 자동차를 개발하기로 했고, 혼다는 500만 원대, 도요타는 400만 원대의 배기량 1000cc 이하 모델을 개발 중이다. 현대차그룹도 중국과 인도에서 400~500만 원대 초저가 자동차 개발 계획을 발표하고 연구개발을 진행하고 있다. 이밖에도 저가 자동차 개발에 뛰어든 기업으로는 GM, 포드, 폴크스바겐, 스즈키 등의 자동차회사를 비롯해 IT기업인 애플이 있다. 초저가 자동차의 등장은 개발도상국을 중심으로 하는 신흥시장 사람들도 차를 소유할 수 있게 해주고 있다. 현재 기준으로 도저히 차를 구입할 엄두를 내지 못하던 사람들과 차를 구입할 생각이 없던 사람들에게도 차를 판매할 가능성을 열게 된 것이다.

선진국 중심의 자동차 시장이 포화상태라면 개발도상국은 아직 시장 초기에 불과하다. 따라서 차를 살 만한 여력이 있는 사람이 드물다. 그렇다고 그들의 주머니 사정이 나아질 때까지 기다리기보다는 초저가 자동차를 개발해 그들이 자동차 문화에 익숙해지도록 만들고, 나아가 미래에 주머니 사정이 좋아질 때 더 비싼 자동차를 판매할 수 있는 시장을 만들어나가는 것이 낫다.

누구를 위하여 가격을 낮추나

승자 없는 싸움

소비자들은 과연 기업의 가격경쟁을 어떻게 받아들일까? 가격을 낮추면 무조건 감사하게 생각할까? 결코 그렇지 않다. 오히려 '저렇게 싸게 팔 수도 있었는데 전에는 폭리를 취했던 것 아냐'라고 삐딱한 시선으로 바라본다.

엄밀히 따져 가격경쟁의 목적은 소비자를 감동시키기 위한 것이 아니라 기업의 경쟁자를 무력화시키기 위한 것이다. 잘 팔리는 것을 굳이 가격을 낮추진 않는다.

잘 팔리지 않고 시장이 정체되다 보니 가격을 낮춰서라도 더 팔려고 하는 것이다. 사실 잘 팔릴 때는 경쟁사끼리 암묵적 담합을 해서라도 가격을 내리지 않는다. 원래 태평성대 때는 동맹이 잘 유지되다가 위기가 올 듯하면 동맹이 깨지는 게 보편적인 이치 아니던가? 오히려 위기 때 서로 뭉쳐야 하지만 위기에 분열되는 것을 보면 기업과 기업은 태생적으로 적일 수밖에 없는 모양이다. 죽이지 않으면 죽는 관계 말이다.

실제로 가격경쟁은 기업을 파멸로 몰고 갈 수도 있다. 시장이 포화상태에 이르면 가격전쟁이 벌어지는데, 이때 경쟁에 참여한 기업은 모두 수익 하락으로 피해를 볼 수밖에 없다. 물론 가격전쟁을 치르면서 살아남은 기업은 지배력을 강화할 수 있다. 피비린내 나는 전쟁을 치러 살아남은 자가 영토를 차지하는 셈이다.

하지만 자칫 잘못하면 이 전쟁에서 승자 없이 패자만 생길 수도 있고, 전쟁에 참여한 기업은 폐허가 되었는데 오히려 전쟁 뒤에 어부지리를 얻는 운 좋은 기업이 등장할 수도 있다.

싼 게 비지떡? 싼 게 리스크!

가격이 싸다고 무조건 환영받는 것은 아니다. 품질이나 디자인 등에서 만족도가 낮다면 소비자는 결코 싼 가격의 유혹에 넘어가지 않는다. 싼 것이 미덕인 대표적인 비즈니스가 대형할인점이다. 그런데 아이러니하게도 바로 대형할인점에서 싼 것이 반드시 미덕은 아니라는 결과가 드러났다.

예를 들어 월마트Wall Mart는 가격에서 경쟁우위가 있지만, 2위 업체인 타깃Target은 가격이 아닌 제품의 질과 스타일리시하고 디자인 중심적인 요소에서 경쟁우위가 있다. 대형할인점의 절대미덕이던 저가격의 굴레를 벗어난 것이 바로 타깃이다. 이를 통해 후발주자인 타깃은 여러 선발주자를 제치고 업계 2위까지 올라갔고, 소비자에게 월마트와 확실히 구별되는 곳으로 인식되고 있다. 소비자들에게 싼 것을 찾으려면 월마트로 가야 하지만, 조금 비쌀지는 몰라도 좀 더 세련되고 좋은 물건을 사려면 타깃으로 가야 한다는 인식을 심어주고 있는 것이다.

월마트의 캐치프레이즈가 'Every day Low Price'라면, 타깃은 'Creating Value'이다. 원래 대형할인점의 기본 미덕은 '다양한 물건', '싼 가격'이지만 타깃은 월마트와 달리 가격이 아닌 가치에 초점을 맞추고 있는 것이다.

할인점을 찾은 소비자의 기대는 분명 백화점에서의 기대치와 다르다. 고객으로서 고급 가치를 대접받고자 하는 욕구도 덜하고 고급스런 물건에 대한 소비 욕구도 약하다. 생필품을 싸게 많이 살 수 있는 공간이 대형할인점이기 때문이다. 그러나 타깃은 백화점보다는 싸고 월마트보다는 조금 비싸지만 훨씬 세련되고 스타일리시한 제품으로 포지셔닝하고 있다. 백화점과 대형할인점 사이의 틈새시장을 발견해 중간 포지셔닝을 만들어낸 셈이다.

한국의 이마트나 홈플러스도 처음부터 창고식 할인매장을 벗어나 백화점 스타일의 할인매장을 지향했다. 이러한 소위 한국식 대형할인매장은 대형할인점의 새로운 기준으로 통하고 있다. 덕분에 한국식 대형할인점의 외국 진출도 늘고 있는데 그 대표적인 것이 홈플러스이다. 처음에는 영국의 테스코Tesco가 삼성과 함께 한국에 홈플러스테스코를 만들었지만, 이젠 테스코가 삼성의 한국식을 받아들여 영국에 테스코홈플러스를 만들게 된 것이다. 영국의 할인매장 문화를 수입했다가 한국식으로 진화시켜 역수출한 셈이다. 한국에서 독자적으로 시작된 이마트도 중국을 비롯한 외국에 매장을 만들어 운용하고 있다.

소비수준이 높아지면 소비자는 기존의 저가 소비를 과감히 버리고 더 나은 고가의 제품군으로 이동한다. 이처럼 소비자의 충성도를 기대하기 어렵다는 것은 저가 제품이 지닌 치명적 리스크이다. 또한 싸게 팔려면 기업이 많은 위험을 감수해야 한다. 저가 마케팅이 대개 출혈 마케팅이라는 점을 감안하면 출혈과 더불어 막대한 마케팅 비용이라는 리스크를 떠안아야 하는 것이다.

이때 중요한 것은 시장을 만드는 역할을 하고 막상 시장이 커진

후에는 경쟁사에게 시장을 빼앗기는 최악의 경우를 피해야 한다는 점이다. 싸다고 소비자의 요구가 관대해지는 것은 아니다. 싸도 만족스럽지 못하면 불평을 하는 게 소비자이다. 가격이 싸다는 것은 명목가격이 싼 것이며 사는 사람의 소비수준에 따라서는 실질가격이 싸지 않을 수도 있다. 더욱이 그런 사람들의 불평에 소홀히 대처했다가는 더 큰 화로 확산될 수 있다. 싼 것을 사는 소비자도 엄연히 소비자이므로 그들의 권리를 외면할 수는 없다. 마진도 별로 없는데 소비자의 만족까지 배려해야 하느냐고? 어쩔 수 없다. 그게 비즈니스이니까.

두 마리 토끼: 저가 마케팅은 고가 마케팅과 병행하라

소득과 소비 양극화는 거스를 수 없는 대세이다. 따라서 기업은 양극화된 소비자를 잡기 위해 저가와 고가의 두 가지 제품군으로 나눠 시장을 공략해야 한다. 특히 앞으로 글로벌 소비 시장은 10억 명 이상의 신흥시장을 중심으로 재편될 것이므로 기업은 효과적인 저가 전략으로 대처해야 한다. 결국 유럽과 미국을 비롯한 선진시장에서는 고가 마케팅을 유지하고, 개발도상국 등의 신흥시장에서는 저가 마케팅을 유지해야 하는 것이다. 더불어 한 나라 내에서도 소득과 소비수준에 따라 저가와 고가 제품 모두에 대한 마케팅 기조를 유지해야 한다.

둘 중 하나만 선택하고 나머지를 버리기란 어려운 일이다. 초고가 브랜드로 굳건한 위치를 고수하는 소수의 브랜드를 제외하고 어떠한 브랜드도 저가 시장을 간과할 수 없다. 물론 일부에서는 저가 제품 출시가 브랜드 가치를 떨어뜨려 자칫 소탐대실의 결과를 낳을 수도 있다고 우려한다. 그러나 개발도상국의 신흥시장을 공략하고 우위를 점하기 위해서는 저가 전략이 꼭 필요하다. 여기에 기술력이 따르고 생산과 유통과정에서 효율성을 증대시킬 수 있다면 저가 제품 출시는 새로운 기회가 될 수 있다.

물론 저가와 고가를 모두 유지하는 것은 어렵다. 두 마리 토끼를 잡으려다 둘 다 놓칠 수도 있어 딜레마에 빠지기도 한다. 자칫 싸게 팔다가 비싸게 사던 소비자를 잃는 것은 아닌지, 싸게 파는 것 때문에 브랜드 가치가 하락하는 것은 아닌지, 그리고 새로운 시장을 공략하지 않다가 시장을 빼앗기는 것은 아닌지 등의 딜레마에 빠지는 것이다. 이런 우려가 위기라면 신흥시장을 차지할 수 있는 가능성은 기회이다. 그리고 글로벌 기업은 누구나 위기와 기회를 한 손에 쥐고 고민하는 딜레마를 겪게 된다.

메이드인차이나의 공포

중국산이 전 세계 소비 시장을 장악하게 된 결정적 이유는 저가격에 있다. 오늘날 중국은 '세계의 굴뚝'으로 불릴 만큼 제품의 주요 생산기지로 떠올랐다. 가장 큰 이유는 인건비가 싸기 때문이다. 즉, 저가격이 가능하기에 중국이 세계의 굴뚝이 된 것이다.

그런데 이제는 중국이 달라지고 있다. 중국발 인플레이션이 메이드인차이나의 가격을 급등시키고 있기 때문이다. 전 세계의 저물가를 보장해줬던 중국산의 위력이 이제 세계의 물가 급등의 원인으로 역전된 셈이다.

그럼에도 여전히 중국산은 세계 소비 시장을 장악하고 있다. 중국산의 저가 경쟁력이 세계 각국의 자국 내 제품경쟁력을 떨어뜨리고 무력화시켰기 때문이다. 이처럼 저가로 시장을 장악할 경우, 경쟁자를 무력화시키면서 시장 내에서의 독점적 지위를 형성할 수 있다. 이것이 더 진행되면 소비자에게 곤란한 상황이 발생할 수도 있다. 즉, 당장은 싸지만 가격을 점점 올려도 저항할 수 없고 대체제도 없는 상황이 생길 수 있는 것이다.

이것은 중국으로 생산거점을 대거 이동한 기업들도 마찬가지로 겪을 수 있는 일이다. 독점적 지위가 생기면 소비 자체가 공포로 이어질 수 있다. 원유나 곡물 등 원자재에서 이 같은 현상이 발생해 가격이 높이 상승할 경우에도 저항이 불가능한 것처럼 말이다.

가격이 아닌 가치에 초점을 맞춰라

저가 제품으로 인한 기존의 고가 브랜드 가치의 하락과 경쟁구도에서의 패배는 기업에게 위기라고 할 수 있다. 반대로 저가 제품을 통한 신흥시장 공략 및 선점과 경쟁구도에서의 승리는 기업에게 기회가 된다. 가격부담 저항선이 무너지면 진입을 고려하지 않던 소비자까지 소비에 진입하므로 기업에게 기회가 늘어난다. 이에 따라 저가격은 마케팅 전쟁에서 유리한 무기가 될 수 있다.

예를 들어 유통기업의 경우, PL 제품을 증가시켜 제조까지 영역을 확산하는 것은 기회가 된다. 반면 납품업체나 하청업체의 어려움은 커질 수 있다. 유통업체의 압력에 못 이겨 저가격을 유지하려면 인건비를 떨어뜨려야 하므로 해당 기업 노동자의 노동여건은 더욱 열악해질 수밖에 없다. 그리고 이러한 도미노는 원자재의 품질 저하와 제품 품질의 저하로 연결된다. 물론 유통 매장을 소유한 거대 유통기업의 힘은 더욱 커지겠지만, 생산 및 제조를 담당하는 기업의 힘은 상대적으로 열악해져 거대 유통 공룡의 횡포가 주는 사회적 도미노 현상을 겪게 될 소지가 높은 것이다.

소비자 입장에서의 위기는 임금이 하락하고 노동여건이 열악해지는 상황에서도 기존의 소비문화 중독에서 빠져나오지 못한다는 점이다. 아울러 저가 제품을 위한 원가절감은 노동자의 구조조정이나 임금 저하, 제품의 질 저하 등에 영향을 미치고 그것은 결국 소비자에게 부메랑이 되어 돌아온다.

소비자 입장에서의 기회는 소비 확산으로 더 많은 생활의 풍요와 편의를 누릴 수 있는 것이다. 그러나 저가 마케팅이 만들어내는 저가 소비문화는 소비자에게 단기적으로는 이득을 주지만, 장기적으로는 위험이 될 수 있다.

저가격은 소비 접근성을 높여 더 많은 소비를 창출하고 더불어 대형할인점의 PL 제품이 유통을 점령하는 상황이 발생할 수도 있다. 그러면 대형할인점의 독점화를 낳을 수 있어 소비자에겐 위험 요소가 된다. 이는 싼 값에 외국에서 쌀을 사먹다가 자국의 농촌이 붕괴되고 나면, 그 다음부터는 외국의 쌀 생산지가 하나의 권력이 되어 가격을 점차 올려도 저항하지 못하는 상황과 유사한 시나리오이다.

저가 소비문화로 인한 환경문제도 소비자가 감수해야 할 위험이다. 저가 소비문화는 더 많은 소비를 부추기고 구매한 물건에 대한 애착도를 떨어뜨린다. 이로 인해 더 많은 쓰레기가 양산될 개연성이 높고 이는 결국 환경문제로 이어진다.

싸게 만들려면 원가를 떨어뜨려야 하므로 제품의 질이 떨어져 수명이 짧아진다. 그러면 더욱 빠르고 쉽게 버려지는 물건이 늘어가고 이는 환경에 부정적 영향을 미친다. 나아가 저가 소비의 확산으로 생산이 늘면 더 많은 원재료가 고갈되고 생산 과정에서의 공해도 늘어난다. 이때 원가를 낮추려다 환경에 대한 기준을 모두 지키지 못하는 경우도 허다하다. 특히 중국이나 제3세계에 있는 생산 공장은 더더욱 환경문제에 취약하다.

한편, 소비자는 저가 소비문화로 발생하는 문제를 간과하지 않고 그들의 도덕적 소비 잣대를 들이댄다. 따라서 저가격을 지향하는 기업의 제품이 오히려 소비자에게 외면당하는 상황이 초래될 수 있다. 저가 소비는 당장에는 약처럼 보이나 장기적으로는 독이 되는 요소일 수도 있는 것이다. 특히 소비자의 도덕적 소비가 확산되는 상황에서는 저가 소비문화가 그리 매력적인 마케팅 요소가 아닐 수 있다. 저가 소비문화에서 발생하는 부정적 파급 효과에 대해 소비자들이 도덕적 소비의 권력을 동원해서 대응할 수도 있기 때문이다.

따라서 기업은 싸게 파는 것이 미치는 사회적 영향에 대한 책임을 져야 한다는 환경단체나 소비자단체의 목소리에도 대응해야 한다.

가장 강력한, 하지만 위험한 마케팅 무기

● Key Point

저가 마케팅은 소비 대상을 확대하고 소비문화에 대한 진입장벽을 낮춘다. 따라서 저가격은 경쟁구도에서 가장 강력한 마케팅 무기이자 신흥시장에 먼저 깃발을 꽂기 위한 진입 무기이기도 하다. 그러나 이러한 기회와 동시에 저가 소비문화가 몰고 올 사회적 파장이 기업에게 위험요소가 될 수도 있음을 인식해야 한다.

● Think About

① 자사 제품의 원가 인하 요인과 요인별로 어느 정도의 인하가 가능할지 조사 및 계산해 보라. 기술 혁신이나 생산 효율성, 유통 혁신 등을 통해 절감 가능한 원가규모를 정확히 판단해야 저가 마케팅에 공격적으로 나설 수 있기 때문이다.

② 신흥시장에 진출할 때, 저가 마케팅과 함께 병행해야 할 전략은 없을까? 당장의 저가 제품 판매 목적과 중장기적인 소비자 관계 형성에 대한 접근 전략을 모색해보라.

③ 저가 소비문화로 발생하는 사회적 문제에 기업은 어느 정도 책임을 져야 하는가? 앞으로 이런 책임에 대한 사회적 문제 제기가 생길 때는 어떻게 대응해야 하는가?

06

신데렐라가 바라는 **지위상승**의 진실
Level Up

· · ·

어린 신데렐라, 나이 든 신데렐라, 남자 신데렐라도
소홀히 해서는 안 된다.
모든 소비자가 신데렐라가 되고 있기 때문이다.

최선의 선택 : 신데렐라는 왜 명품에 집착하는가

내 이름은 신데렐라이다. 나의 최대 관심사는 자본주의적 신분상승, 즉 부와 명예를 담보할 지위상승이다. 오늘도 나는 남들이 우러러보는 지위에 올라 꿈같은 인생을 누릴 것을 꿈꾼다. 어릴 때는 금세 지위상승을 이뤄낼 수 있을 거라 자신했다.

그런데 어른이 된 나는 꿈만 꾼다. 현실이 그리 만만치 않기 때문이다. 동화 속 이야기는 현실에서는 이뤄지지도 않거니와 나를 도와줄 마법사도, 나를 변신시켜 줄 왕자님도 없다. 그렇다고 아직 포기하긴 이르다. 내가 알고 있는 지위상승 방법이 무려 네 가지나 되기 때문이다. 그중에 하나는 통하겠지. 그래서 하나씩 그 가능성을 타진해보기로 했다.

첫 번째, 가장 많이 알려진 방법이 결혼을 통한 지위상승이다. 가장 고전적이고 또한 가장 효과적일 수 있는 방법이다. 하지만 이것은 소수의 미녀에게나 가능한 방법이다. 나처럼 다리 짧고 얼굴 밋밋하고 통통한 여자는 과도한 성형과 바디슬리밍을 하지 않고는 어림없는 소리다. 결혼중매업체에서 내 등급은 C등급이다. A등급과의 만남은 원천적으로 봉쇄되어 있다. 더욱이 요즘에는 남자들도 영악해서 지위상승을 노리고 덤비는 여자를 잘 가려내니 승산이 별로 없는 방법이다. 이건 포기해야 할 듯하다.

그럼 두 번째 방법으로 넘어가자. 자본주의 사회에서 돈으로 안 되는 것이 있던가? 그래서 부자가 되어 지위상승을 이뤄볼 생각을 했다. 이것도 한 방법이긴 하지만 쉽지는 않다. 설사 종자돈이 있더라도 부자라는 높은 고지까지 가려면 마치 곡예를 하듯 고위험도 재테크를 연속적으로 성공해야 될까 말까인데, 현실적으로 그것은 불가능에 가깝다. 큰돈을 벌려면 위험은 감수해야 한다지만 자칫 잘못하다가는 종자돈마저 날려 쪽박 차기 십상이다. 그래서 이것도 포기다.

얼른 세 번째로 넘어가자. 역시 정도를 걸을 수밖에 없는 것일까? 가장 단순하면서도 확실한 방법이 공부를 하는 거다. 열심히 지식을 쌓아서 전문직종사자가 되는 것이다. 소위 '사'자가 붙은 사람이 되는 것이 지위상승의 지름길이 아니던가? 하지만 이것 역시 만만치 않다. 하긴 쉬운 길이면 누구나 다 했겠지. 아, 그냥 포기하고 살아야 하나? 돈이라도 많다면 돈으로 지위를 사거나 퍼스널 브랜드를 관리해서 명사라도 되지. 아, 지위상승은 꿈속에서나 이뤄질 요원한 일인가? 이 방법도 포기다.

이제 마지막 방법이다. 소비를 통해 지위상승을 하는 거다. 명품을 비롯한 고가 소비에 집중하는 거다. 물론 소비를 한다고 지위가 상승하는 것은 아니다. 지위가 상승하는 것처럼 보이긴 해도 그것은 일종의 전시 효과이자 착시 효과이다. 하지만 어떠랴. 속까지 변하진 못해도 겉으론 얼마든지 가능하다. 어차피 남들이 나를 속속들이 파헤치진 않을 테니 알 리가 있나? 그냥 겉이라도 확 바꿔버리면 대접도 받고 시선을 받을 수 있지. 과시욕은 경제력이 있는 사람만 할 수 있는 것이 결코 아니야. 좋아, 결정했어. 돈을 모아두면 뭐하나? 즐겁게 소비하고 지위상승의 외형적 효과만이라도 누리며 살자. 이게 최선의 선택인 듯하다.

자, 카드를 움켜쥐고 백화점으로 고고!

참고 1 　산업자원부가 매월 발표하는 〈주요 유통업체 매출동향〉을 보면 백화점의 명품 매출증가율(전년 동월대비)은 2006년 11월(14.9퍼센트) 이후 2007년 10월(11.6퍼센트)까지 12개월 연속 두 자릿수 행진을 기록 중이다. 전체 소비증가율에서 명품 매출증가율은 독보적이고 20~30대 여성은 물론 40~50대 여성과 심지어 10대까지 확산될 정도로 전 연령대에 걸쳐 고르게 확산되고 있다. 한때 경기침체의 영향으로 다른 소비는 줄었지만 명품 소비는 꾸준히 늘어나는 이상 현상도 보이고 있다.

백화점의 매출증가율(전년 동월대비)은 4~5퍼센트대인데 비해 명품의 매출증가율은 10~20퍼센트를 훌쩍 뛰어넘는다. 백화점 매출증가율 대비 명품의 매출증가율은 평균 3~4배 정도인 셈이다.

참고 2 　세계 명품 시장은 2003년 750억 달러 규모에서 2007년에는 1천억 달러 규모로 성장했다. 이러한 성장세는 앞으로도 꾸준히 이어질 것으로 보인다. 특히 명품 시장에서 아시아 시장의 비율이 점점 높아지고 있으며, 중국 시장의 급부상과 함께 일본과 한국이 대표적인 명품 소비 국가로 꼽히고 있다.

2006년 기준으로 우리나라 명품 시장 규모는 1조 원에 이르는 것으로 알려지고 있다. 이는 국내 시장 규모로만 보면 의류와 잡화 시장 18조 5,000억 원의 5.2퍼센트에 해당한다.

판매 장소별로는 4대 백화점(롯데·현대·신세계·갤러리아)에서 판매된 명품 매출이 약 5,600억 원에 이르고 명품 브랜드 직영점과 인터넷 쇼핑몰 등의 매출이 합쳐져 1조 원이 된다. 이와 별도로 해외에서 구매해오는 명품도 연간 1조 원에 육박하는 것으로 추정되고 있다. 우리나라 사람들의 연간 의류 및 잡화 부분의 명품 소비액이 2조 원에 이른다는 얘기다. 더욱이 해외여행과 명품 소비가 급증하는 추세라 앞으로 해외에서 구매해오는 명품은 훨씬 더 많아질 것으로 예상된다.

소비자의 판타지를 자극하라

신데렐라를 꿈꾸지 않는 사람이 있을까? 아니면 신데렐라의 환상을 경험하고도 전혀 부러워하거나 동경하지 않을 사람이 있을까? 명품 소비는 판타지의 자극이다. 지위상승의 로망을 부추기고 과시적 욕구를 해소하는 카타르시스를 안겨주기 때문이다.

이제 마케팅은 소비자의 신데렐라 꿈을 이뤄주는 로망을 부추겨야 한다. 그것이 소비자를 위한 일이자 기업을 위한 최선이기 때문이다.

불평등도 전략이다

자본주의 환경에서 인간은 경제적, 사회적으로 불평등하다. 더욱이 일부러 차등하고 차별해 특권층만의 화려하고 비싼 소비문화를 부러워하도록 만드는 것이 마케팅의 시작이다. 부러움과 시기, 질투 욕구를 자극하는 것이 결국 레벨업의 강력한 욕구로 이어져 소비를 촉진하기 때문이다.

또한 소비의 양극화는 마케팅의 양극화로 이어진다. 고가 마케팅은 탐욕과 허영, 특권의식, 사회적 지위를 부추기는 것이 주된 접근이며 소비가 곧 지위를 얻는 수단임을 설파한다. 그런 의미에서 현실의 신데렐라 마법은 돈이 일으킨다. 돈이 마법과 환상을 현실로 이뤄낼 수 있는 것이다. 사실 과시적 소비는 소비자에게 카타르시스를 주고 더욱 과시적인 소비문화에 중독되도록 만든다. 따라서 돈만 왕창 쓰면 누구나 신데렐라가 되는 환상을 부추기는 마케팅은 계속 인기를 누릴 것이다.

신데델라의 무한 복제와 무한 확산

이제는 성과 연령을 초월해 과시적 소비를 확산시켜야 한다. 실제로 2, 30대 일부 여성에게 국한되었던 명품에 대한 집착은 4, 50대를 거쳐 10대 청소년에게까지 확산되고 있다. 여기에 더해 남성의 명품 집착도 커지고 있다. 아직 여성에 비해 상대적으로 적을 뿐, 절대적 기준으로 보면 상당히 증가했다. 그러므로 어린 신데렐라, 나이 든 신데렐라, 남자 신데렐라도 소홀히 해서는 안 된다. 모든 소비자가 신데델라가 되고 있기 때문이다.

소비자가 똑똑해지고 이성적 경향이 강해지면 그들은 신데렐라 허상을 인식하고 소비 대상을 상품이 아닌 문화와 예술로 옮기게 된다. 기업은 이러한 변화를 놓쳐서는 안 된다. 이는 과시적 소비 자체가 사라지는 것이 아니라 과시적 소비의 대상이 문화와 예술의 옷을 입는 것이기 때문이다. 과시적 소비가 아트 마케팅, 문화 마케팅 등과 자연스럽게 결합해야 할 이유가 바로 여기에 있다.

모두가 VIP가 될 수 있는 백화점

누구든 VIP의 경험을 한번쯤 누리게 하라. 한번 맛본 달콤함은 절대 잊지 못한다. 그리고 그 달콤함을 다시 맛보려고 어떻게 해서든 진짜 VIP가 되려 하거나 과시적 소비에 동참하게 될 것이다. 물론 현재의 모든 고객이 VIP는 아니지만 그들이 스스로 VIP처럼 느끼도록 하는 것은 중요하다.

신세계백화점은 백화점 영업이 끝난 후 특정 고객을 초청해 저녁 식사와 간단한 음악회 등을 제공하고 남성의류 및 여성 잡화 매장에서 쇼핑할 수 있는 기회를 주는 '나이트초대회' 행사를 정기적으로 열고 있다. 롯데백화점 에비뉴엘도 연중 2~3회 VIP를 대상으로 한 '나이트파티'를 열어 왔는데, 이제는 일반 고객에게도 늦은 시간까지 매장에서 쇼핑할 수 있는 기회를 주고 있다. 과거엔 주로 VIP를 위한 행사였지만 요즘은 일반 고객으로 확대하고 있는 것이다.

하지만 여기에 오는 일반 고객은 스스로 VIP 대접을 받는다는 인식에 젖는다. 원래 VIP를 위한 행사였기 때문에 초대받은 일반 고객은 VIP에 걸맞은 소비를 하고 싶은 마음에 평소보다 더 과시적인 소비를 하게 되는 것이다.

이렇게 일반 고객을 VIP로 대접하다 보니 기존의 VIP는 한 단계 더 높여 VVIP로 불린다. 더불어 고가 명품 수준을 능가하는 초고가 명품도 나오고 있다. 상위층이 더욱 비싼 명품에 접근하도록 만들면서 그들의 소비수준을 따라잡으려는 중산층의 접근을 차단해 그들만의 고유 영역을 지켜주려는 것이다.

신흥시장에도 신데렐라가 살고 있다

신흥시장의 가장 큰 매력은 무엇보다 잠재 소비력이 엄청나다는 점이다. 이 때문에 저가 시장이 급성장하고 있으며 시장규모와 더불어 소비문화가 확산되고 있다. 그러나 이 시장을 단순히 저가 시장으로만 인식해서는 곤란하다. 인구가 워낙 많아 극소수의 상위 비율도 웬만한 선진국의 고가 소비층에 맞먹기 때문이다.

가장 대표적인 곳이 바로 중국이다. 현재 중국 내 인구의 1퍼센트인 1,500만 명 정도가 패션 명품 소비 시장의 주요 소비층이다. 워낙 인구가 많은 탓에 비율은 낮지만 물리적 소비자는 엄청나다. 중국은 1978년 이래 매년 약 10퍼센트의 경제성장을 이루면서 엄청난 수의 백만장자를 양산했고, 2010년에는 패션 명품을 구입할 수 있는 잠재 구매계층이 무려 2억 5천만 명에 이를 것이라는 전망도 있다.

이를 입증하듯 루이비통, 페라가모, 크리스찬디올 등 세계적인 패션 명품 브랜드가 베이징과 상하이를 중심으로 대거 진출해 있다. 중국은 저가 시장과 함께 고가 시장도 동시에 급성장하고 있으며 글로벌 기업의 최고 마케팅 격전지가 되고 있다.

이처럼 신흥시장에도 신데렐라를 꿈꾸는 사람은 무수히 많고 과시적 소비를 위해 지갑을 열 수 있는 이들도 점점 늘고 있다.

나는 소비한다, 고로 존재한다

모든 것이 소비의 대상

과거에는 생산을 하니까 소비를 했다면 이젠 소비를 하기에 생산을 한다. 즉, 과거에는 필요에 따른 소비가 주를 이뤘지만 이제는 욕구에 따른 소비가 주를 이루고 있다. 필요와 상관없이 갖고 싶은 욕구만으로도 소비를 하고, 갖고 싶은 욕구의 중심에는 남보다 우위에 서고 싶은 과시적 욕구가 자리하고 있다.

사실 과거에는 생산에 비해 소비는 부차적인 것이었다. 그러나 오늘날의 소비는 과거와 위상이 다르다. 현대를 소비사회라 부르는 이유는 모든 것이 상품이 되고 또한 소비의 대상이 되기 때문이다. 오늘날 상품은 더 이상 물건이 아니라 타인과의 차이를 나타내는 신분기호로써 작용한다. 즉, 사용 가치보다 남과 다르게 보이고 싶다는 욕망이 소비의 원동력이 되고 있는 것이다.

럭셔리 제너레이션의 등장

명품 소비를 통해 자아의 정체성을 찾는 세대를 럭셔리 제너레이션 Luxury Generation이라고 한다. 이들은 고가의 수입 정장이나 가방, 구두, 액세서리 등 명품 소비의 일상화에서 자신의 정체성을 찾는다. 본래는 명품 소비를 통해 귀족과 부유층의 소비 행태를 모방하는 고소득 여피족을 일컫는데, 한국에서는 명품 소비력이 높아진 20대 여대생도 상당수 포함된다.

이들의 특징은 진짜와 가짜를 구분할 수 있는 정보가 인터넷사이트 등을 통해 활발하게 공유되고 있기 때문에 중고를 쓰더라도 절대 가짜는 사용하지 않는다는 것이다.

명품 싫어하는 사람은 손들어!

명품이 비싸서 싫다고? 위화감을 조성해서 싫다고? 어쩌면 그것은 명품을 가질 수 없는 사람들이 하는 말일지도 모른다. 맘껏 가질 기회를 준다면 과연 거부할 사람이 얼마나 있을까? 실제로 갖지 못할 것을 포기하면서 명품에 대해 부정적 인식을 갖는 경우도 많다. 된장녀 논쟁도 결국은 배 아픔 문화의 연장선에 있다고 해도 과언이 아니다.

남의 소비에 관여하는 이유는 무엇인가? 소비가 사회적 지위임을 인정하지 않는다면 굳이 관여하지도 않을 것이다. 남의 소비에 관여한다는 것, 된장녀라 비하한다는 것은 과시적 소비가 사회적 지위를 만들어낸다는 것을 인정하는 셈이다. 또한 자신은 그렇게 하지 못하기에 애써 부정하고 싶고 비하하고 싶은 것은 아닐까?

명품은 로망이자 판타지이다. 그것을 과감히 버린다는 것은 니즈에 의한 소비만 한다는 의미이자 소비 욕구와 소비문화를 초탈할 수 있음을 뜻한다. 하지만 우리는 니즈가 아닌 원츠에 의한 소비를 끊임없이 바라고 쉼 없이 소비 욕구를 분출한다. 소비가 놀이이자 취미가 되고 있음을 부정하지 못하고 있는 것이다.

한국은 신데렐라의 천국: 떠오르는 과시적 소비 시장

명품에 대한 사회적 인식은 18세기 영국에서부터 본격화되었다. 산업화로 인해 활발한 계층간 이동이 생기면서 사회적 지위에 대한 표현 수단의 하나로 명품 소유가 부각된 것이다. 명장이 만든 귀한 제품, 즉 명품의 상징적 가치를 상류층을 표시하는 수단으로 활용했던 셈이다. 산업화 이전의 강력한 계급구조가 자본주의 태동으로 서서히 와해되고, 새롭게 떠오른 산업 자본 수혜자나 기존의 권력자들이 새로운 계급의 표식으로 삼은 것이 바로 명품을 통한 과시적 소비였던 것이다.

이러한 명품 소비와 과시적 소비는 경제적 논리가 아닌 사회적 논리에서 출발한다. 그러므로 이에 대한 마케팅 접근도 경제적 사고가 아닌 사회적, 심리적 사고에 집중할 필요가 있다.

한국에서 명품에 대한 인식이 본격화된 것은 1980년대 중반부터였고, 이것이 시장으로써 크게 성장한 것은 1990년대 중후반부터였다. 경제성장이 본격화되고 소득수준이 높아진 시점에 과시적 소비가 활성화된 것이다. 이제 한국의 소비수준은 선진국 수준이며 소득 대비 소비수준은 세계 최고이다. 한국 시장은 과시적 소비성향이 강한 시장 중 하나라는 얘기다. 그러므로 한국 시장을 향한 마케팅에서 지위상승 욕구를 활용한 과시적 소비 창출은 필수적이다.

명품 인플레이션을 경계하라

이제 명품이라는 말은 아주 흔해졌다. 주로 의류와 잡화, 보석류에만 쓰이던 것이 고가 상품으로 두루 확산되었고 이제는 명품 실버보험, 명품 펀드, 명품 유기농 농산물, 명품 도시, 명품 아파트 등 가히 남용이라 할 정도로 명품 투성이다.

명품에 대한 사회적 수요가 커지다 보니 명품을 가장한 허위와 과장 광고도 난무한다. 이름만 명품인 것도 많고 명품 사기 사건도 빈번하게 발생하고 있는데, 이로 인해 명품의 가치가 추락할 위험도 있다. 짝퉁처럼 무늬만 명품인 명품 남용 브랜드는 결국 지위상승 욕구가 있는 과시적 소비자에게 외면받을 수 있고 심지어 명품 소비문화를 위축시킬 수도 있다. 모두의 책임은 어느 누구의 책임도 아니고 모두의 기회는 어느 누구의 기회도 아니듯, 모든 것이 명품이면 어느 것도 명품이 아닐 수 있는 것이다.

명품의 사회·경제적 의미

비싸야 더 잘 팔린다

경제적 논리로 볼 때 값이 싸면 잘 팔려야 마땅하다. 그런데 명품 소비에서는 더 비싸야 잘 팔리기 때문에 경제학적 상식 파괴가 이뤄진다. 잘 팔리지 않던 신상품 가격표에 0을 하나 더 붙이자 날개 돋친 듯 팔렸다는 얘기를 들은 적이 있다. 실제로 우리는 같은 물건임에도 가격에 0이 하나 더 붙으면 더 좋은 물건인 것처럼 여기는 착시현상에 빠지기도 한다.

왜 비싼 것이 더 잘 팔리는 것일까? 미국의 경제학자이자 사회학자인 소스타인 베블런^{Thor tein Veblen}은 1900년을 전후한 미국의 과소비 행태를 비판하며, 과시적 소비는 경제학적 소비가 아니라 사회학적 소비이기 때문에 제품 값이 오를수록 수요가 더 늘어난다고 지적한 바 있다. 이에 따라 비쌀수록 과시적 소비 상품을 사겠다는 사람이 많아지는 것을 두고 베블런 효과라고 한다. 그리고 베블런 효과는 시대나 소비문화를 초월해 계속되고 있다. 아마도 우리에게 과시적 욕망이 사라지지 않는 한 혹은 우월적 지위를 통해 계급적 우위를 드러내고픈 욕망이 사라지지 않는 한 영원히 지속될 것이다.

본래 명품은 '좋은 품질의 상품'을 말하지만, 자본주의적 의미의 명품은 비싸고 한정된 소수의 계층만 소비할 수 있는 상품을 뜻한다. 따라서 명품 소비는 경제적 의미로만 해석할 수 없는, 즉 사회적 의미를 크게 담고 있는 사회문화 현상이라고 할 수 있다. 더불어 심리적 현상이기도 하며 마케팅에서 가장 유혹적인 코드이기도 하다.

기호의 소비: 상품이 아닌 이미지를 산다

명품 소비는 자신의 사회적 지위를 이미지로 드러내기 위한 수단이다. 즉, 사회적 소비의 의미로써 명품을 소비하는 것이다. 장 보드리야르^{Jean Baudrillard}는 자신의 저서 《소비의 사회》에서 현대사회를 소비사회로 규정하고 소비사회에서의 상품은 이미지와 기호로 가치가 결정된다고 주장했다. 소비자가 상품의 질이나 내용을 보고 사는 것이 아니라 브랜드를 보고 산다는 얘기다.

실제로 소비자는 유명 브랜드일수록 가치가 높다고 생각하고 그에 상응하는 가격을 지불한다. 반대로 아무리 좋은 물건이라도 무명 브랜드이면 가치가 낮다고 생각하고 저가격이 아니면 소비할 의지를 보이지 않는다. 브랜드만 떼놓고 보면 같은 가치를 가질 수 있을지라도 브랜드에 따라 가치와 가격이 달라지는 것이다.

예를 들어 루이비통이 자사 브랜드로 가방을 만들 때와 임으로 만든 브랜드로 가방을 만들 때 가방의 가치와 가격은 큰 차이를 보일 수밖에 없다. 분명 상품의 내용 측면에서는 같은 품질의 가방이지만, 상품의 사회적 가치 측면에서는 전혀 다른 가방인 것이다.

언젠가 국내의 가방 제조업자가 사업에 실패한 후 자신의 능력을 발휘해 최고 수준의 짝퉁 가방을 만들다 구속되는 일이 있었다. 그런데 가방을 어찌나 잘 만들었던지 진품 가방회사의 전문가들조차 진품과 가품을 구분해내지 못할 정도였다고 한다. 짝퉁업자들은 모두 그에게 일을 맡기려 했고 그의 명성은 세계적으로도 알려져 명품 가방회사들의 블랙리스트에 올라갈 정도였다.

분명 그는 최고의 가방을 만들 수 있었지만 브랜드를 갖지 못해 짝퉁을 만들다 범죄자가 된 것이다. 기술로만 보자면 명품급이지만 그의 가방은 결코 명품이 될 수 없었다. 이는 소비자가 가방이라는 물리적 상품을 소비하는 것이 아니라, 가방 브랜드가 만들어내는 이미지와 사회적 지위를 소비하기 때문에 생긴 아이러니이다.

소비와 계급: 계급주의의 전통을 소비에서 유지하다

대다수의 사람이 현대를 계급사회라고 생각하지 않지만 안타깝게도 계급은 오늘날에도 존재한다. 끊임없이 무리를 짓거나 구분하는 인간의 본능적 성향을 보면 계급이 필연적이라는 생각도 든다. 물론 계급의 공식적인 분화는 사라졌다. 그러나 은근한 계급문화는 여전히 존재한다. 그 분화의 기준은 돈이며 외형적 형태는 소비로써 구분된다. 누가 더 비싸고 귀한 것을 소비하느냐에 따라 사회적 지위가 구분된다고 해도 과언이 아닌 것이다.

자신의 지위를 명찰처럼 착용하고 다니는 사람은 없다. 하지만 입은 옷, 타는 차, 들고 다니는 소품이나 보석 등을 통한 이미지로 지위를 구분할 수는 있다. 결국 과시적 소비는 취향의 문제가 아니라 사회적 계급문화가 만들어내는 소비 코드라고 할 수 있다. 소비는 단순히 물건을 사는 것이 아니라 자신의 정체성 표현이자 자신이 속한 집단의 정체성도 표현하는 것이다. 나아가 자신의 사회적 지위와 자신이 원하는 지위로의 상승을 이끌어내는 것이기도 하다.

명품을 구매하고 싶지만 돈이 없는 사람은 보통 대중적 명품이라 할 수 있는 매스티지 제품을 통해 욕구를 부분적으로 충족시키거나 모조품으로 욕구를 해소한다. 이는 둘 다 소비를 통한 사회적 지위 과시를 위한 방법이자 명품 소비에 대한 대체적 수단이다.

신데렐라를 사로잡는 7가지 유혹 코드

1. 우월감으로 유혹하라

아무리 부정하고 싶어도 현실 속에서는 소비수준으로 사회적 계급이 분화된다. 마케팅에서는 바로 이러한 양극화를 이용한다. 즉, 상단에 있는 계층만 공략해 더욱 높은 상단을 지향하도록 유도하는 것이다. 그러면 하층은 자연스럽게 상향 지향적 소비관을 갖게 되고, 그들의 동경이 상위 계층의 과시적 소비를 더욱 만족스럽게 해준다.

이때 물건값을 비싸게 해서 아무나 쉽게 사지 못하도록 해야 과시적 소비자에게 강한 유혹이 될 수 있다. 아이러니하게도 양극화는 고통스런 현실이지만, 과시적 소비자에게는 즐길 수 있는 대상이기도 하다. 물론 마케팅에서는 그러한 우월감을 더욱 극대화시키는 것이 소비자를 유혹하는 무기가 된다.

2. 제품이 아닌 아우라를 팔아라

이미지와 아우라로 유혹하는 것은 지위상승 욕구를 부추기는 마케팅의 가장 기본적인 코드이다. 이성적 소비가 아닌 감성적 소비, 즉 니즈에 의한 소비가 아닌 원츠에 의한 소비를 유도하기 위해서는 사회적 지위상승과 과시에 대한 아우라를 이미지와 기호로써 제공해야 한다. 브랜드와 광고, 디자인을 통해 매력적인 아우라를 계속 생산해내야 하는 것이다.

소비자의 차가운 머리가 아니라 뜨거운 심장을 더욱 안달나게 만들고, 욕구의 카타르시스를 느끼게 해주는 것은 텍스트가 아니라 이미지이다. 그리고 소비자는 제품이 아닌 이미지가 풍기는 아우라를 소비한다.

신데렐라는 과시적 소비를 위해 다른 소비를 줄일 수도 있다. 이른바 과시적 소비를 위해서는 트레이딩 업하고 그 외의 실용적 소비를 위해서는 트레이딩 다운하는 것이다. 여유 있는 사람들만 과시적 소비를 하는 게 아니라 한정된 돈으로 선택과 집중을 통해 과시적 소비를 하는 경우도 있다. 대신 다른 소비를 급격히 줄여 돈의 균형을 맞춘다.

3. 신데렐라를 보호하라 : 된장녀 사수 작전

고객을 보호하는 것은 기업의 당연한 의무이자 책임이다. 따라서 명품이나 과시적 소비가 사회적 죄악이나 공공의 지탄거리가 되도록 놔둬서는 안 된다. 속으로는 누구나 명품과 과시적 소비에 대한 욕구가 있으면서도 겉으로 눈치보고 위축된다면 결국 손해 보는 쪽은 기업이다.

예를 들어 된장녀 논쟁에서 기업은 된장녀를 보호하는 여론을 만들어내야 한다. 된장녀로 호도되는 그녀들이 신데렐라이자 과시적 소비자이기 때문이다. 따라서 지위상승 욕구를 통해 마케팅 효과를 거두고자 한다면 이들을 보호해 이들이 명품을 소비할 때 불필요한 죄의식이나 사회적 시선에 신경 쓰지 않도록 도와줘야 한다.

허영심과 사치, 과시적 소비를 정당화할 스토리텔링을 만들어라. 그렇지 않으면 과시적 소비자는 하나둘 이탈하게 된다. 거듭 강조하지만 과시적 소비는 경제적 이유가 아닌 사회적 이유에서 출발한다. 실용적 소비, 경제적 이유가 있는 소비가 아니기에 사회적 시선과 심리적 변화는 소비 이탈의 최대 위험요소이다.

4. 차별화하라 : 로고를 버리고 개성을 입혀라

그토록 갖고 싶었던 명품도 남들이 모두 갖고 있으면 갑자기 흥미를 잃고 만다. 비싸게 구입한 명품 원피스를 입고 나갔다가 같은 옷을 입은 다른 사람을 만나면 자신이 산 옷에 대한 만족감이 갑자기 떨어지는 것이다. 따라서 명품은 비싸기만 한 것이 아니라 나만의 것, 나만의 차별화를 유지하도록 해줘야 한다. 너무 흔해지면 곤란하지 않은가?

이것을 잘 알고 있는 명품 브랜드는 로고나 디자인을 없애는 방법으로 새로운 차별화를 시도하기도 한다. 명품 소비가 일반인에게까지 확산되면서 진짜 명품을 소비하던 상위 소비자는 그들과의 차별화를 위해 브랜드 로고를 내세우지 않고 디자인을 독특하게 만든 노노스 경향으로 이어지기도 한다.

> **• 노노스**
>
> '노 로고 노 디자인(No Logo No Design)'의 줄임말로 2003년 프랑스의 패션 정보회사 넬리 로디에가 처음 사용하면서 정착된 말이다.

5. 리미티드 에디션 Limited edition : 희소가치에 열광하는 소비자

한정품으로 만들어 사고 싶어도 쉽게 사지 못하도록 하는 것은 과시적 소비자에게 강한 유혹이 된다. 한정품을 살 수 있는 것 자체가 특권이자 권력이고 자신의 지위를 상징하기 때문이다. 명품 중에서도 한정품은 그 가치는 말할 것도 없고 인기가 아주 높아 나오기

> **• 리미티드 에디션 Limited edition**
>
> 출판부수를 한정하여 간행하는 책자라는 의미로 원래 출판에서 사용되던 용어였지만, 판화나 사진 같은 예술작품이나 고가 명품에서도 사용한다. 리미티드 에디션은 수량을 정해 놓은 한정품으로 제품 자체의 가치에 희소가치가 덧붙여진다.

가 무섭게 팔려 나간다. 돈이 있어도 못 사는 것이고 극소수의 선택 받은 사람들만 가질 수 있기에 더욱 열광할 수밖에 없다. 이에 따라 몇몇 명품 브랜드는 정해진 숫자만큼 만들어내는 한정품을 생산하는 것은 물론 고객만의 고유한 요구에 따라 주문 제작하는 맞춤서비스도 제공한다.

대개 핸드백이나 구두 등에서 주문제작 수제품이 많은데 대표적인 것이 구찌의 핸드백인 재키백이다. 이는 고객이 37가지 색상, 6가지 가죽, 3가지 금속장식 중 하나씩 골라 자신만의 디자인으로 주문 제작할 수 있고 제품에는 고유번호와 고객 이름의 이니셜을 새겨 주어 세상에 하나밖에 없는 특별한 한정품으로 가치를 부여한다.

6. 매스티지: 대중명품으로 유혹하라

매스티지 Masstige 는 엄밀히 말해 명품은 아니며 준명품에 해당된다. 이러한 제품은 일반 소비자에게 보다 쉽게 명품에 준하는 아우라를 가진 제품을 소비할 기회를 주어 과시적 소비에 동참하게 만든다. 한편으로 명품 소비문화 확산을 위해 일종의 계단 효과로 매스티지를 만들어내기도 한다. 일반 소비자가 명품 소비까지의 간극이 너무 커 엄두를 못 내기 때문에 중간에 매스티지 단계를 둬서 과시적 소비 욕구에 친숙하도록 하는 것이다. 매스티지를 사용하던 사람은 보다 쉽게 고가 명품에 대한 소비

● 매스티지 Masstige

매스티지는 대중(Mass)과 명품 (Prestige product)을 결합해서 만든 신조어이다. 마이클 실버타인이 〈하버드비즈니스리뷰〉 2003년 4월호에 소개한 뒤 합리적인 가격으로 명품을 대중화시키는 상품이나 중산층이 접근할 수 있는 합리적 수준의 과시적 소비를 지칭하고 있다.

욕구를 갖게 된다.

때로 매스티지는 명품에 타격을 주기도 한다. 물론 초고가 명품은 타격을 받지 않겠지만 우리가 익숙히 알만한 명품 브랜드는 매출에 영향을 받는다. 이에 따라 기존의 명품 브랜드도 자사의 매스티지 브랜드를 만들기도 한다. 예를 들어 프라다는 가격대가 30퍼센트 낮은 매스티지 브랜드로 미우미우를 만들고 있다. 이밖에 아르마니, 마크 제이콥스 등도 가격대가 조금 낮은 하위의 세컨드 브랜드를 갖고 있다.

결국 매스티지는 과시적 소비문화를 확산시키는 것은 물론 기존 명품 브랜드의 새로운 경쟁자이자 사업기회인 것이다.

7. 짝퉁과의 전쟁: 진짜를 더 진짜답게 만들어라

명품 브랜드는 과시적 소비자에게 상위그룹의 일원이 된 듯한 이미지를 표시하는 장치가 된다. 그러다 보니 싼 값으로 브랜드의 외형적 이미지만 차용하려는 짝퉁 소비가 늘고 있다. 얼핏 보면 외형적으로 쉽게 구분이 되지 않기에 모조품으로도 진짜처럼 행세할 수는 있다. 진품의 이미지를 베낀 모조품도 상황에 따라 진품이 가진 과시적 아우라를 내뿜을 수 있는 것이다. 이로 인해 진짜와 가짜의 경계가 무너지고 이른바 진짜보다 더 진짜 같은 시뮬라크르 Simulacre 가 등장하게 된다.

그런데 진짜 상위그룹은 오히려 브

> **· 시뮬라크르** Simulacra
>
> 장 보드리야르(Jean Baudrillard)의 시뮬라시옹 이론에서, 실재가 실재가 아닌 파생실재로 전환되는 작업이 시뮬라시옹(Simulation)이고 모든 실재의 인위적인 대체물을 시뮬라크르(Simulacre)라고 부른다.

랜드를 감추는 것에서 또 다른 차별화를 하고 있다. 명품 소비자 내에서도 계급 분화를 꾀하는 셈이다. 이는 명품 소비를 통해 외형적 지위상승을 노리는 이들의 소비와 실질적 지위상승을 이룬 이들의 소비 구분을 통해 더욱 과시의 차별화를 이루기 위함이다.

한편 모조품은 과시적 소비자에게 허탈감을 안겨주는 최대의 적이다. 따라서 과시적 소비자의 소비 만족도와 과시적 로망을 유지하기 위해서라도 모조품을 없애는 것은 물론 모조품이 흉내 내지 못하도록 만들어야 한다.

실용적 소비에서 과시적 욕구로의 진화

지위상승을 바라는 신데렐라와 더불어 과시적 소비에 접근할 고자산을 구축하거나 고소득을 올리는 사람은 계속 증가할 것이다. 마케팅적 관점에서 이것은 기회이다. 욕구는 불변이고 돈은 더 많아지는 것이니 이보다 더 좋은 기회가 어디 있겠는가? 여기에 더해 자신만의 고유한 아이덴티티를 이미지를 통해 표현하고자 하는 이들도, 과시적 소비의 유혹에 빠지는 사람도 늘어날 것이다.

욕구를 토대로 하는 마케팅은 아주 강력하며 오랫동안 영향력을 갖게 된다. 따라서 과시적 소비를 통해 지위상승 욕구를 채워주는 전략은 강력한 마케팅 코드라고 할 수 있다.

2007년 상반기에 나온 세계적 투자 은행 메릴린치 Merrill Lynch 와 캡제미니 Capgemini 의 보고서에 따르면 전 세계에서 금융자산이 1백만 달러 이상인 백만장자가 950만 명에 이른다고 한다. 이들은 세계 총인구의 0.14퍼센트밖에 되지 않지만 이들이 소유한 부는 전 세계 부의 25퍼센트에 이른다. 이들은 최고의 상류계급으로 매년 숫자가 늘고 있다.

2005년 말 기준으로 한국의 금융자산 백만장자는 8만 6,700명 정도인데 이는 전년대비 21.3퍼센트 증가한 수치다. 특히 2006년과 2007년의 주식시장이 활황이었으므로 금융자산 백만장자의 수는 급격히 증가했을 것으로 추정된다.

지난 10년간 세계경제의 성장세로 부유층의 숫자는 2배 늘고 소득수준도 급격히 높아졌다. 물론 명품 시장도 그에 준하는 비율로 성장했다. 사실 돈이 많아질수록 소비성향은 실용적 소비에서 과시적 소비로 전환될 가능성이 크다. 이는 지위상승 욕구를 활용한 마케팅의 유효성이 여전하다는 것을 의미한다.

럭셔리 마케팅, 귀족 마케팅, VIP 마케팅, VVIP 마케팅 등 명칭은 달라도 마케팅 전략과 지향점은 결국 같다. 과시적 소비 마케팅은 전방위적으로 확산되고 있는 것이다. 더불어 과시적 소비 욕구를 표출할 여건을 가진 소비자가 확대되고 있다.

물론 과시적 소비 마케팅에는 위험요소도 존재한다. 과시적 소비 욕구를 창출하려면 브랜드 강화와 프로모션 등 마케팅 비용의 상승을 감수해야 한다. 비용상승은 기업에게 부담이 될 수 있고 그 부담은 가격상승으로 메워나갈 수밖에 없다.

또한 명품 중독증에서 벗어나자는 소비자운동도 위험요소이다. 명품 브랜드는 이러한 지탄과 부정적 관점으로부터 기업을 보호하는 동시에 고가 제품을 구매하는 소비자도 보호해야 한다. 이에 대한 보호 장치나 방안을 모색하지 않으면 심각한 위기에 직면할 수도 있다. 신데렐라 로망이 무너지면 결국 손해는 소비자가 아니라 기업이 입게 된다.

과시적 소비가 주는 위화감 조성과 과소비 등의 사회적 폐해를 견제하자는 소비자 자각과 함께 소비의 사회적 역할을 강조하는 도덕적 소비경향도 위험요소이다. 소비자운동이나 도덕적 소비성향이 결국 과시적 소비에 타격을 줘 소비를 위축시킬 수 있기 때문이다. 소비자가 도덕적 소비의 틀에 스스로를 가두면 기업은 마케팅 활동에 커다란 제약을 받게 된다.

아울러 명품을 통한 과시적 소비에서 개성과 차별화를 통한 과시적 소비로의 경향성 전환도 위험요소이다. 비싼 명품이 아닌 자신만의 독특한 것을 추구하거나 물질이 아닌 문화적 소유 혹은 사회적 기부 같은 가치 있는 활동으로 자신의 정체성과 존재감을 확인하려는 문화가 확산되면, 더 이상 소비를 통해 지위상승이나 과시를 하지 않을 수도 있기 때문이다.

당신도 신데렐라가 될 수 있다

● Key Point

신데렐라는 모든 여성의 로망이자 판타지이다. 그리고 과시적 소비는 남녀노소를 막론하고 모든 사람의 사회적 욕구의 표출이다. 욕구를 토대로 한 마케팅은 아주 강력하며 오랫동안 영향력을 미치므로 과시적 소비를 통해 지위상승 욕구를 채워주는 전략은 강력한 마케팅 코드이다.

● Think About

① 여러분의 과시적 소비 욕구는 어느 정도라고 생각하는가? 욕구가 높든 낮든 그 이유는 무엇인가? 어떤 환경이 주어지거나 동기부여가 되면 과시적 소비 욕구가 지금보다 훨씬 높아질 것이라고 생각하는가?

② 된장녀, 신데렐라 등 지위상승 욕구를 과시적 소비로 소화하는 이들은 어떻게 보호해야 할까? 이들을 사회적으로 보호하고 지지하기 위한 스토리텔링을 만들어보라. 그것을 기반으로 광고 캠페인이나 이벤트 프로모션 혹은 언론 홍보 등의 실행 전략을 모색해보자.

③ 과시적 소비와 디자인 마케팅, 아트 마케팅의 상호관계를 생각해보라. 디자인 마케팅과 아트 마케팅이 과시적 소비를 부추기는 마케팅 실행에서 어떤 요소로 작용할 것이라고 생각하는가?

07

착한 소비자의 권력 **도덕적 소비**

Ethical Consumption

• • •

영국 소비자는 적어도 다섯 잔 중 한 잔은
페어 트레이드 커피를 마신다.
이미 그들은 커피 맛과 향을 즐기기만 하는 게 아니라
커피의 도덕적 아우라까지도 소비하는 것이다.

커피의 진화 : 거역할 수 없는 도도한 물결

첫 번째 커피, 공정무역 커피

국제 빈민구호기구 옥스팜OXFAM 의
보고서에 따르면 2001~2002년에 영
국의 소비자가 우간다산 커피에 지불
한 돈 가운데 우간다의 커피 재배 농
민에게 돌아간 몫은 0.5퍼센트에 불과
했다고 한다. 즉, 커피 제조기업이나
도매 무역업자가 우간다 농민에게 커
피콩을 판매가의 0.5퍼센트에 불과한

> ● **옥스팜**OXFAM
>
> 옥스팜(Oxford Committee for Fa-
> mine Relief)은 1942년 영국에서
> 결성된 국제적인 빈민구호 기구
> 로, 대안무역과 공정무역에 대한
> 활동을 비롯해 도덕적 소비운동
> 을 주도적으로 벌이고 있다. 빈
> 민구호의 일환으로 도덕적 소비
> 에 접근하고 있다.

헐값으로 사들였던 것이다. 커피에서 가장 중요한 것이 커피콩인데
농민이 가져가는 이익은 겨우 0.5퍼센트이고 나머지 99.5퍼센트는
유통과정에 참여한 도매 무역업자와 커피 제조기업이 가져간다. 주
객전도도 이 정도면 너무 심한 것이 아닐까? 만약 커피콩을 사들일
때 페어 트레이드Fair Trade (공정무역)에 입각해 농민에게 좀더 높은 값
을 지불한다면 그들은 극심한 빈곤에서 벗어날 수 있을 것이다.

페어 트레이드 운동이 탄생하게 된 배경에는 커피 농민의 가난이 있다. 커피콩 값은 폭락하는데도 소비자가 사먹는 커피 값은 오히려 오르고, 물가는 오르는데 커피콩 값은 하락하는 등 불공정무역이 불러일으킨 폐해에 대한 자각에서 페어 트레이드 운동이 시작된 것이다. 진한 향기가 나는 검은 음료 속에 착취당하는 커피 농민, 불공정무역으로 가난에 신음하는 그들의 시름이 담겨 있었던 셈이다. 아마도 이제부터는 커피를 마실 때마다 이 얘기가 떠오를 것이다.

아프리카, 동남아시아, 남아메리카 등 제3세계 농민이나 노동자가 극심한 빈곤에 시달리는 이유 중 하나가 그들의 생산물을 헐값으로 구매하는 불공정하고 비도덕적인 무역관행 때문이라는 것을 알고도 화가 나지 않는 소비자가 있을까?

두 번째 커피 : 굴복한 커피

2005년 세계 최대 식품업체인 네슬레가 '네스카페 파트너스 블렌드'라는 인스턴트커피 신상품을 선보였다. 그것은 특별한 명품 커피도 아니고 새로운 맛을 가진 것도, 새로운 공법으로 가공한 것도 아니다. 하지만 한 가지가 특별했다. 인스턴트커피 깡통에 페어 트레이드에 의해 생산, 구입되었음을 나타내는 설명문과 표식이 있었던 것이다. 페어 트레이드를 주창하는 소비자운동 단체의 끈질긴 압력에도 페어 트레이드에 동참하기를 거부하던 네슬레가 드디어 굴복했다는 얘기다.

원래 페어 트레이드 운동은 커피 원두의 왜곡된 유통을 바로잡으려는 데서 출발했기 때문에 세계적인 커피 브랜드가 이 운동에 동참했다는 것은 시사하는 바가 크다. 1997년 이후 세계 커피 원두가격은 70퍼센트 이상 폭락해서 생산비용도 나오지 않을 상황에 이르렀다. 그럼에도 커피 값은 내리기는커녕 오히려 올라가기만 했다. 이는 커피 생산 농민에 대한 착취가 커피 기업의 막대한 수익으로 이어졌음을 의미한다.

참고로 스타벅스는 2000년부터 페어 트레이드 커피를 일부 판매하기 시작했고, 2004년에는 전체 커피의 30퍼센트를 페어 트레이드로 거래했음을 밝히면서 페어 트레이드 운동에 보다 적극적으로 동참하기 시작했다. 브랜드 커피의 대명사인 스타벅스는 기업의 이미지 전략을 위해 페어 트레이드 동참을 결정함으로써 도덕적인 소비자들의 도전을 잘 받아넘긴 것이다. 정크푸드의 대명사로 각인되고 있는 맥도날드에서도 2005년부터 페어 트레이드 인증을 받은 원두 커피를 선보이고 있다.

때로는 페어 트레이드 동참이 부정적 인식을 받던 기업이 새로운 이미지를 만들어내는 수단이 되기도 한다. 이유야 어찌 되었든 페어 트레이드는 기업이 거부할 수 없는 대세이다. 이외에도 페어 트레이드로 대표되는 도덕적 소비에 굴복하는 기업이 점점 늘고 있는 중이다.

세 번째 커피: 도덕적인 커피의 시도

YMCA는 2005년 10월부터 동티모르 샤메 지역의 커피를 '동티모르 평화 커피'라는 브랜드로 전국의 60여 개 YMCA 지부와 녹색가게에서 판매하고 있는데, 생산비용을 뺀 수익 전액을 현지 커피 농

히말라야의 선물 홀빈*

가의 자립을 위해 쓰고 있다. 동티모르 평화 커피는 현지인의 경제적 자립 기반을 만들어주기 위한 시도로, 물고기가 아닌 낚시하는 법을 알려주는 것과 같은 접근이다.

아름다운재단은 2006년 8월부터 히말라야 산맥의 네팔 고산지대에 있는 굴미 Gulmi 와 아르가칸치 Argh-akhanch 지역에서 커피 원두를 수입해 '히말라야의 선물'이라는 브랜드로 판매하고 있다. 국제 유통가의 3배에 가까운 킬로그램당 3.45달러로 커피콩을 수입해 국내에서 로스팅을 거친 후, 아름다운가게와 생협 등에서 판매하고 있고 온라인의 아름다운 커피라는 사이트를 통해서도 팔고 있다. 가격은 커피 원가 중 커피콩의 비중을 높이고 생산과 유통에서의 이익을 줄였기 때문에 비싸게 사온 커피콩의 비용 부담을 소비자에게 안기지는 않는다. 더욱이 2007년부터 홈플러스의 전국 33개 점포에서 '히말라야의 선물'을 판매하게 된 것은 국내의 도덕적 소비문화에 중요한 사건이라고 할 수 있다. 페어 트레이드 상품이 상업 유통채널에 정상적으로 입성한 것이기 때문이다.

---

* 사진 출처 : 아름다운 커피(www.beautifulcoffee.com)

네 번째 커피: 주류가 된 도덕적 커피

영국에서 페어 트레이드 커피의 시장점유율은 1999년 1.5퍼센트에서 2004년 20퍼센트로 급격히 높아졌다. 영국 소비자는 적어도 다섯 잔 중 한 잔은 페어 트레이드 커피를 마시는 셈이다. 이미 영국 소비자의 상당수는 커피 맛과 향을 즐기기만 하는 게 아니라, 커피의 도덕적 아우라까지도 소비하고 있다. 페어 트레이드가 비주류 소비문화 운동에서 주류로 자리 잡은 셈이다.

이제 커피 시장에서 페어 트레이드는 부정하기 어려울 정도가 되었고, 페어 트레이드에 대한 커피 제조기업의 관심은 점점 높아지고 있다. 특히 영국에서는 오래 전부터 상업 유통채널인 대형할인 매장에서 커피뿐 아니라 수많은 종류의 페어 트레이드 상품을 판매해왔다.

도덕적 아우라를 팔아라

소비의 진화와 기업의 적응

실용적 소비, 과시적 소비에 이어 도덕적 소비는 소비의 새로운 범주로써 신념적 소비를 만들어냈다. 필요에 의한 실용적 소비, 욕구에 의한 과시적 소비를 거쳐 신념에 의한 도덕적 소비로 소비의 범주가 진화한 것이다. 이는 소비자의 내재적 진화의 영향도 있지만 기업이 동기부여를 유발시킨 측면이 크다. 기업이 처음부터 페어 트레이드를 비롯한 도덕적 소비에 조응했다면 굳이 소비자가 도덕적 소비를 권력으로 삼아 기업을 옥죄지는 않았을 것이기 때문이다. 기업의 원인 유발이 소비자 반응으로 이어지고 결국 기업이 이를 역이용해 새로운 소비 트렌드에 조응하는 시장을 만들어낸 셈이다.

소비행위의 권력화

도덕적 소비는 사람과 동물, 환경에 해를 끼치지 않고 만들어낸 물건을 적극적으로 사서 쓰는 것을 말한다. 도덕적 소비자는 아무리 값싸고 물건의 질이 좋을지라도 그 기업이 생산과정에서 노동자를 착취하거나 환경에 악영향을 미치거나 동물을 가혹하게 다루거나 유통과정에서 하청기업을 착취한다면 절대 사지 않는다. 반대로 물건은 다소 부실하고 불만스럽더라도 윤리적인 기업이라면 물건을 구매한다. 물건 자체가 아니라 그 기업의 사회적, 윤리적 기준을 검토하고 구매의사를 결정하는 것이다.

소비자가 소비행위를 권력화해 기업이 지켜야 할 사회적, 윤리적 기준을 요구하는 것을 도덕적 소비, 윤리적 소비[ethical consumption], 의식 있는 소비[conscious consumption]라고 말한다. 그동안에는 도덕적 소비가 기업에게 그리 반갑지 않은 위기이자 공포의 대상으로 인식되었지만, 최근에는 기업이 이를 역이용하는 마케팅을 펼치기도 한다. 위기와 기회는 손바닥 뒤집기와 같다는 말이 여기서도 적용되는 셈이다.

친환경, 나눔경영, 윤리적 생산 환경을 실천하는 기업의 제품에 대한 소비 의지를 보이는 소비자는 갈수록 늘고 있다. 기업의 평판 관리와 도덕적 수준을 개선시키는 것도 마케팅의 무기가 되는 시대이다.

엄격한 기준만이 기업의 살길이다

기업 스스로 도덕적 기준에 더욱 엄격하고 인색해져야 한다. 도덕적 잘못에 스스로 관대해져 무심코 넘어가는 것을 반복하다 보면 소비자에게 부정적 인식을 심어주게 된다.

도덕적 소비는 소비자가 가질 수 있는 최고의 권력이자 무기이다. 기업이 이익을 위해 비도덕적 기업 활동을 하는 시대는 이제 저물고 있다. 따라서 과감하게 도덕적 소비에 맞는 도덕적 생산 체제를 가동해야 한다. 소비자의 도덕적 기준보다 엄격한 생산자의 기준을 가진다면 도덕적 소비문화는 기업에게 새로운 기회가 될 것이다. 거듭 강조하지만 도덕적 소비문화는 위기가 아니라 기회다! 도덕적 소비를 두려워하지 마라. 그것을 새로운 기회로 적극 받아들여야 한다. 어차피 소비자는 진화하고 기업은 그에 조응할 수밖에 없다. 미루고 버텨봐야 결국 손해 보는 쪽은 기업이다.

찍히면 죽는다: 소비자의 도덕성에 도전하지 마라

실제로 도덕적 소비에 정면도전하다 위기를 겪은 사례는 많이 있다. 그들은 소비자의 힘을 간과한 것이다. 과거의 수동적인 소비자만 생각하면서 새롭게 진화한 소비자에 대한 인식은 하지 못했기 때문이다.

실수나 잘못에는 사과로 대처해야만 용서를 구할 수 있다. 사과 없이 안일한 태도를 고수하다가는 절대 용서받지 못할 상황이 벌어지기도 한다. 나쁜 기업은 퇴출되는 것이 시장원리이자 소비자 입장에서의 정의이다. 예를 들어 2007년에 참여연대, 문화연대, 인도주의실천의사협의회, 건강사회를 위한 약사회 등 57개 시민사회단체는 이랜드에 대한 불매운동을 펼치며 사회적 책임을 다하지 않는 기업은 지속가능하지 않다는 사실을 증명하겠다고 선언한 적이 있다. 이는 나쁜 기업에 맞선 착한 소비, 즉 도덕적 소비를 통해 기업을 압박한 사례인 것이다. 노동자의 고용을 책임지지 않거나 사회적 책임을 다하지 않는 기업은 결국 소비자의 불신과 외면을 받다가 퇴출 위기에 직면하는 것이 시장원리이다.

기업이 자사의 노동자를 대하듯 소비자를 대해서는 곤란하다. 자사의 노동자보다 더욱 강력한 힘을 지닌 존재가 소비자라는 사실을 잊어서도 안 된다. 소비자의 반발을 사면 뒤끝은 오래간다. 소비자가 사지 않으면 기업으로서는 속수무책이 아니던가? 그러니 소비자를 누르려 해서도 안 되고 소비자와 싸우려 들어서도 안 된다. 소비자를 달래고 풀어주고 감싸줄 방법을 찾아야 위기를 극복할 수 있다.

소비자의 진심을 움직인 페어 트레이드 운동

사회운동에서 소비문화로

페어 트레이드는 중간상인에게 이윤의 대부분을 빼앗기는 농민을 비롯한 제3세계 생산자들과의 직거래를 통해 그들에게 정당한 값을 지불함으로써 그들의 경제적 수준을 개선시키고 세계화의 폐해를 줄이자는 것에서 출발한 운동이다. 개발도상국이나 가난한 국가에는 구호 위주의 지원 정책보다 그들이 생산한 것에 대한 공정한 무역을 통해 자립할 수 있는 기반을 만들어주는 것이 더욱 현실적이고 장기적인 지원 방향에 해당된다. 따라서 페어 트레이드의 캐치프레이즈가 '원조가 아닌 무역을!'인 것이다.

불공정무역 구조를 공정하게 바꾸기만 해도 제3세계의 가난한 삶이 훨씬 나아질 수 있지만, 기업이나 무역상은 자발적으로 무역 구조를 공정하게 바꾸려 하지 않으므로 시민단체가 나서서 이를 주장하고 유도해내는 것이다. 그리고 이런 주장에 공감하는 소비자가 점점 늘어나면서 페어 트레이드 운동의 주장은 하나의 소비문화가 되었고, 기업이나 무역상은 거부할 수 없는 소비자의 강력한 힘에 밀려 결국 페어 트레이드에 속속 동참하고 있는 중이다.

페어 트레이드가 가장 활성화된 지역은 네덜란드와 독일, 영국, 프랑스, 스위스 등의 유럽이다. 그리고 여기에 해당되는 제품은 커피, 차, 설탕, 과일, 꽃, 의류, 화장품, 축구공 등 수백 종에 이르고 있으며, 영국과 프랑스 등에서는 대형유통매장에서 페어 트레이드 관련 제품만 따로 모아 파는 코너도 마련해두고 있다. 물론 일반 제품보다 가격은 약간 비싸지만, 비교적 적은 액수로 지구촌의 빈곤문제 해결에 일조할 수 있다는 점 때문에 페어 트레이드 제품을 찾는 소비자가 증가하고 있다.

도덕적 소비는 원재료나 상품에 가치를 부여하고 기업의 동참을 유도하는 데서 더욱 확대되어 이제는 노동문제, 환경문제, 기부문제 등에 이르기까지 다양하고 엄격한 도덕적 잣대를 적용하고 있다.

페어 트레이드에 동참하는 글로벌 기업

페어 트레이드 운동은 소비자를 자각시키는 동시에 기업을 자극했다. 그런데 자각한 소비자로부터 자극을 받은 기업은 방관할 수만은 없었다. 페어 트레이드 운동이 확산되고 소비자들이 이에 동조하면서 새로운 페어 트레이드 시장이 생겨났기 때문이다. 기업은 기존 시장을 잃을 수도 또한 새로운 시장을 뺏길 수도 있다는 위기감을 느꼈고, 결국 수많은 글로벌 기업을 비롯한 대기업이 페어 트레이드에 동참하게 되었다. 스타벅스, 네슬레, 맥도날드, 돌Dole 등의 세계적인 식음료 관련 기업은 농산물 원자재 수입에서의 공정무역을 지향하게 되었으며 세인스버리, 데스코, 까르푸 등의 대형 유통기업은 페어 트레이드 제품을 취급하게 되었다. 심지어 BBC, 메릴린치, 폭스바겐 등의 대기업에서 직원이나 손님에게 제공하는 커피 및 홍차 등에 페어 트레이드 제품을 사용하도록 납품업체에 요구하고 있을 정도다. 페어 트레이드는 기업의 실리나 이미지를 위해 동참할 수밖에 없는 주류가 되고 있는 것이다.

유럽에서 당당히 주류시장에 진입하다

페어 트레이드가 일부의 소규모 활동일 것이라고 생각하면 오산이다. 2007년 기준으로 IFAT(국제페어트레이드연맹)에 가입한 국가는 70여 나라이고, 페어 트레이드와 관련된 조직이나 생산자 단체만 해도 3천여 개에 이른다. 이 중에서 가장 대표적인 곳은 유럽이다. 페어 트레이드 운동이 생겨난 곳도 유럽이고 전 세계 페어 트레이드 관련 매출의 2/3 가량을 발생시키는 곳도 유럽이다.

〈Fair Trade in Europe 2005 보고서〉에 따르면 소비자는 유럽 내의 7만 9,000개 판매점을 통해 페어 트레이드 관련 제품을 구입할 수 있으며, 연간 소매 판매액은 6억 6,000만 유로 이상이라고 한다. 이 규모는 2000년 조사 결과 대비 154퍼센트나 증가한 것으로 연평균 20퍼센트의 고성장세를 보이고 있다.

유럽에서 페어 트레이드 제품을 확산시키는 일등공신은 기업의 적극적인 동참이다. 유럽 내의 5만 6,700여 개 슈퍼마켓에서 페어 트레이드 제품을 취급하고 있는데다, 기업이 더 많은 관련 제품을 내놓고 있어 누구나 쉽게 페어 트레이드 제품에 접근할 수 있는 것이다. 특히 페어 트레이드 제품의 시장점유율은 영국의 경우 커피가 20퍼센트, 홍차가 5퍼센트, 바나나가 5.5퍼센트이고, 스위스의 경우 바나나가 47퍼센트, 꽃은 28퍼센트, 설탕은 9퍼센트에 해당한다. 이는 특정 영역에서 도덕적 소비가 안정적으로 정착되고 있음을 보여준다.

페어 트레이드는 더 이상 시민운동단체나 소비자운동의 일환으로 소규모로 이뤄지던 '그들만의 리그'가 아니라, 당당히 주류 상업시장의 강력한 경쟁자로 부상하고 있다.

페어 트레이드는 기업에게 새로운 기회이다

페어 트레이드가 반드시 기업을 옥죄는 위험요소인 것만은 아니다. 물론 페어 트레이드 덕분에 기업은 전보다 높은 원가 부담을 지게 되었고 당장 수익이 줄어들 수도 있다. 하지만 기업이 페어 트레이드를 통해 생산해낸 상품은 기존의 상품과 다른 새로운 시장을 만들어내고 있다. 따라서 도덕적 소비를 위해 더 많은 돈을 지불할 의

사가 있는 소비자를 통해 페어 트레이드 제품으로 보다 많은 이익을 낼 수도 있다.

이처럼 대기업이나 대형 유통회사가 페어 트레이드를 마케팅 차원에서 활용하게 되면 소규모의 페어 트레이드 상품이나 영세한 시민단체의 유통매장이 타격을 받을 수 있다. 결국 페어 트레이드도 초기에는 시민단체와 소비자가 이기는 게임이고 기업이 지는 게임 같지만, 기업이 전략적으로 이용한다면 오히려 그것이 새로운 고부가가치 시장을 창출해 기업이 이기는 게임이 될 수도 있는 것이다.

실제로 그런 목적으로 페어 트레이드를 비롯한 각종 도덕적 소비를 마케팅에 적용하는 기업이 점점 늘고 있다. 이는 소비자의 무기였던 도덕적 소비를 기업이 역이용하는 것으로, 도덕적 소비는 기업에게 당장은 위기이지만 중장기적으로는 기회임을 증명해준다.

친환경 소비 트렌드의 부상

전 세계인이 함께 고민하는 지구온난화는 기상이변과 함께 산업에도 상당한 영향을 주고 있다. 예를 들면 농업이나 식품 관련 산업, 항공 및 수송업, 어업 등에 피해가 야기되고 있는 것이다. 그러나 궁극적으로 이것은 인간의 생존과 관련된 문제이다. 지구 환경은 우리의 생존과 직결된 문제로 소비자의 친환경적 요구는 공공의 이익이 아니라 개인의 생존과 미래를 위한 필수적인 요구라고 할 수 있다.

몸도 위하고, 지구도 살리고

도덕적 소비자는 유기농 식품을 선호한다. 참살이를 위해서 뿐 아니라 화학비료를 덜 사용하는 것이 땅에도 좋고 자연 환경에 해를 끼치지 않는다고 판단하기 때문이다. 자신의 몸을 위하는 동시에 지구 환경도 생각하는 태도가 좀더 비싸더라도 유기농 식품에 대한 구매를 이끌어내는 것이다. 나아가 소비자들은 환경 재앙의 우려가 있는 유전자변형 식품을 거부하며 재활용 및 중고품 거래를 통해 자원 절감과 환경 보호에 적극 관여하고 있다.

도덕적 소비의 무한질주

페어 트레이드 외에도 도덕적 소비관을 가진 소비자의 관심사는 매우 많다. 한번 도덕적 소비문화를 자각한 소비자는 모든 영역으로 관심을 넓혀 도덕적 소비관을 맘껏 발휘하게 마련이다. 그 대표적인 것이 친환경 소비이다. 참살이나 그린이 마케팅 테마로 부상한 것도 결국은 도덕적 소비문화에 기업이 마케팅 전략으로 조응하면서 탄생한 것이라 해도 과언이 아니다.

1990년대부터 시작된 '깨끗한 옷 입기 캠페인^{Clean Clothes Campaign}'도 도덕적 소비운동의 일환이다. 이는 화려하고 멋지고 비싼 옷, 유행을 타는 옷, 화학적 조합물로 얻은 옷, 동물을 학대해서 얻은 옷 등이 주는 여러 가지 문제에 대응해 몸에 안전하고 친환경적인 패션 트렌드를 확산시키기 위한 캠페인이다.

친환경적 요구와 연결된 도덕적 소비는 동물 보호와 연관되는 경우도 많다. 예를 들어 인류의 가장 호사스런 먹을거리 중 하나라는 캐비어를 거부하는 소비자도 있다. 이는 멸종 위기종인 철갑상어를 위해 캐비어를 먹지 않으려는 도덕적 소비이다. 야생동물 보호를 위해 모피로 된 옷을 패션 산업에서 몰아내고 모피를 입지 말자는 운동도 동물 보호를 넘어 도덕적 소비로 이어지고 있다. 또한 음식 가공공장이나 대형 패스트푸드 체인에서 잔인한 방법으로 가축을 죽이는 것도 소비자에겐 소비를 거부할 명분이 된다. 이왕이면 도덕적인 방법으로 죽인 고기를 먹겠다는 것이다. 유전자변형 농산물에 대한 거부도 이와 연관된다.

친환경 소비문화, 신시장을 창출하다

일회용 제품 사용으로 인한 자원낭비, 쓰레기 처리 문제, 지나친 세제 사용으로 인한 수질오염 문제 등에서 출발한 소비자의 관심은 이제 기업이 제품을 생산하는 과정에서부터 소비되고 최종적으로 폐기될 때까지의 전 과정에서 발생하는 환경적 문제로 모아지고 있다. 아니, 관심에서 그치지 않고 적극적으로 환경개선을 요구하고 친환경 제품이나 친환경적 기업의 제품을 소비함으로써 강한 소비권력을 과시한다.

당연히 기업에서는 그린 마케팅green marketing을 전면에 내걸고 소비자의 이런 요구를 받아들이고 있다. 친환경 소비 트렌드도 도덕적 소비문화에서 촉발되었으나 기업이 그것을 마케팅 차원으로 이용하면서 그린 마케팅이라는 새로운 시장을 창출해낸 것이다. 그린 마케팅이란 삶의 질을 향상시키기 위해 기업이 환경을 효율적으로 관리하고자 하는 마케팅 활동을 의미하며, 이제는 모든 기업의 보편적인 접근 코드가 되고 있다.

소비자가 요구하면 기업은 금세 요구를 꿰뚫어 그에 걸맞은 마케
팅 전략을 내세운다. 소비자의 요구가 곧 기업의 새로운 도전과제인
셈이다.

긍정적 부메랑 : 착한 기업의 등장

도덕적 소비의 확산과 더불어 사회적 기업도 늘어나고 있다. 사실
사회적 기업의 등장은 소비자의 자생적 요구라기보다 환경운동이
나 빈민운동 등에서 출발한 사회운동 차원인 경우가 많다. 이런 사
회적 기업은 소비자를 자각시키고 시장을 변화시키기 때문에 결국
사회적 기업이 소비자의 도덕적 소비 욕구를 부추기는 한 요인이라
고 할 수 있다. 물론 도덕적 소비가 다시 사회적 기업을 성장시키는
긍정적 부메랑이 되기도 한다.

사회적 기업은 영리추구뿐 아니라 사회적 기여를 목적으로 한다.
대개 친환경적 경영이나 장애인 고용을 통한 노동차별 철폐, 가난한
사람에게 최소한의 의료나 금융서비스를 보장하는 등 사회적 책임
을 중요시하고 있다. 그렇다고 사회적 기업이 봉사나 희생만 하는
것은 아니다. 사회적 기업도 충분히 수익구조가 성립되어야 자생적
인 운영이 가능하다. 사회적 기업이 지속가능하려면 자생적 운영은
필수적이고, 이는 윤리적 소비를 지향하는 소비자가 점점 늘어나면
서 그 기반을 확장시켜 주고 있다.

그라민 ^{Grameen Bank} 은행

방글라데시의 그라민은행은 대표적인 사회적 기업으로 가난한
사람들의 경제적 자립을 돕고 있다. 세계적으로 마이크로크레딧
열풍을 불러일으킨 그라민은행의 대출회수율은 점점 높아져 최근
에는 99퍼센트에 육박한다고 한다. 이에 따라 세계적인 금융기업
들도 마이크로크레딧에 관심을 기울이고 있다. 영리를 추구하는
금융기업에게도 결코 손해 볼 장사는 아니기 때문이다. 오히려 사
회적 책임을 다하면서 영리도 추구할 수 있으니 일석이조라고 할
수 있다.

스칸딕호텔 ^{Scandic Hotel}

스웨덴 스톡홀름에 있는 스칸딕호텔은 1992년부터 환경친화적
경영을 시작했다. 우선 일회용품 사용을 줄이고 객실 내 쓰레기 분
리를 시행해 재활용을 확대했으며 에너지 소비를 줄이는 등의 노력
으로 자연에 미치는 영향을 최소화하려 노력하고 있다. 특히 이들은
환경, 사회, 동물, 인간 보호의 4가지 기준에 부합할 경우에만 받을
수 있는 KRAV마크 식품과 유기농 재료로 아침식사를 제공한다. 이
처럼 스칸딕호텔은 화려함과 고급스러움이 아니라 친환경적이고
윤리적인 호텔로 유명해져 관광객을 사로잡고 있다. 호텔이라는 상
품의 새로운 경쟁력인 셈이다.

에코버 ^{Ecover} 세제

벨기에의 에코버가 생산하는 세제는 사용법도 까다롭고 가격도

비싸다. 그럼에도 그 세제는 소비자들에게 상당히 인기가 높다. 에코버는 1979년 거대 화학회사들의 부도덕한 행위에 분노한 환경문제 전문가들이 설립한 회사로, 인체에 축적되면 치명적 질병을 야기하는 인산염 0퍼센트의 세제를 만들고 있다. 제품의 95퍼센트는 28일 만에 생물학적으로 분해되고 독성도 기존 세제의 1/40 수준이다. 에코버는 신제품 실험 과정에서 동물실험은 배제하고 있으며, 2002년에는 어렵게 알아낸 제조법을 경쟁사와 고객에게 공개해 친환경 세제의 확산을 위해 기업 비밀도 포기했다.

함께 일하는 세상

함께 일하는 세상은 저소득 계층의 일자리 창출과 사회공헌 사업을 목적으로 하는 우리나라의 대표적인 사회적 기업이다. 회사 이름은 '함께 일하는 세상'이고 주요 사업인 청소용역사업 브랜드는 '크린서비스 淸'이다.

저소득 계층의 일자리는 생존과 직결된다. 일자리가 없으면 도시 빈민이나 노숙자로 전락할 수밖에 없는 것이다. 이에 따라 이 회사는 존재 자체가 저소득층의 일자리 창출을 통해 그들에게 경제적 자립기반을 만들어주고자 하는 사회적 목적에서 비롯된 것이다. 이들은 화학물질이 들어간 락스류의 세제 대신 직접 만든 과일성분의 친환경 세제로 청소를 하기 때문에 청소에 따른 기본 비용이 일반 용역업체에 비해 높은 편이다. 그리고 회사의 목적 자체가 일자리 창출인 만큼 동종업계 대비 인건비도 다소 높은 편이다.

그래도 6명으로 시작한 지 몇 년 만에 300명 이상이 일하고 있으며, 매출규모는 2004년 3억 원에서 2006년 30억 원으로 증가했다. 주로 학교의 화장실 청소용역을 전문으로 하는데 수백 개의 학교와 용역 계약을 했고 다수의 병원, 기업 등과도 용역 계약을 맺고 있다. 매출은 증가했어도 고용인원이 늘어나 회사의 순익은 별로 없지만 조금이라도 이익이 발생하면 사회를 위해 쓴다.

그들은 더 이상 과거의 소비자가 아니다

착한 DNA의 무서운 전염 속도

"그 커피 사지 마. 그 회사가 커피 원두 수입 원가를 턱없이 낮춰 결국 현지의 농민들을 착취하고 있대."

"그 옷 사지 마. 그 회사가 비정규직 노동자를 몽땅 자른 회사잖아. 회사가 사회의 일부라는 생각을 못하는 회사야. 그동안 회사를 위해 수년간 애쓴 직원들을 그렇게 자르는 회사한테는 불매운동으로 소비자의 힘을 보여줘야 해."

"그래, 이거는 꼭 사라. 이 회사 알고 봤더니 기부를 굉장히 많이 하더라. 생산 환경도 친환경이고 공해물질 배출도 최소한이래."

우연히 듣게 된 이런 대화의 주인공들은 평범한 주부였다. 이들은 결코 정치단체나 시민단체에 속한 것도 아니고 아파트 부녀회장도

아니며 무슨 소비자단체의 회원도 아
니다. 우리 주변에서 익숙하게 볼 수
있는 전업주부로 로하스^{LOHAS}를 지향하
는 이들은 단지 도덕적 소비에 눈을 떴
을 뿐이다.

이러한 주부는 빠른 속도로 늘어나
고 있다. 만약 마트에서 물건을 구입할
기회가 있다면 두세 명이 함께 장을 보
러온 주부들의 얘기에 귀를 기울여보
라. 분명 이러한 대화를 많이 듣게 될
것이다.

소비자는 좀더 비싸더라도 윤리적
소비를 지향한다. 소비자가 자신의 이

익만 고려하는 소비 이기주의에 젖어 있다는 생각을 과감히 버려라.

소비자가 할 수 있는 가장 세련된 협박

물건을 사는 데 기업윤리를 왜 따지냐고? 따지든 말든 그것은 소
비자의 몫이다. 소비자가 따지겠다고 하면 어쩔 수 없다. 그렇다고
소비자가 억지를 부리는 것도 아니고 잘못된 일을 하는 것도 아니
다. 다만 기업이 비도덕적으로 좀더 많은 이익을 거둘 수 있었던 과
거의 관행을 이제는 간과하지 않겠다는 것일 뿐이다. 소비자가 소비
를 긍정적 권력으로 활용하는 것이 바로 도덕적 소비이다.

소비자는 이제 물건의 질, 가격 등에만 반응하던 것에서 진화해

기업의 정체성과 사회적 역할까지 간섭하고 개입하기에 이르렀다. 도덕적인 기업의 물건을 사겠다는 것은 반대로 비도덕적인 기업의 물건은 거부하겠다는 메시지이다. 이는 기업이 사회적 역할을 다하는 것 자체도 마케팅이자 경영 전략으로 만들어버린다. 기업이 자발적으로 사회적 역할에 나서지 않으면 소비자가 도덕적 소비라는 무기와 압력을 통해 기업을 유도하는 셈이다. 한마디로 가장 세련된 소비자 협박이자 압력이다.

도덕적 소비자는 누구인가

도덕적 소비자는 처음에 소비문화 운동에 동참하던 소수의 비주류에 불과했지만, 지금은 주류를 위협할 정도로 성장했고 앞으로는 주류 중의 주류가 될 것이다. 미래의 소비자는 모두 도덕적 소비자가 될 것이라고 해도 과언이 아니다.

도덕적 소비는 제품 자체에만 가치를 두지 않고 제품과 해당 기업의 사회적 역할 및 윤리성까지 고려한다. 그동안 보아오던 소비자와는 질적으로 다른 것이다. 이제 소비자는 제품 이상의 것까지 간섭하며 압력을 가해오고 있다. 이때 소비자는 윤리적 선택을 통한 심리적 위안과 사회적 기여를 했다는 자긍심을 얻을 수 있지만, 기업으로서는 비용상승을 감수해야 한다. 억울해도 어쩌랴. 소비자가 도덕적 소비를 지향하면 기업으로서는 여기에 조응하지 않을 수 없다. 소비 권력이 생산 권력을 위협할 정도로 힘이 생기는 것은 소비자에게 분명 기회이다. 생산을 주도하는 소비를 실현하는 데 보다 가까워질 수 있기 때문이다.

도덕적 소비자는 이기적인 소비자에서 공익적인 소비자로 진화한 사람들이다. 이들 덕분에 지구공동체를 이해하는 소비자가 늘고 있다. 나만을 위한 소비에서 모두를 위한 소비로 전환하는 것이, 궁극적으로는 자신을 위한 소비가 된다는 사실을 알아챘기 때문이다. 나아가 나쁜 기업을 벌하는 소비자로서 적극적인 소비자운동에 나서는 이들도 있다. 나쁜 기업을 그대로 두는 것은 결국 소비자에게 해가 된다는 것을 알기에, 힘들고 귀찮더라도 불매운동이나 반기업 활동에 적극 동참하는 것이다.

그렇다면 누가 그들을 그렇게 만들었을까? 도덕적 소비가 확산되는 배경에는 소비자가 네트워크로 소통하며 만들어내는 공명심과 정의감의 공론화가 있다. 그런 점에서 인터넷은 일등공신 중 하나라고 할 수 있다. 인터넷과 정보의 확산으로 이제 소비자는 몰라서 못하는 일은 없다. 인터넷이 소비자가 알아야 할 것을 쉽게 알 수 있도록 도와주기 때문이다.

소비자는 정말 착한 걸까

아니다. 도덕적 소비는 자신이 사회적 진보에 기여했다는 심리적 위안은 물론 보다 믿고 안심할 수 있는 제품의 발견이라는 측면에서 소비자의 필요성에 부합하기도 한다. 예를 들어 친환경 지향성은 참살이에 대한 소비자의 필요성에 부합하고 지구 환경 보호라는 자신이 직면할 문제에 대한 필요성이기도 하다. 또한 기업의 노동자에 대한 책임 문제를 따지는 것도 결국 그 노동자가 자신이나 가족이 될 수 있기에 기업의 노동자에 대한 사회적 책임을 강조할 수밖에 없다고 할 수 있다.

이처럼 착해서라기보다 자신의 필요성과 자신에게 유리하기에 도덕적 소비를 지향하는 것이라고 해도 과언이 아니다. 즉, 착하다는 개별적이고 감정적인 측면이 아니라 소비자 전체의 실용적이고 이해관계에 부합되는 측면에서 나온 소비 트렌드로 볼 수 있는 것이다.

도덕적 소비의 영향력: 소비가 생산을 바꾸다

도덕적 소비의 영향력이란 소비가 생산을 바꾸고 소비가 정치 혹은 권력이 됨을 의미한다. 예를 들어 도덕적 소비는 무역에서 페어 트레이드를 정착시키기도 하고 기업과 정부의 친환경 정책도 유도해낸다. 또한 기업의 노동 환경과 복지정책을 개선시키고 기업의 사회적 기부 확대도 유도한다. 아울러 윤리경영과 나눔경영을 실천하는 도덕적 기업에 대해 도덕적 소비로 응대하며 해당 기업의 성장을 적극 지원한다. 그런 의미에서 도덕적 기업은 미래 기업이 지향해야 할 중요한 경영 전략이라고 할 수 있다.

착한 척하는 소비자에 대처하는 기업들의 자세

윤리경영은 이윤을 극대화하기 위한 전략

윤리경영은 기업이 사회적 존경을 받기 위한 조처가 아니다. 기업은 사회단체나 공익재단이 아니며 이들의 목적은 이윤 추구에 있다.

따라서 기업의 사회적 책임은 도덕적 접근이라기보다 전략적 접근이자 실리적 접근이다. 실제로 윤리경영은 더 큰 것을 얻기 위해 작은 투자를 하는 것이라고 할 수 있다. 윤리적 방침에 의거해 기업을 경영한다는 것은 기업 자체를 파는 최고의 마케팅이다. 즉, 이윤 극대화를 위해 윤리적 기준을 높이고 사회적 책임을 다하는 것이다.

소비자의 힘이 점점 커져가는 시대에 윤리경영을 하지 않는 기업은 사회적 지탄을 받을 각종 문제를 드러내게 마련이다. 이로 인해 기업 이미지 실추나 기업 가치 하락은 물론 극단적인 경우 불매운동을 당하거나 시장에서 퇴출되는 일도 생길 수 있다. 윤리경영도 선택이 아닌 필수가 되고 있는 것이다.

성공적인 윤리경영의 대표적인 기업이 바로 더바디샵^{The Bodyshop}이다. 이 기업은 이미 오래 전부터 윤리경영을 지향해왔으며 CT^{Community Trade} 프로그램을 통해 페어 트레이드를 남보다 먼저 실현해오고 있다. 또한 환경문제, 인종차별 반대, 동물실험 반대, 용기 재활용 등의 사회적 문제에서도 기업의 역할과 윤리적 경영을 추구해오고 있다. 즉, 윤리적인 기업이 소비자의 선택을 더 많이 받게 된다는 것을 증명하는 사례를 만들어낸 것이다.

나눔경영은 선택 아닌 필수

나눔경영은 사회적 약자를 배려하는 상생과 나눔을 실천하는 경영으로 기업의 사회적 책임을 강조하는 의미에서 출발한다. 이는 기업이 이익을 추구하는 영리집단이라는 기존의 이미지에서 탈피해 어려운 이웃과 함께하는 동반자로 거듭나야 한다는 인식에서 비롯된 것이다. 하지만 기업의 사회적 나눔에는 개인의 자발적 나눔과 달리 마케팅이 고려되어야 한다. 물론 그렇다고 해서 노골적으로 나눔을 생색내자는 것은 아니다.

기업은 사회로부터 얻은 이익을 사회에 돌려줌으로써 존경받는 기업이 될 때라야 영속성을 보장받을 수 있다. 국내외를 막론하고 존경받는 기업이자 일하고 싶은 기업이 성과도 크고 오래가는 법이다. 미국의 경우 사회공헌을 많이 하는 기업이 그렇지 않은 기업에 비해 3~4배 정도 높은 수익률을 올리고 있다. 전경련의 조사에서도 사회공헌 활동이 활발한 기업에게 호감을 갖고 있다는 소비자는 90퍼센트가 넘는 것으로 나타났다. 나눔이 곧 기업 가치를 만드는 하나의 기준이 되는 셈이다.

결국 기업에게 나눔경영은 선택이 아닌 필수이다. 그 누구보다 소비자가 나눔경영을 실천하는 착한 기업, 존경받을 만한 기업을 원하기 때문이다. 따라서 자발적이든 비자발적이든 기업은 나눔경영에 참여할 수밖에 없다.

그렇다면 기업의 입장에서는 오히려 자발적이고 적극적으로 나눔경영을 하는 것이 최선이다. 어차피 나눔경영을 실천해야 한다면 마지못해 하는 것이 아니라 기꺼이 그리고 흔쾌히 하는 모습이 낫기 때문이다. 더욱이 나눔경영은 직원들의 만족도를 크게 높여주는 것은 물론 존경받는 기업에서 일한다는 자부심과 더불어 회사에 대한 충성심도 높여준다. 그런 점에서 설사 기업이 나눔경영을 통해 이익의 일부를 사회에 환원하더라도, 기업은 그보다 훨씬 더 많은 가치를 되돌려 받는 셈이다. 나누면 얻는다는 진리가 그대로 통하는 것이다.

친절을 베풀고 나눔을 실천하는 가게나 기업에 호감을 갖는 것은
인지상정이다.

소비자의 새로운 눈높이를 충족시켜라

기업의 입장에서는 도덕적 소비가 반가울 리 없다. 도덕적 소비문화
가 확산되면 원자재 비용이나 생산유통 비용, 윤리적·사회적 역할
에 따른 비용이 증가하기 때문이다. 하지만 노동문제와 환경문제에
취약한 기업은 이를 위기라고 여기기보다 그동안의 문제를 개선시
킬 계기로 삼는 게 좋다. 기업 활동을 지속하기 위해 반드시 해결해
야 하는 것이 바로 기업의 사회적 책임과 연관되는 문제들이기 때문
이다.

사실 소비 권력이 거세지고 소비자가 변하는 것은 소비 시장의 확
대를 불러올 수도 있다. 소비자의 새로운 눈높이를 충족시킬 때 새
로운 도덕적 소비 시장이 열리는 것이다.

어차피 받아들여야 할 트렌드라면 아예 전략적으로 받아들이는
것이 좋다. 도덕적 소비를 마케팅으로 적극 활용해 기업의 이미지
제고를 넘어 실질적인 매출 확대로 이끌어야 하는 것이다.

물론 기업은 어쩔 수 없이 도덕적 소비에 대해 이중적 태도의 경
계를 넘나들 수도 있다. 왼손이 하는 일을 오른손이 모르게 하라고
했지만, 기업은 적당히 왼손이 하는 일을 오른손이 알게 해야 하는
것이다. 드러내놓고 페어 트레이드 동참을 자랑하고 기업의 사회적

책임도 강조하라. 도덕적 소비에 맞게 기업의 사회적, 윤리적 역할을 하되 최소 비용으로 최대 효과를 거둘 방법을 찾아야 한다는 얘기다.

나아가 다른 기업과 차별화될 수 있도록 도덕적 소비와 관련해 창의적인 접근법을 모색해야 한다. 왜냐하면 그것은 기업은 물론 제품의 경쟁력과 직접 연결되기 때문이다. 이를 위해 도덕적 소비와 관련된 활동을 전담하여 기획, 집행, 감시를 하는 조직을 두는 것도 좋다.

안정에 젖어 있다 보면 현실에 안주하기 쉽고 그러면 피할 수 없는 위기를 맞게 된다. 하지만 그 위기를 두려워하지 않고 과감히 대처하면 기회를 맞을 수 있다. 위기를 피하면 기회는 없다. 물론 위기가 왔을 때 기회를 찾는 것보다 찾아올 위기를 미리 감지해 기회를 찾는 것이 더 현명하다. 예고된 위기는 결코 위기가 아니다. 오히려 기회다.

기업이여, 도덕적 소비를 역이용하라

● Key Point

소비자의 무기였던 도덕적 소비를 기업이 역이용하면 새로운 기회가 된다. 도덕적 소비 문화 확산은 시민단체와 소비자가 이기는 게임 같지만, 이를 기업이 전략적으로 이용하면 오히려 새로운 고부가가치 시장을 창출해 결국 기업이 이기는 게임으로 만들 수 있다.

● Think About

① 여러분이 속한 기업(조직)에서 '페어 트레이드'가 가능한 상품에는 어떤 것이 있는지 생각해보고 구체적으로 제시해보자. 아울러 페어 트레이드를 실천하기 위해 갖추어야 할 전제조건에는 어떤 것이 있는지도 생각해보라.

② 도덕적 소비 트렌드가 여러분의 기업(조직)에 미칠 영향으로는 어떤 것이 있는가? 먼저 위험요소가 될 사항을 진단해보라. 도덕적 소비를 통한 새로운 기회를 원한다면 도덕적 소비가 주는 위기를 찾아라. 그것을 찾아내는 것이 지금 해야 할 가장 중요한 일이다.

08

인간을 꿈꾸는 기술 휴먼테크

Human-Tech

• • •

휴먼테크의 진화는

우리 모두가 《백설공주》의 말하는 거울을 가질 수 있도록 해준다.

비록 마법의 거울이 아니라 기술의 거울이지만

휴먼테크는 동화 혹은 영화 속에서나 가능할 법한 것들을

하나둘 현실로 이끌어내고 있는 것이다.

내겐 너무 귀엽고 사랑스러운 기계들

나는 지금 눈치 빠른 기계들과 산다

2012년 3월, 계절상으로는 봄기운이 충만해야 할 시기인데 꽃샘추위인지 갑자기 한파가 몰아닥쳤다. 퇴근 후 집에 들어서자 훈훈한 온기가 느껴진다. 오늘의 날씨와 내 퇴근 시간을 알고 있는 냉난방 시스템이 자동으로 온도조절을 했기 때문이다. 이제 썰렁한 빈집이라는 것은 존재하지 않는다. 집을 지키는 첨단시스템들이 가족의 역할을 해주기 때문이다.

나는 집안의 냉난방기와 내 몸에 부착된 스마트 액세서리로 교신을 한다. 반지나 시계 등의 형태로 만들어진 스마트 액세서리는 체온과 맥박 등을 감지해 집안의 홈네트워크시스템에 전달한다. 이를 통해 내 건강상태나 기분에 맞게 냉난방과 환기, 음악 등 모든 것이 자동으로 조절된다.

예를 들어 스마트 액세서리가 체온과 혈압이 높다고 감지하면 집안의 온도는 그에 맞게 조절되고 마음의 안정을 취할 수 있도록 아로마테라피가 자동적으로 작동된다. 또한 음악도 마음의 안정을 주는 편안한 것으로 흘러나오고 조명은 은은하게 붉은 톤으로 전환되며 냉장고는 내용물 중에서 마음의 안정에 도움이 되는 것을 디스플레이로 보여준다. 이런 방법을 썼는데도 체온과 혈압에 이상이 있으면 곧바로 병원과 연결되는 U-Health시스템으로 즉시 원격검사를 받을 수 있도록 해준다.

말하거나 버튼을 누르지 않아도 사람의 상태를 살펴 모든 것을 그에 맞게 배려하는 것이야말로 휴먼테크의 절정이다. 이를 두고 귀신 같은 기계라고 한다면, 여기서 귀신은 귀엽고 사랑스러운 존재라고 할 수 있다.

박세리에게 골프를 배우다

유명 스포츠스타에게 스윙이나 자세를 직접 배울 수는 없을까? 물론 그 스타에게 가거나 그를 모셔오면 가능하다. 하지만 그렇게 할 수 있는 사람은 전 세계를 통틀어 그리 많지 않다. 가장 현실적인 방법은 그들의 경기를 담거나 그들이 교육용으로 제작한 비디오 혹은 DVD를 보는 것이다. 이것은 비용도 그리 들지 않고 접근도 쉽지만 효과는 미미하다.

그래서 다음으로 선택하는 방법이 코치를 두는 것이다. 스포츠스타의 스윙이나 자세를 이해한 트레이닝코치로부터 지도를 받는다는 얘기다. 이것은 1대 다수로 하는 형태도 있고 1대 1 지도도 있다. 하지만 이 또한 뭔가가 아쉽다.

디지털 진화가 이뤄지면 이 모든 고민은 해결된다. 3D 가상현실 게임 속에서 스포츠스타를 만나 실제로 코치를 받듯 배우거나 그들과 직접 경기를 치를 수도 있기 때문이다. 그렇다고 화면을 보며 조이스틱으로 하는 게임이 아니다. 3차원 고글을 쓰고 신체감응장치를 몸에 부착한 다음 실제 경기의 움직임처럼 가상공간에서 시뮬레이션 하는 것이다. 항공기 조종을 배울 때 처음부터 비행기를 몰고 나가는 것이 아니라 실제와 똑같은 시뮬레이션으로 배우는 것과 같은 개념이다.

여기서 진화된 것이 로봇슈트이다. 스포츠스타의 자세나 스윙 등이 프로그래밍된 옷을 입으면 옷이 알아서 내 몸을 조절해 가르쳐주는 것이다. 몸을 감싸고 있는 옷이 내 몸을 하나하나 잡아서 알려주듯 가르쳐준다는 얘기다. 이것은 이미 2007년에 개발되었다. 수년 내에 이것이 상용화되면 누구나 박세리에게 골프를 배울 수 있게 될 것이다.

나의 새로운 코디네이터는 센스쟁이

집에 자신의 전담 코디네이터가 있다면 어떨까? 어쩌면 그것은 몇 년 후에 우리의 현실이 될지도 모른다. 친인간화 기술이 만든 옷장이 나를 위한 코디네이터가 되어 줄 것이기 때문이다. 내가 외출을 준비하면 옷장에 달린 거울은 순식간에 디스플레이어로 변신해 입을 옷의 여러 유형을 화면에 보여준다. 더불어 그날의 날씨나 입을 옷, 외출 목적, 평소에 입력해둔 스타일 등에 따라 코디네이터 역할을 해준다. 물론 입을 옷에 맞는 액세서리와 구두 등도 자동으로 골라서 제시한다.

휴먼테크의 진화는 우리 모두가 《백설공주》의 말하는 거울을 가질 수 있도록 해준다. 비록 마법의 거울이 아니라 기술의 거울이지만 휴먼테크는 동화 혹은 영화 속에서나 가능할 법한 것들을 하나둘 현실로 이끌어내고 있는 것이다. 미래의 상품과 서비스는 어떤 형태로든 휴먼테크와의 결합을 이룰 것이고, 기존에 존재하던 상품과 서비스도 휴먼테크를 통해 새롭게 변신과 진화를 거듭할 것으로 보인다. 그것이 바로 미래의 새로운 시장이자 미래 소비자를 유혹할 무기이다.

오감이 충만한 텔레비전과 컴퓨터

지금까지 시각, 청각, 촉각, 미각, 후각 등의 오감은 사람의 고유한 능력이자 특권이었다. 그러나 이제는 디지털 기술이 오감을 구현하는 제품을 속속 선보이고 있다. 이는 오감이 충만한 하이테크로 우리의 생활을 더욱 윤택하게 만들어주는 도구의 바탕이 되고 있다.

발명에는 존재하지 않던 것을 새롭게 만들어내는 것뿐 아니라 기존에 있던 것을 혁신적으로 바꾸는 것도 속한다. 실제로 텔레비전과 컴퓨터가 오감을 구현할 것이라는 발상이 디지털 기술 진화와 어우러지면서 휴먼테크 상품이 태어나고 있다. 조만간 우리는 전광All-Optical 기술이 적용된 텔레비전과 컴퓨터를 만나게 될 것이다. 시각, 청각에 이어 후각까지 활용해 마치 실제 상황처럼 느끼게 하는 디지털 기술이 현실화되기 때문이다. 이 기술은 컴퓨터, 텔레비전 등에 내장해 가상 환경 구축에 활용될 수 있을 뿐 아니라 영화나 애니메이션, 게임, 쇼핑몰 등의 산업에 새로운 혁명적 전기를 마련해줄 것이다. 더불어 공조시스템과 결합해 쾌적한 주거 환경을 제공할 수도 있고 제3의학으로 각광받는 아로마테라퍼, 품질관리 분야 등에 응용될 수 있다.

디지털로 냄새를 전달하는 방법은 보통 두 가지이다. 하나는 전자 코Electronic nose라는 개념으로 냄새 정보를 디지털로 전환해 저장하는 방식이다. 예를 들면 프린터에 향 카트리지 같은 것이 존재해 향기를 발산하는 방식이 고안되는 것이다. 또 하나는 직접 향을 발산하는 시스템이 아니라 초음파 파동으로 시청자의 뇌를 자극해 가상체험을 하게 하는 접근이다.

전문가들은 2015년 무렵이면 인터넷을 통해 냄새까지 전달하는 신기술이 대중화될 것으로 예상한다. 나아가 PC와 게임기, 텔레비전의 구분이 사라지고 모든 정보단말기가 인터넷에 연결되며, 웹사이트에서 냄새까지 그대로 느낄 수 있는 전광 인터넷 환경이 구축될 것으로 전망하고 있다. 이것이 실현되면 온라인 게임을 할 때 격렬한 전투신에서 화약 냄새나 피비린내도 느껴지고 공격을 당하면 진동이나 따가운 고통도 느낄 수 있다. 텔레비전 요리 프로그램은 음식의 향기까지 고스란히 전해줘 군침을 돌게 만들고 쇼핑몰에서 파는 화장품의 향기를 맡아볼 수도 있다.

디지털 속에 오감이 모두 녹아들어갈 날은 멀지 않았다. 시각과 청각 중심이던 것에서 촉각이 가미되었고, 이제 후각과 미각까지 구현되기에 이르렀기 때문이다. 디지털이 오감을 모두 복제해 전달과 구현이 가능하도록 만드는 시대가 된 것이다.

새로운 효도의 트렌드: 부모님 댁에 U-Health 하나 놔드려야지

수년 안에 부모님 댁에 보일러를 새로 놔드린다는 것은 박물관으로 가고 효도의 테마는 U-health 환경을 구축하는 것으로 옮겨갈 것이다. U-health는 미래 의료 환경의 중심이 되는 것으로 유비쿼터스 환경과 첨단 의료장비가 결합한 건강지킴이이다.

질병이나 안전사고로부터 건강을 관리하고 보호하는 것은 인간의 영원한 관심사이다. 효도나 가족 사랑을 표현하는 방법 중에서 건강을 배려하는 것보다 앞선 것이 무엇이 있겠는가? U-health 환경에서의 건강검진은 실제로 병원에 가서 건강검진을 받는 것과 다를 바가 없다. 비록 원격검진을 하지만 텔레비전을 통해 검사화면과 담당 주치의 얼굴도 실시간으로 보고 말도 주고받는다. 직접 마주하지는 않지만 U-health 장비와 카메라를 사이에 두고 원격으로 마주하고 있어 직접 마주한 효과를 그대로 유지할 수 있다. 나아가 원격검진 화면을 멀리 있는 자식들이 집에 있는 텔레비전이나 휴대전화로 볼 수도 있다.

특히 집에 설치된 원격생체신호측정기인 헬스케어 박스에 손가락을 집어넣으면 기본적인 검사가 진행된다. 헬스케어 박스에는 혈당측정기, 전자혈압계, 요분석기, 전자청진기 등이 모듈형태로 내장돼 있으며 이것은 병원의 원격의료센터와 연결되어 있다. 이 경우 전자복사선을 이용해 채혈 없이 혈액 내 혈당을 측정하기 때문에 피 한 방울 흘리지 않고 혈당치가 자동으로 간편하게 측정된다. 만약 검사에서 이상 징후가 발견되면 곧바로 원격으로 병원 예약이 이뤄지고 필요하면 앰뷸런스도 바로 보내준다.

그뿐 아니라 스마트 좌변기, 구강상태를 확인해주는 스마트 전동 칫솔, 스마트 러닝머신, 스마트 액세서리 등이 모두 U-Health를 지원해 일상 속에서 간단한 건강진단을 수시로 하게 된다. 이렇게 체크된 건강상황은 데이터베이스로 관리되며 이 결과는 늘 병원의 주치의에게 보고된다. 만약 환자에게 긴급한 상황이 생기면 스마트 액세서리를 통해 실시간으로 병원이나 보호자가 알게 되고 환자가 어디에 있든 GPS로 찾아낼 수 있다.

2012년 무렵이면 신체의 피로도, 건강상태, 감정 등을 자동으로 인식해 알려주는 '신체상황 인식기술'이 도입돼 건강관리도 시스템화할 것으로 예측된다. 이 기술에 사용되는 것은 몸 속에 저장되는 센서, 심박, 호흡, 혈당, 뇌파 등으로 신체상황을 주기적으로 체크하는 센서를 칩이 내장된 반지나 팔찌 등 스마트 액세서리의 형태로 몸에 착용한다. 특히 당뇨나 동맥경화 등 식이조절이 필요한 질병의 경우 혈당센서를 통해 효율적인 관리가 가능하고, 응급상황일 경우 119 자동연락 서비스 등을 이용할 수 있다.

하이테크와 휴머니즘의 운명적 만남

개인주의 트렌드가 확산되고 하이테크가 진화할수록 인간 소외 등으로 인한 외로움과 소외감도 더불어 증가할 것이다. 따라서 친인간화는 사람과 사랑을 그리워하는 소비자들을 위한 효과적인 마케팅 코드가 될 수 있다.

사람만이 희망이다

기술적 진화의 방향은 휴머니즘이다. 그렇다면 마케팅 진화의 방향은? 이것 역시 결국에는 휴머니즘일 수밖에 없다. 기술은 상품과 서비스에 점점 더 큰 영향력을 미치고 휴먼테크는 산업화·상품화되기 위한 기술의 필수적 지향점이다.

앞으로의 마케팅에서 휴머니즘은 필수적이다. 그렇다고 인간적으로 편안하게 마케팅을 하라는 것이 아니라 사람들을 유혹할 마케팅 무기로써 휴머니즘을 이용하라는 것이다. 물론 하이테크 제품에서도 휴먼터치, 휴먼테크는 매우 중요하다. 한마디로 인간의 탈을 쓴 하이테크를 지향하는 셈이다. 앞으로 하이테크는 친구나 비서를 흉내 낼 것이고, 우리는 자신을 배려하고 아껴주는 휴먼테크의 편리와 혜택을 누리게 될 것이다. 그러므로 마케팅에서 이걸 강조하는 동시에 이것을 상품으로 팔아야 한다.

하이테크의 딜레마?

〈은하철도 999〉에서 철이는 메텔과 함께 기차여행을 한다. 그 여행의 목적은 인조인간이 되는 것이다. 인간이 인간을 버리고 기계가 되는 것이 기차여행의 종착지에서 철이가 선택할 목적이었다. 그런데 기차여행 내내 보이는 것은 지독한 휴머니즘과 기계의 폐해이고 메텔은 끊임없이 철이에게 인간을 버리지 말 것을 권한다. 〈은하철도 999〉에는 단순한 어린이용 만화를 넘어 깊은 인간적 고민과 철학적 화두가 담겨 있다. 어쩌면 인간과 기계 사이의 갈등, 기계가 되고자 하는 인간의 속사정 등을 통해 미래의 하이테크 문명이 가져올 폐해나 딜레마를 제시하고 있는지도 모른다.

우리가 어릴 적 꿈꾼 로봇은 하나같이 사람처럼 생긴 로봇이다. 사실 기능적인 것만 놓고 보자면 팔다리를 가진 구조보다 바퀴나 체인으로 된 궤도바퀴를 가지고 이동하는 구조가 훨씬 안정적이고 효율적이다. 그렇기 때문에 산업 현장에서 활용되는 로봇은 대개 팔만 있거나 사람을 닮기보다 기능적 측면에만 초점이 맞춰져 있다.

휴먼로봇은 훨씬 어렵고 비싼 기술임에도 로봇의 미래는 휴먼로봇이 될 것이 틀림없다. 이는 어린시절부터 보아온 만화나 SF영화 속에서의 설정 때문이 아니라 우리가 지향하는 하이테크 속에 휴머니즘이 녹아 있기 때문이다.

우리가 궁금해 하는 미래의 이슈 중 하나가 '과연 디지털 기술의 진화와 로봇의 대중화가 인간을 소외시킬까?' 하는 것이다. 기술과 로봇이 미래를 지배하고 인간이 설 미래는 없는 것일까? 이런 의문을 품는 것은 우리가 SF영화를 많이 봐온 탓이다. 물론 그렇게 되지 말라는 법은 없다. 하지만 기술적 진화에서 인간을 배려하고 인간 중심적인 관점이 점점 확산되고 있다는 점을 이해한다면, 로봇이 우리의 미래를 좀먹는다는 암울한 미래 전망에서 벗어날 수 있을 것이다. 하이테크는 결국 인간이 인간을 위해 만드는 것이다. 설사 하이테크의 딜레마에 빠지게 되더라도 그것은 기계의 잘못이 아니라 인간의 잘못이다.

디지털은 원리와 원칙을 철저히 준수한다. 디지털에게서 사람이 갖는 융통성이나 창의성은 기대할 수 없다. 즉, 사람의 역할이나 영역과 첨단기술 그리고 로봇의 역할 및 영역은 서로 다른 것이다. 아마도 첨단기술과 로봇은 사람이 더욱더 창의적인 활동에만 집중할 수 있도록 충실한 비서의 역할을 하게 될 것이다.

왜 친인간화 코드가 대세인가

사회적으로 인간미가 자꾸만 줄어들기 때문에 친인간화 코드가 떠오르는 것이다. 현대에는 치열한 경쟁구도, 개인주의와 인간 소외, 기계문명에 대한 맹목적 수용, 경제논리에만 입각한 무역주의와 승자주의 등이 사회 전반의 인간적인 면모를 점점 퇴색시키고 있다. 그처럼 인간적 교류, 인간적 신뢰, 인간적 활동이 점점 줄다 보니 인위적으로로라도 친인간화를 지향하는 것이다. 사회적으로 인간미가 풍부했다면 굳이 상품과 서비스에서 친인간화를 내세울 필요도 없고, 친인간화가 하나의 소비 코드가 될 리도 없을 것이다.

본래 사람들은 익숙하고 흔한 것은 돈과 시간을 들여 원하지 않는다. 이제 자연적인 친인간화가 흔치도 익숙하지도 않기에 마케팅 관점에서 인위적 친인간화 코드가 부각되어야 한다.

디지털의 종착역은 결국 아날로그다

디지털이 진화한다고 해서 기계화가 되는 것은 아니다. 디지털이라는 키워드를 떠올리면 상당수의 사람이 첨단의 기계문명, 정보화와 미래사회, 컴퓨터나 로봇, 0과 1, 비인간화 등 차갑고 딱딱한 이미지를 연상한다. 사실은 이제껏 우리가 향유하던 아날로그 문화보다 디지털이 더욱 친인간화와 인간 편의주의를 지향한다. 가장 좋은 디지털은 아날로그처럼 느껴지는 디지털이다.

디지털은 명확하고 분명하다. 반면 아날로그는 모호하고 불분명하지만 인간적이고 지극히 따뜻하며 감성적이다. 그래서인지 요즘 디지털은 점점 아날로그를 닮아가려 노력한다. 디지털의 분명함과 아날로그의 따뜻함이 공존할 수 있다면 얼마나 환상적일까?

아날로그를 닮아가려는 친인간적 디지털 기술의 사례 중 하나로 컴퓨터와 관련된 친인간화 기술을 들 수 있다. 컴퓨터를 옷처럼 입고 필요한 기능을 구현한다면 어떨까? 자신이 컴퓨터를 활용한다는 생각을 하지 못할 정도로 자연스럽게 사람과 일체화가 된 컴퓨터를 입고 안경 모니터로 보는 모습을 상상해보라. 그 모니터를 평소에는 주머니 속에 접어뒀다가 필요할 때 꺼내 펼쳐 볼 수 있거나 종이 잡지처럼 휴대하기 편한 미디어 디스플레이어가 나온다면 어떨까?

마우스를 통해 손끝으로 전해지는 미미한 촉각까지도 디지털화해 느낌을 전달해준다면 어떨까? 컴퓨터상에서 보이는 사물의 냄새나 향기를 구현해낸다면, 즉 맛있는 음식이나 향수, 아로마 등을 디지털화한 후각으로 구현한다면 어떨까? 사용자의 시선을 컴퓨터가 읽어내 단지 보고 반응하는 것만으로도 컴퓨터가 이를 실행해 눈이 마우스 역할을 대신하게 된다면 어떨까?

사실 DNA 컴퓨터나 뉴로 컴퓨터, 유비쿼터스^{Ubiquitous} 컴퓨팅 등은 모두 친인간화한 컴퓨터 진화의 예이다. 가장 디지털적인 컴퓨터조차 친인간화를 지향하며 점점 아날로그를 흉내 내려 하고 있는 것이다.

아무리 디지털 카메라의 기능을 강화하고 화소수를 높일지라도 렌즈와 조리개, 셔터 등 카메라 고유의 기능이 없으면 제 역할을 하지 못한다. 렌즈를 비롯해 조리개, 셔터 등 카메라 고유의 기능은 지극히 아날로그적이다. e-Book이 책을 완전히 대체할 수도 없고 인터넷신문이 종이신문을, 전자문서가 종이문서를 완전히 대체할 수도 없다. 책을 인터넷에서 사는 게 더 편할 수도 있지만 사람들은 여전히 오프라인 서점으로 향한다. A4용지 사용량도 매년 증가하고 있다고 한다. 디지털로 치장한 휴대전화도 전파를 수신하는 부분의 주요 기술과 부품은 여전히 아날로그 기술이다.

이밖에도 우리 주변의 일상 속에서 디지털과 아날로그의 이종교배이자 상호공존의 예는 무수히 볼 수 있다. 디지털화가 아날로그를 사라지게 하는 것이 아니라, 오히려 디지털화가 아날로그를 더 번창시킨다고 해도 지나치지 않을 정도다.

지금도 디지털은 아날로그에서 많은 것을 배운다. 첨단 디지털 기술 중 상당수는 자연에서 배운 것이다. 각종 전자기술이나 항공우주공학, 로봇기술, 나노기술 등 첨단기술 개발에서는 나비나 거미, 개미 등의 곤충이 좋은 선생이 되곤 한다. 가장 아날로그적인 자연에서 최첨단 디지털 기술의 아이디어와 실행 방법을 끌어내는 것이다.

아날로그와 디지털은 기술적인 방식의 차이일 뿐 결국 인간을 위한 도구의 진화이다. 이 두 가지는 서로 분리되는 것이 아니라 공존하면서 상호 보완하는 관계이다. 앞으로도 디지털은 점점 아날로그를 닮아갈 것이며 디지털의 궁극적 종착점은 아날로그일 수밖에 없다.

기술이 아닌 편리함을 판다

기술은 인간화를 지향하고 기술 소비는 인간적 감성화를 지향하며 기술 마케팅은 이를 활용한다. 이때 파는 것은 기계이고 기술이지만 사는 것은 친인간화의 편리함이다.

기술 진화의 방향

지금은 가히 하이테크 전성시대이다. 뭐든 하이테크와 결합하지 않는 것이 없다. 그렇다면 기술적 진화만 이뤄낸다고 하이테크가 팔릴까? 그렇지 않다. 소비자는 기술을 소비하는 것이 아니라 기술로 구현된 감성과 편리함을 소비하는 것이다. 따라서 아날로그적 감성과 창조적 상상력의 토대 위에 디지털 신기술이 펼치는 휴먼테크, 즉 하이터치 High Touch 의 기반 위에 하이테크 High Tech 의 꽃을 피워야 한다.

친인간화를 지향하는 기술적 진화는 아날로그로 가는 디지털과도 같다. 첨단 디지털 기술이 나와도 결국 기술 진화의 방향에서는 인간적인 친숙함과 아날로그적 감성이 녹아든 첨단 디지털 기술이 더욱 사랑을 받게 되는 것이다.

인간성 좋은 기술이 사랑받는다

기술에 인간성이 있다고? 이제 하이테크 제품을 팔고 싶다면 기능적이고 기계적인 것을 강조하지 마라. 인간적이고 감성적인 것을 내세워라. 10여 년 전만 해도 하이테크 제품의 광고에서는 각종 기술적인 용어나 성능을 나열하는 것이 대세였다. 한마디로 첨단 기능을 강조하는 마케팅이었다. 그런데 수년 전부터 그런 광고는 찾아보기 힘들어졌다. 지금은 하이테크 제품도 패션상품처럼 마케팅을 한다. 감성적으로 보여주고 기능이나 기계적인 설명은 배제하는 것이다. 왜냐하면 소비자가 기계를 사는 것이 아니라 편리함과 즐거움을 주는 인간미 넘치는 도구를 사기 때문이다.

친인간화를 오해하지 마라

소비자가 친인간화를 원하는 것은 그것이 인간이 아님을 알기 때문이다. 만약 상품이나 서비스가 인간 자체라면 굳이 친인간화를 원하지 않을 것이다.

그렇다면 사물이 인간과 똑같기를 원하는 것일까? 그렇지 않다. 사물에서 인간적 배려와 친밀도를 원하는 것이지 외형적 인간화를 원하는 것은 아니다. 물론 어느 정도는 인간을 닮길 원한다. 그렇다고 너무 구별이 안 될 정도면 곤란하다.

휴먼로봇이 인간과 똑같을 정도로 감쪽같이 만들어진다면 어떨까? 아마도 사람들은 심리적으로 적응하지 못할 것이고 그런 상태라면 휴먼로봇은 오히려 덜 팔릴 것이다. 이를 두고 언캐니 밸리Uncanny Valley라고 하는데, 이는 일본의 로봇공학자인 모리 마사히로 박사가 주창한 이론으로 사람을 흉내 낸 물체가 실제 사람과 닮아갈수록 심리적 호감도가 떨어지게 되는 현상을 말한다. 인간은 어떤 사물이 자신과 비슷할수록 호감을 갖지만 그것이 일정 수준을 넘어서면 오히려 혐오감을 느낀다는 것이다.

결국 친인간화의 목적은 상품이 지닌 인간적 배려와 그로 인한 편리함으로 삶의 질을 높이는 데 있다.

하이브리드와 하이퍼링크

하이테크에 하이브리드[Hybrid]와 하이퍼링크[Hyperlink]가 결합되는 것도 모두 인간적인 요구 때문이다. 여러 개를 뭉쳐 하나로 동시에 여럿의 효과를 거둘 수 있는 하이브리드의 편리함이나, 어디에 있든 하이퍼링크로 서로 연결되어 있으면 쉽게 소통하고 정보를 이용할 수 있는 편리를 위한 요구인 것이다.

하이브리드의 요구가 만들어낸 결과가 컨버전스[Convergence]이다. 하이테크 진화의 중심에는 컨버전스가 있으며, 서로 섞고 뭉치는 과정 속에서 새로운 가치와 혁신들이 나와 소비자를 사로잡는 새로운 유혹이 생겨나는 것이다.

하이테크가 가져온 기술적 진화와 그로 인한 인간의 편리 및 혜택은 긍정적이다. 하지만 기술 만능주의와 기술 중심주의는 문제가 된다. 특히 기술과 인간의 대립적 관점을 만들어내는 것은 불필요한 소모다. 로봇과 인간 노동의 상충과 갈등은 피할 수 없지만 이 때문에 로봇의 노동력을 부정해서는 안 된다. 인간은 더욱 인간답게 로봇이 따라오지 못할 창의적이고 기획적인 능력을 발휘하는 데 집중해야 한다. 물론 앞으로 로봇기술의 대중화와 노동 인력의 문제가 주요한 이슈가 될 수 있고, 이것이 노동문제 전반에 큰 계기를 만들 것은 분명하다. 이에 대한 대비나 시나리오를 준비해보는 것도 중요한 미래 준비다.

친인간화 기술이 지갑을 연다

친인간화 기술을 적용한 새로운 하이테크 제품은 휴먼테크로 불린다. 기존의 용도에서 혁신적으로 진화한 새로운 휴먼테크 제품도 속속 등장하고 있다. SF 속에서나 가능할 것 같은 기계의 인간화는 디지털의 아날로그화인 셈이다. 사람을 흉내 내는 하이테크, 사람처럼 배려하는 하이테크는 결국 우리의 삶의 질을 높여줄 것이며 우리의 지갑을 끊임없이 공략할 것이다. 친인간화 기술은 새로운 소비를 창출한다.

사랑하라, 소비자가 마음을 열 때까지

휴먼테크는 하이테크 제품을 만들고 파는 것만을 의미하는 것이 아니다. 여기에는 마케팅에서의 친인간화 접근도 포함된다. 휴먼테크는 친인간화를 위한 여러 도구 중 하나로, 특히 하이테크를 통한 휴먼테크는 휴먼터치도 하이터치로 만들면서 점점 소비자의 마음을 사로잡고 있다.

소비자의 체온은 36.5도

이제는 상품을 파는 것이 아니라 '관계를 맺는다'는 접근이 필요하다. 돈을 내놓는 지갑으로서의 소비자가 아니라, 관계를 맺으며 인간적인 교감을 나눌 수 있는 인간으로서의 소비자가 되도록 해야 한다. 그렇게 해야만 소비자를 사로잡을 수 있다.

마케팅은 사람을 이해하는 것으로부터 시작된다. 이를 반영하듯 이미 요즘의 마케팅은 소비자를 사랑으로 물들이고 있는 중이다. 감성 마케팅이나 감성 경영이 기업의 화두가 된 지는 오래되었으며, 소비자는 물론 기업 내 조직관리에서도 감성을 강조하고 있다. 시장의 주도권이 생산자에서 소비자로 이동하면서 감성 마케팅의 중요성이 그만큼 높아졌기 때문이다.

감성 마케팅의 목적은 소비자의 감성을 자극하는 정보를 통해 제품이나 서비스에 대한 소비자의 호의적인 감정을 불러일으키고, 좋은 소비 경험으로 소비자에게 즐거움과 감동을 주는 데 있다. 이를 위해서는 시각, 청각, 미각, 후각, 촉각 등 5감을 자극하는 마케팅을 펼쳐야 한다. 예를 들어 향기 마케팅, 컬러 마케팅, 음향 마케팅 등이 여기에 해당한다. 빵 냄새에 끌려 빵 가게를 찾고 커피 냄새에 이끌려 커피전문점을 찾도록 하는 것 혹은 백화점에서 소비를 자극하는 음악을 틀어주거나 패스트푸드점에서 빨리 먹고 나가도록 빠른 템포의 음악을 사용하는 것은 모두 감성 마케팅의 사례이다.

러브마크 마케팅은 계속된다

사랑은 간혹 이성을 초월하곤 한다. 이성적으로 보면 하지 않을 행동도 사랑에 빠진 이들에겐 당연한 행동이 될 수 있다. 흔히 사랑에 빠지면 이성과 판단력을 잃는다고 하듯, 러브마크 마케팅에 빠진 충성도 높은 소비자도 이성과 판단력을 잃고 맹목적인 충성고객이 되곤 한다. 왜 좋은지 판단할 필요도 없이 그냥 그 자체로써 좋다고 말할 정도다.

사랑의 진한 흔적에 빗대 강렬하게 각인되고 끈끈하게 인연을 이어간다는 러브마크 마케팅은 감성적인 애착과 유대감 그리고 충성도로 이뤄진다. 물론 소비자에 대한 끊임없는 애정, 신비감, 꿈의 공유, 소비자와의 약속 지키기, 혁신적인 서비스와 훌륭한 디자인, 실수 인정 등이 조화롭게 이뤄진다면 신뢰는 충분조건이 되고 사랑은 필요조건이 된다. 소비자의 감성을 지배해 소비자가 제품이나 브랜드와 사랑에 빠지게 한다면 어찌 안 팔릴 수 있겠는가?

지금은 많은 기업이 점점 더 소비자의 감성을 자극하고 있고, 소비자의 감성에 사랑을 고백하듯 달콤하게 다가가고 있다. 감성으로 소비자의 마음을 물들이고 있는 것이다.

기술도 휴먼터치, 마케팅도 휴먼터치

친인간화는 결국 기술의 힘, 분석의 힘에 달려 있다. 따라서 친인간화가 소비자에게는 감성적으로 다가갈지라도 마케터는 철저하게 이성적이고 기술적인 분석을 시도해야 한다. 인간적 배려를 위한 기술적 진화와 그에 상응하는 분석의 정교화 및 진화가 필요하기 때문이다.

흔히 친인간화 마케팅에서는 휴먼터치와 스킨십을 많이 활용한다. 사랑의 가장 직접적인 표현이 터치이기 때문이다. 아무리 하이테크가 편리한 기능을 가졌어도 기계 대신 사람이 배려하고 서비스해야 더 높은 만족감을 주는 법이다. 특히 VIP를 비롯한 상위의 소비계층으로 가면 갈수록 기계의 실용성이 아닌, 인간의 감성에 가치를 두는 소비자가 많다.

이에 따라 기술이 휴먼터치를 흉내 내는 경우도 많다. 마케팅의 휴먼터치는 결국 소비자와의 친밀도를 높이거나 소비자의 속마음을 알아채기 위함이다. 따라서 기술의 힘으로 사람이 할 수 있는 세심한 배려를 좀더 풍부하게 제공해줄 수 있어야 한다.

포화에 이른 하이테크 시장의 돌파구, 휴먼테크

휴먼테크는 하이테크 제품의 당면과제이자 미래의 하이테크 시장의 주류가 될 것이다. 따라서 기술적 진화에 여러 가지 문화와 친인간화를 가미해 다양한 상품과 비즈니스 기회를 창출해야 한다. 늘 친인간화가 주는 마케팅 기회가 무한하다는 것을 기억하라.

이미 존재하는 제품일지라도 휴먼테크를 결합해 혁신적으로 개선해야 하고, 마케팅을 할 때는 기술과 기능이 아니라 인간미와 인간적 편의를 강조해야 한다. 앞으로 친구나 동반자가 되어 주는 서비스 및 상품의 수요는 커질 것이고 더불어 사람을 대신하거나 사람처럼 대할 수 있는 상품도 확대될 것으로 보인다. 인격화한 상품이 계속 늘어난다는 얘기다. 그리고 그 모든 하이테크 제품은 휴먼테크로 거듭날 것이다.

휴먼테크가 주는 마케팅 위기는 휴먼테크에 효과적으로 대응하지 못하는 기업이 겪게 될 위기이지, 휴먼테크 자체의 위기는 아니다. 물론 휴먼테크는 기존의 제품에 비해 원가의 추가 부담을 발생시킬 수 있다. 하지만 그것은 위기라고 하기보다 기회비용이라고 하는 것이 맞다. 휴먼테크는 위기가 아닌 기회이다. 휴먼테크는 포화에 이른 하이테크 시장의 새로운 돌파구로 하이테크에 감성과 휴머니즘을 결합해 소비자의 새로운 수요를 이끌어내고 있다.

우리가 소비를 하는 것은 기술이 아니라 그 기술이 주는 편의이자 즐거움이다. 어디까지나 소비자는 사람임을 잊지 마라. 기술의 진화가 고도화할수록 사람들은 더욱 인간적이고 아날로그적인 감성을 충족하고자 할 것이다. 그동안 기술이 인간미와 아날로그의 감성을 구현하지 못해 그런 요구를 덜했다면, 앞으로는 기술수준이 높아지면서 더 많은 요구를 하게 될 것이다. 기술이 그 요구를 충분히 충족시켜줄 것이기 때문이다.

진화하는 기술이 탄생시킨 새로운 시장

● Key Point

친인간화는 마케팅의 보편적 대세이며 기술 진화는 친인간화를 더욱 확장시킨다. 즉, 소비자는 기술이 아닌 인간적 편리와 즐거움을 소비하고자 하며 휴먼테크는 우리의 보편적 요구인 것이다. 결국 휴먼테크는 친인간화 마케팅의 한 요소로 이는 하이테크와 휴머니즘의 결합이 주는 새로운 기회이자 시장이다.

● Think About

① 여러분이 속한 기업의 생산품 중 휴먼테크를 적용한 것으로는 어떤 것이 있는가? 앞으로 휴먼테크가 적용될 상품의 당면과제는 무엇인가?

② 휴먼테크 트렌드를 수용하려면 라이프스타일 연구와 함께 하이테크에 대한 깊은 이해가 필요하다. 하이테크 동향을 분석하고 최신 기술을 이해하는 데 어떤 노력을 기울이고 있는가?

③ 마케팅 부서와 연구 부서, 기술 부서 인력간 교류의 필요성을 느끼는가? 상호 통합적이고 복합적인 연구를 수행하고 있는가? 수행하고 있지 않다면 그 이유는 무엇이라고 생각하는가? 개선한다면 어떻게 하고 싶은가?

④ 친인간화 마케팅과 관련해 수행한 마케팅 활동이 있는가? 성과는 어땠으며 어떤 문제와 시행착오를 겪었는가?

09

21세기를 지배할 마케팅 도구 **아트**

Art

• • •

마케터도 성공하고 싶으면 아트를 알아야 한다.
1년에 미술관이나 공연장을 한번도 찾지 않는 마케터가
어찌 아트 마케팅을 펼칠 수 있겠는가?
마케터의 예술 소비는 과소비가 되어도 좋다.

예술의 옷을 입은 대량생산시대의 상품들

코카콜라, 특별한 '아트 다이닝'을 차리다

대중문화의 상징과도 같은 코카콜라에도 예술의 손길이 닿으면 얘기가 달라진다. 지나치게 흔한 탓에 그 진가를 지나치기 쉬운 코카콜라의 병 디자인은 이미 그 자체로 '예술적'이지만 말이다.

코카콜라벨기에는 2002년부터 디자이너, 아티스트들과 함께 특별한 행사를 진행해오고 있다. 그것은 '유혹'이라는 주제 아래 매년 한 가지씩 특별한 테마로 코카콜라 라이트 리미티드 에디션을 선보이는 것이다. 지금까지 아트(2002), 패션(2003), 포토(2004), 플라워(2005)를 콘셉트로 코카콜라 라이트의 캔이나 병에 아티스트, 포토그래퍼, 패션 디자이너들의 작품을 덧입혔다. 2006년의 주제는 '아트 오브 다이닝the art of dining'으로, 유혹은 근사한 만찬에서부터 시작된다고 외치는 캠페인이었다. 이를 위해 벨기에의 유명 요리사 필리페 반 덴 브룩Philippe Van den Bulck과 상훈 데겜브레Sang-Hoon Degeimbre는 서양 미술의 가장 유명한 식사 장면인 에두아르 마네의 〈풀밭 위의 점심〉과 피터 브뤼겔의 〈농부의 결혼식〉을 모던하게 재현했다. 당연히

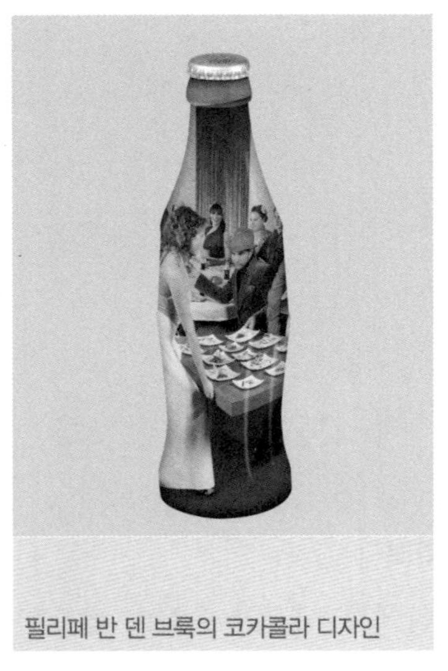

필리페 반 덴 브룩의 코카콜라 디자인

상훈 데겜브레의 코카콜라 디자인

여기에는 상상력이 가미되었다.

2007년의 리미티드 에디션은 2만 5,000개가 만들어져 벨기에 전역의 트렌디한 레스토랑 50곳에 배포되었다고 한다. 열혈 코카콜라 마니아들은 이 특별한 컬렉션을 손에 넣고자 해마다 비행기를 타고 벨기에로 몰려든다.

커피와 미술을 접목한 일리카페

질 좋은 에스프레소로 유명한 이탈리아 브랜드 일리카페[Illycaffe]는 1992년부터 '일리컬렉션'을 선보였다. 이는 커피를 마시는 행위가 갖는 미학적 쾌감과 아티스틱한 커피 잔을 결합시킨 것이다. 아티스트들은 백색의 에스프레소 잔과 받침을 캔버스 삼아 개성 있는 작품을 만들어냈고 각자의 사인과 고유번호를 남겼다.

일리카페의 백색 에스프레소 잔은 1990년 건축가이자 알레시, 티파니, 스와치 등과 함께 작업한 디자이너 마테오 턴^{Matteo Thun}의 디자인으로, 이후 이 잔을 이용해 아티스트들이 작품을 선보이게 된 것이다. 일리카페의 로고 역시 현대 팝아트의 아버지라 불리는 제임스 로젠키스트^{James Rosenquist}가 디자인했다.

일리컬렉션에는 세인트 마틴의 학생들부터 영화감독 프랜시스 포드 코폴라^{Francis Ford Coppola}, 현대 미술의 악동 제프 쿤스^{Jeff Koons}, 루이스 브루주아^{Louise Bourgeois}, 제임스 로젠키스트, 백남준 같은 대가의 디자인이 포함되어 있다. 1992년부터 현재까지 참여한 아티스트는 50여 명에 이른다. 일리카페는 지금도 마테오 턴, 엔조 마리^{Enzo Mari}, 클라우디오 실베스트린^{Claudo Silvestrin}, 루가 트라지^{Luca Trazzi} 등의 작가뿐 아니라 알레시 같은 국제적인 디자인 회사와도 긴밀한 공동 프로젝트를 진행하고 있다. 또한 이미 여러 해 동안 베니스 비엔날레, 뉴욕 PS1 현대미술관의 스폰서십을 통해 예술가들을 후원해오고 있다.

소더비 경매장으로 간 스와치

스와치는 세상에서 '가장 작은 캔버스'라는 광고 카피처럼 다양한 컬러와 파격적인 디자인을 선보여 왔다. 무엇보다 새로운 기능과 디자인의 신제품을 매년 1백여 개씩 출시해 아무리 길어도 1년 이상을 넘겨 판매하지 않는 높은 희소성으로 해마다 수집가들의 수집 대상으로 불티나게 팔리고 있다. 예술가들의 아름다운 그래픽을 담아낸 '아티스트 스페셜'은 그야말로 손목에 차고 다니는 예술품으로 인정받고 있으며 퐁피두센터^{Centre Pompidou}에 상설 전시되고 있다.

지금까지 참여한 예술가로는 백남준, 키스 해링^{Keith Haring}을 비롯해 영화감독 페드로 알모도바르^{Pedro Almodovar}, 로버트 앨트먼^{Robert Altman}, 구로사와 아키라^{Akira Kurosawa}, 패션 디자이너 비비안 웨스트우드^{Vivian Westwood}, 아방가르드 예술가 오노 요코^{Ono Yoko} 등이 있다.

영국을 대표하는 펑크 패션의 대부이자 본인 스스로가 패션 아이콘인 디자이너 비비안 웨스트우드의 스와치는 소더비에서 5,500달러에 경매되었다. 또한 비디오 아티스트 백남준은 2000년을 맞아 자신의 작업을 손목시계에 고스란히 옮겨놓은 듯한 백남준 스페셜을 제작했는데, 이는 소더비에서 5,000달러에 경매되었다.

"나는 보통 물건이 아닙니다"

제품 자체에 아티스트의 작품을 입히는 경우도 있다. 가장 많이 찾아볼 수 있는 예는 리미티드 에디션을 활용한 제품의 한정 판매이다. 비록 수억 원을 호가하는 오리지널 작품을 구입하긴 어려워도 충분히 구매 가능한 영역인 이들 리미티드 에디션은 대리만족의 즐거움을 준다. 그래서 사람들은 대량생산되긴 했어도 "저는 보통 물건이 아니거든요"라고 말하듯 예술적 아우라가 넘치는 리미티드 에디션 앞에서 지갑을 열지 못해 안달이 난다. 아티스트의 손길이 닿는 순간 평범한 '제품'은 곧 '작품'이 되기 때문이다. 희소성과 특별함을 지닌 리미티드 에디션의 경우 세월이 지나면 경매장을 통해 고가에 거래되기도 한다.

아트는 최후의 럭셔리

역사상 20세기보다 더 많이 예술을 갈구했던 시기가 또 있을까? 심지어 생활도 예술이 되어야 한다는 구호가 사방에서 들려오기도 했다. 그 여파 때문인지 요즘 최고의 비즈니스 아이템은 예술이다. 예술과 비즈니스가 만났다는 것은 유명 아티스트의 작품을 감상하기 위해 미술관으로 달려갈 필요가 없다는 것, 그리고 자본주의 사회에서는 예술도 소비 대상이 된다는 것을 의미한다.

"아트는 최후의 럭셔리"라고 말한 《앤디 워홀 손 안에 넣기》의 저자 리처드 폴스키Richard Polsky의 말처럼 아트 마케팅은 자연스러운 수순으로 보인다.

MBA는 가고 MFA가 온다

《새로운 미래가 온다》의 저자 다니엘 핑크Daniel Pink는 〈지는 MBA, 뜨는 MFA The MFA is the new MBA〉라는 글을 통해 최근 기업 경영에서 예술 관련 학위가 가장 인기 있으며, MFA Master of Fine Arts가 MBA Master of Business Administration를 대체하고 있다고 말했다. 단순히 기능과 품질이 뛰어난 제품으로는 더 이상 경쟁할 수 없기 때문에 감성적인 접근을 통해 매출을 올릴 수 있는 이른바 아트 비즈니스가 요구되고 있다는 것이다. 하버드대, 스탠퍼드대, 일리노이공대는 이미 MBA에 MFA 개념을 가미해 디자인 리더들을 육성한다고 한다. 이러한 변화에 맞춰 국내에서도 최고디자인책임자 CDO Chief Design Officer를 두는 기업이 늘어나고 있다.

아티 제네레이션의 출현

예술과 비즈니스의 만남, 즉 아트 마케팅이 디자인경영의 새로운 트렌드로 뜨고 있다. 아트 마케팅은 예술을 활용해 기업과 브랜드의 이미지를 높이는 일련의 감성 마케팅 전략으로 정의할 수 있다.

기업이 아트 마케팅을 활용하는 이유는 첫째, 사람들의 문화적 욕구를 간파했기 때문이다. 1960년에 등장한 앤디 워홀[Andy Warhol]과 팝 아트는 본격적인 상품과 예술의 만남을 알렸다. 성능 좋은 상품이 넘쳐나는 세상이 되자 대중은 품질뿐 아니라 품격도 따지기 시작했고, 자연스럽게 브랜드의 이미지를 부각시키는 마케팅이 대두되었다.

둘째, 이미지 업그레이드 효과와 판매를 촉진하는 직접적인 마케팅 효과 때문이다. 아티스트 에디션이라는 이름을 달고 나오는 상품은 보통 물건보다 높은 값에 팔린다. 아티젠의 등극 역시 아트 마케팅을 부추기고 있다. 아트[art]와 세대[Generation]를 조합한 아티 제네레이션[Arty Generation]의 줄임말인 아티젠은 예술적 디자인이 살아 있는 상품을 선호하는 소비자군을 일컫는데, 기업은 가치 소비를 즐기는 이들의 욕구를 충족시키기 위해 적극적으로 아트 마케팅을 활용한다.

셋째, 점차 높아지고 있는 소비자의 눈높이를 맞추기 위해 디자인·예술 경영의 필요성을 인지했기 때문이다. 여기에 더해 예술에 대한 직·간접적 지원과 사회공헌의 의미도 있다. 롯폰기[ロシポンギ] 힐스에 있는 모리[モリ] 타워 꼭대기에 미술관을 세워 세계적인 주목을 끈 모리그룹은 예술을 이용해 품격을 높인 마케팅의 우수 사례로 거론

되곤 한다. 이처럼 최신 버전의 아트 마케팅은 예술을 후원하는 메세나 Mecenat 수준을 벗어나 차별화를 위한 투자 개념으로 인식되고 있다.

고급 고객을 위한 전략적 활용

기업의 아트 마케팅은 매우 다양하고 적극적인 방식으로 변화하고 있는데, 주로 예술적 차원의 홍보 효과를 노린 이벤트, 퍼포먼스, 패션쇼, 아트 광고, 리미티드 에디션, 매장 디자인 등의 형태로 나타나고 있다.

몇 년 전 국내에서 진행된 아우디의 신차 발표회는 갤러리에서 열렸다. 독일의 사진작가 토마스 루프 Thomas Ruff, 토마스 스트루스 Thomas Struth 및 칸디다 회퍼 Candina Hofer 의 전시회를 겸해서 진행되었기 때문이다. 이는 한마디로 고급 고객의 소비문화 취향을 만족시키기 위한 마케팅 전략이라고 할 수 있다. 프랑스의 특등급 와인 샤토 무통 로실드 Chateau Mouton Rothschild 는 피카소 Picasso, 살바도르 달리 Salvador Dali, 장 콕도 Jean Cocteau, 후앙 미로 Juan Miro 등 20세기 최고 작가의 작품으로 와인 라벨을 제작해 컬렉터들의 수집 목록에서 빠지지 않는 와인이 되었다.

이처럼 아트 마케팅을 활용하는 분야는 주로 명품 브랜드나 패션,

● **메세나** Mecenat

메세나는 기업의 문화예술·스포츠 등에 대한 원조 및 사회적·인도적 입장에서 공익사업 등에 지원하는 기업들의 지원 활동을 총칭하는 용어이다. 오늘날에는 기업 이윤의 사회적 환원 차원이나 기업의 문화적 이미지 제고 및 홍보 효과 차원으로도 선호되며, 문화 마케팅이나 예술 마케팅의 유행과 맞물려 기업으로서도 마케팅 효과로 이어지기도 한다. 메세나의 어원은 문화예술가들에게 지원을 아끼지 않은 로마제국의 정치가 마에케나스(Gaius Clinius Maecenas)에서 비롯되었다. 1967년 미국에서 기업예술후원회가 발족하면서 처음 사용한 이래 전 세계적으로 확산되었다.

수입 자동차 등 일부 영역에서 활발하게 진행되고 있으며 앞으로 더욱 확산될 것으로 전망된다.

성공하고 싶으면 아트와 손잡아라

기업은 아트 마케팅을 통해 기업과 브랜드의 이미지를 업그레이드하고 이를 통한 홍보 효과로 판매를 촉진한다. 제대로 만난 예술과 비즈니스가 만들어내는 결과물은 창조적이기까지 하다. 특히 기업의 아트 마케팅은 소극적인 재정 지원이 아니라 자사의 경쟁력을 강화하고 차별화하기 위한 투자의 개념으로 바뀌고 있다.

마케터도 성공하고 싶으면 아트를 알아야 한다. 1년에 미술관이나 공연장을 한번도 찾지 않는 마케터가 어찌 아트 마케팅을 펼칠 수 있겠는가? 마케터의 예술 소비는 과소비가 되어도 좋다. 아울러 아트 전문가를 마케팅 현장으로 영입하는 것도 적극 고려해야 한다. 아트는 더 이상 선택이 아닌 마케팅의 필수이기 때문이다.

명품과 아티스트의 만남이 낳은 황홀한 브랜드

아티스트의 이름은 그 자체로 황홀한 브랜드이다. 따라서 대가가 참여하게 되면 돈으로 환산할 수 없는 시너지를 낳기도 한다. 그러다 보니 기업과 브랜드는 고급스러운 이미지를 위해 아티스트와 함께 프로젝트를 진행하거나 이벤트 연출을 의뢰하는 경우가 많다. 아티스트의 참여 자체만으로도 문화적 이슈가 되기 때문이다.

특히 명품과 최고의 아티스트가 만나면 효과는 더욱 배가되며 아트 마케팅이 가장 많이 시도되는 영역 중 하나가 고가의 자동차이다. 예를 들어 BMW는 1975년부터 세계적인 아티스트들과 함께 '아트카 컬렉션'을 선보이고 있다.

박물관에서 모셔가는 BMW의 아트카

프랭크 스텔라^{Frank Stella}, 로이 리히텐슈타인^{Roy Lichtenstein}, 앤디 워홀, A.R. 펜크^{Penck}, 데이빗 호크니^{Divid Hockney}, 제니 홀처^{Jenny Holzer}… . BMW는 1975년부터 이름만 들어도 현기증 나는 현대 미술의 대표적 아티스트들과 함께 '아트카 컬렉션'을 선보이고 있다. 세계적인 아티스트들이 BMW 자동차를 캔버스(아마도 가장 값비싼) 삼아 작업을 했던 것이다.

자동차와 아트가 만난 거국적 프로젝트 BMW 아트카 컬렉션은 프랑스의 경매인이자 레이서인 허브 폴레인^{Hervé Poulain}이 최초로 아이디어를 냈고, 1975년 그의 친구이자 키네틱^{Kinetic} 아트의 창시자 알

로이 리히텐슈타인의 BMW 아트카

앤디 워홀의 BMW 아트카

렉산더 칼더^{Alexander Calder}가 레이싱카인 BMW 3.0 CSL에 처음으로 작업을 하면서 실현되었다. 초기에는 르망에서 열리는 24시간 레이스에 참가하는 레이싱카에만 작업을 했지만, 이후에는 양산차에도 적용하기 시작했다. 지금까지 15대의 아트카 컬렉션이 발표되었는데 마지막 작품은 제니 홀처가 1999년에 제작한 〈트루이즘스^{truisms}〉였다. 최근에는 미니어처로 만든 아트카 컬렉션도 선보여 전 세계 마니아로부터 큰 호응을 얻고 있다.

미술과 디자인, 기술의 문화사적 발전을 반영하는 BMW 아트카는 매년 파리의 루브르미술관^{Musée du Louvre}, 런던의 로열 아카데미^{Royal Academy}, 뉴욕의 휘트니뮤지엄^{Whitney Museum}, 베니스의 팔라조 그라시^{Palazzo Grassi}, 시드니의 파워하우스 뮤지엄^{Power House Museum}, 뉴욕과 빌바오의 구겐하임 뮤지엄^{Guggenheim Museum} 등 전 세계 유명 미술관에 전시되고 있다.

조슈아 데이비스, Z4 쿠페를 재해석하다

미국의 급진적인 그래픽 디자이너 조슈아 데이비스^{Joshua Davis}는 컴퓨터로 제작한 독특한 프린트 작품으로 BMW Z4 쿠페를 재해석했다. 조슈아 데이비스는 자신의 팔뚝을 사정없이 휘감은 문신만큼이나 정교하고 복잡한 알고리즘 그래픽 디자인의 개척자이다. 컴퓨터를 이용해 완성하는 그의 가공할 만한 그래픽은 최대 1만 2천 개의 층과 5만 개의 벡터로 구성되며, 엄청나게 세밀해 최첨단 인쇄 기계도 울고 갈 지경이라고 한다.

새로운 BMW Z4 쿠페의 디자인 역시 복잡하고 정교해 몇 년 전만 해도 대량생산이 어려울 것으로 여겨지고 있었다. 어쨌든 서로 의기투합한 조슈아 데이비스와 BMW의 만남은 수천 겹의 층을 가진 이미지로 구성된 스페셜 에디션 프린트로 이어졌다. 세계 3대 자동차 디자이너로 불리는 BMW의 수석 디자이너 아드리안 반 호이동크Adrian van Hooydonk는 조슈아 데이비스에게 BMW Z4 쿠페의 디자인 콘셉트를 설명했고, 이에 영감을 받은 조슈아 데이비스가 디지털 알고리즘의 언어로 구성된 그래픽을 완성해낸 것이다. 이번 프로젝트에서 조슈아 데이비스는 세 가지 디자인을 선보였고, 3개월간의 노력 끝에 프린트 하나하나를 검사하며 프린팅 작업을 진행했다. 이것은 각각 500장씩 한정 생산될 예정이며 이 정신과 기계의 교감은 www.Z4byJD.com에서 확인할 수 있다.

천덕꾸러기 광고의 아트변신사건

오늘날 광고는 '자본주의의 꽃' 혹은 '소비사회의 신화'로 자리 잡았다. 그러나 상품 판촉을 위한 설득 수단이라는 본질적 속성으로 인해 재미는 줄지언정 진정으로 사랑받지 못하며, 대부분의 경우 '호감'보다 '비호감'과 무관심을 불러일으키고 있다. 물론 여기에도 예외는 있다. 아티스트가 '보증'하는 광고는 '아트'로 변신해 수집 대상이 될 정도로 주목을 받는 것이다. 하지만 이러한 '아트' 광고는 제품의 장점을 강조하기보다 아티스트와 브랜드 이미지를 오버랩overlap하는 데 주력한다.

타깃, 〈뉴요커〉를 점령하다

주로 트렌디한 라이프스타일 제품을 판매하는 타깃이 2005년 8월 22일자 〈뉴요커〉에 실은 전면광고는 깜짝 놀랄만한 '사건'이었다. 〈뉴요커〉의 모든 광고지면을 구매해 뉴욕에서 활동하는 유명 일러스트레이터들에게 한 면씩 의뢰한 타깃은 딱 세 가지 조건만 내걸었다.

첫째 뉴욕을 주제로 할 것, 둘째 타깃의 로고를 사용할 것, 셋째 검정색·흰색·빨간색만 사용할 것.

특정 브랜드가 잡지 전체 이슈의 스폰서로 광고를 내는 일은 〈라이프〉, 〈피플〉, 〈타임〉 등에서도 간혹 있던 일이지만 이처럼 일러스트레이터들에게 의뢰해 작품을 만든 일은 없었다. 더욱이 〈뉴요커〉가 단 한 명의 광고주에게 전면광고를 허용한 것은 80년 역사상 처음이었다고 한다. 〈뉴욕타임스〉에 따르면 타깃은 14개의 전면광고와 3분의 1짜리 쪽광고 8개를 사기 위해 110만 달러를 지불한 것으로 알려졌다. 어쨌든 '모든 뉴요커'가 대상이 된 이 실험적인 광고는 뉴요커들의 뜨거운 관심과 논란을 불러일으키며 성공을 거두었다.

할인점이면서도 트렌드·디자인·제품 담당 부사장을 둘 만큼 디자인에 꼼꼼하게 신경 쓰는 타깃은

타깃이 전면광고를 실은
뉴요커 2005년 8월 22일자 표지

패션 디자인계의 악동 아이작 미즈라히 Isaac Mizrahi, 산업 디자이너 마이클 그레이브즈 Michael Graves, 필립 스탁 Philip Starck 등과 손잡고 그들의 브랜드 파워를 이용해 이미지를 업그레이드하고 있다. 재미있는 점은 이들 유명 디자이너와 컬래버레이션 Collaboration (협동작업)한 제품들을 디자인 잡지나 패션 잡지에 광고한다는 것이다. 대부분의 할인점이 광고를 저렴한 비용으로 해결하기 위해

타깃의 〈뉴요커〉 광고사례

싸구려 전단지를 뿌려대는 것과는 대조적이다.

일찌감치 디자인과 예술의 힘을 알아차린 타깃은 예술 후원에도 돈을 아끼지 않는데 그 방식이 좀 색다르다. 타깃은 많은 사람이 예술을 향유할 수 있도록 주로 전시회 입장을 지원하기 때문에 매주 금요일 오후 뉴욕 현대미술관의 무료입장부터 크고 작은 미술관의 티켓에서 타깃의 로고를 쉽게 발견할 수 있다. 이런 노력 덕분에 미국인, 특히 여성들은 타깃을 싸지만 세련된 디자인의 물건을 구입할 수 있는 쇼핑 장소로 여기게 되었다. 원래 의도했던 대로 백화점 같은 할인점이 된 것이다.

20세기 최고의 아트 보틀, 앱솔루트 보드카

키스 헤링의 앱솔루트 아트 광고

알고 있다시피 앱솔루트 보드카의 광고 시리즈는 이미 광고 이상의 그 무엇이 되어 버렸다. 단순하지만 고급스러운 형태의 병 모양, 깔끔한 카피로 시선을 사로잡는 광고를 통해 술을 좋아하지 않는 사람들에게까지 깊은 인상을 주는 것이다. 코카콜라 병과 함께 20세기 최고의 '아트 보틀'로 손꼽히는 이 병 모양은 앱솔루트 광고의 핵심이다.

1985년 고급 보드카 시장을 석권한 앱솔루트는 브랜드의 패션감각을 극대화할 시리즈를 구상하던 중, 앤디 워홀이 자신이 해석한 앱솔루트를 그림으로 그려보겠다는 제의를 승낙했다. 병을 검정색으로 표현한 앤디 워홀의 작품을 본 앱솔루트 측은 대단히 만족해했으며 이렇게 해서 예술작품으로서의 앱솔루트 '아트' 광고 시리즈가 시작되었다.

앱솔루트는 앤디 워홀을 통해 예술가들을 적극 끌어들이며 아트 시리즈를 넓혀갔다. 키스 헤링, 케니 스카프^{Kenny Scharf} 등이 워홀의 뒤를 이었고 로버트 인디애나^{Robert Indiana}, 데미안 허스트^{Damian Hirst}, 피에르 앤 질^{Pierre & Gilles} 등의 선도적인 아티스트의 참여로 이어졌다. 이후 스텔라 맥카트니^{Stella McCartney}, 톰 포드^{Tom Ford}, 장 폴 고티에^{Jean Paul Gautie},

마놀로 블라닉**Manolo Blahnik**, 존 갈리아노**John Galliano** 등 유명 패션 디자이너들도 자신의 레이블을 디자인했다. 이로써 아티스트와 함께 광고 작업을 진행한 앱솔루트는 주류 브랜드이면서도 아트 제품이라는 브랜드 이미지를 추가하게 되었다.

루이비통과 쌈지의 예술적 매장 디자인

소비자와 만나는 최접점인 매장은 브랜드의 이미지를 구체화하는 공간이다. 매장을 통해 경험하게 되는 기업과 브랜드의 인상은 광고나 프로모션에 비해 확장성이 낮지만, 타깃이 되는 핵심 고객에게 강력한 영향을 미치기 때문에 매장 디자인의 중요성은 아무리 강조해도 지나치지 않다. 명품 브랜드들이 매장 디자인에 심혈을 기울이는 이유가 여기에 있다.

　매장의 예술화는 주로 판매 공간＋전시 공간으로 나타나는 경우가 많고 자사 제품과 예술을 오버랩시키며 '이것은 단지 비싸기만한 물건이 아니다'라는 것을 은근히 드러낸다. 핵심은 브랜드를 동경하게 하는 데 있다. 프라다는 그 지역의 랜드마크**land mark**가 되는 건축을 통해 이슈를 만들고 브랜드 이미지를 높이는 전략으로 유명하다. 도쿄 아오야마, 뉴욕 소호에 있는 특별한 매장은 헤르조그&

> **● 랜드마크** land mark
>
> 어떤 지역을 식별하거나 대표하는 목표물로써 대개 건축물이다. 주위의 경관 중에서 두드러지게 눈에 띄기 쉬운 특이성이나 배경과의 대비성, 아주 높은 브랜드 인지도로 인한 접근의 보편성, 역사성 등이 랜드마크를 만드는 요인이 된다.

드 메롱Herzog & de Meuron, 렘 쿨하스Remment Koolhaas 같은 걸출한 건축가와 손잡고 만들어낸 결과물이다. 에피센터Epicenter라 불리는 이 쇼룸들은 프라다의 창의성을 보여주기 위한 프로젝트의 일환으로, '쇼핑'을 문화적 코드로 해석하고 표현해 스토어의 혁신을 보여주고자 마련되었다.

19세기로 거슬러 올라가는 루이비통과 아트의 교류

1854년에 설립된 럭셔리 브랜드의 대명사 루이비통과 예술의 교류는 1874년까지 거슬러 올라간다. 루이 비통과 그의 아들 조르쥬 비통Georges Vuitton은 당시 무명이던 모네, 르누아르, 세잔, 드가 같은 작가를 만나면서 미술세계와 교류를 시작했으며, 이후 아티스트들을 사업에 적극 끌어들이기 시작했다. 1980년대에는 제임스 로젠키스트, 솔 르위트Sol Le Witt 같은 현대미술 작가가 루이비통의 스카프를 디자인했으며, 일러스트레이터 루벤 툴레도Ruben Toledo는 루이비통의 '트레블 노트북' 디자인에 참여하기도 했다. 또한 미국의 세트 디자이너 로버트 윌슨Robert Wilson과 스위스의 개념미술 작가 우고 루디논은 글로벌 매장 네트워크에 윈도우, 디스플레이를 선보이기도 했다. 1874년부터 지금까지 루이비통과 함께한 아티스트의 리스트는 인상주의파 화가로부터 첨단을 걷는 현대미술 작가까지 매우 다양하다.

타이페이 메종, 루이비통의 아이덴티티를 말하다

루이비통은 단순한 스토어의 개념이 아닌 상업 공간과 북 스토어,

아트 갤러리가 결합된 장소를 메종이라 부른다. 2006년 4월에 완성된 타이페이 메종은 파리 샹젤리제, 뉴욕 5번가, 홍콩 랜드마크에 이어 세워진 네 번째 메종으로 멀리에서도 눈에 띄는 이 건물은 루이비통의 아이덴티티identity를 확실히 느끼게 해준다. 거대한 윈도우가 특징인 이 예술적 건물의 외관은 일본의 건축가 이누이 쿠미코Inui Kumiko의 작품으로 상감기법으로 처리한 총 10만 개의 구멍이 다미에(체크무늬가 반복되는 루이비통의 패턴)를 형상하며 외벽을 덮고 있다. 밤에는 LED 역광 라이팅으로 더욱 눈부시게 빛난다.

건물 내부에서 만날 수 있는 인상적인 엘리베이터와 복도는 타이페이와 파리를 오가며 활동하는 아티스트 마이클 린Michael Lin의 작품이다. 그는 전통적인 중국의 정원에서 영감을 받아 동서양의 매력이 묘하게 섞인 플라워 패턴을 디자인했다. 엘리베이터 내부는 핑크 컬러의 플라워 패턴이 수놓아진 가죽 소재로 이루어져 있어, 마치 가죽이 덧대어진 루이비통의 트렁크 속으로 들어가는 느낌을 준다. 2004년부터 플래그십 스토어flagship store의 오픈을 알리기 위해 도심 한복판에 트렁크를 세운 루이비통은 타이페이 메종 오프닝 때도 앞서 도심에 거대한 트렁크를 세웠다.

매장에 발을 들여놓을지 말지를 결정하게 하는 가장 큰 요소 중 하나인 쇼윈도 역시 상품을 디스플레이 하는

플래그십 스토어란 한 기업이 만든 여러 개 브랜드를 한 곳에 모아 판매하는 매장으로 브랜드의 성격과 이미지를 극대화시킨다. 한 회사 브랜드 가운데 가장 인지도가 강력한 브랜드를 깃대(flagship)에 꽂고 하위 브랜드들이나 연관된 제품들을 한 곳에 모은 매장이다. 명품 브랜드를 중심으로 한 패션 분야에서 적용되다가, 이제는 가전이나 여타 분야에서도 활용하고 있다.

광고판으로만 기능하지는 않는다. 루이비통은 유명 디자이너와 아티스트에게 쇼윈도 디자인을 의뢰하는 것으로 유명하다. 미국의 세트 디자이너 로버트 윌슨과 스위스의 개념미술 작가 우고 루디논, 무라카미 다카시, 올라푸르 엘리아손 등이 전 세계 매장의 윈도우 디스플레이를 디자인한 적이 있다.

아주 특별한 퍼포먼스

2006년 1월 파리의 루이비통 샹젤리제 하우스 7층에 위치한 문화와 예술의 공간 에스파스 루이비통에서는 세계적인 행위예술가 바네사 비크로프트Vanessa Beecroft의 특별한 퍼포먼스 전시가 있었다. 〈알파벳 콘셉트〉라 이름 붙여진 작품 속에서 흑인과 백인 여성 모델은 몸의 형태를 이용해 루이비통을 상징하는 로고 LV를 만들었다. 루이비통 행사를 위해 준비한 퍼포먼스에 대해 그녀는 "루이비통 로고처럼 몇 명의 흑인과 백인 모델이 정해진 공간에 서있을 것이다. 이때 관객은 보이지 않는 벽을 통해 모델과 구분이 되는 동시에 같은 공간을 공유하게 될 것이다"라고 말했다. 젊은 여성이 단체로 등장한 채 조용히 서있는 그녀의 작품은 에로틱하다기보다 '소외 효과'를 부각시키고 있으며, 그녀의 퍼포먼스는 그림을 보는 듯한 느낌을 주는 것으로 유명하다.

젊음과 활력을 상징하는 모노그램 그래피티

현대 명품의 상징이라 할 수 있는 L과 V, 그리고 꽃과 별의 무늬가 연속되는 루이비통 모노그램 캔버스Monogram Canvas는 창시자 루이 비통의 아들 조르쥬 비통이 모조품 방지를 위해 1896년 당시 유행하던 아르 누보 art nouveau 의 영향을 받아 창안한 것이다. 이처럼 클래식한 브랜드의 대명사로 여겨졌던 루이비통은 1997년 아트디렉터 마크 제이콥스 **Marc Jacobs** 의 영입 이후 브랜드 이미지의 전환점을 맞게 되었다.

그는 모노그램의 정체성을 유지하면서 브랜드에 활력과 젊음을 주고자 모노그램을 재해석한 다양한 가방을 선보이기 시작했다. 그 첫 번째는 2001년 뉴욕의 아티스트 스티븐 스프라우즈 **Stephen Sprouse** 와 함께 선보인 모노그램 그래피티이다. 2003년에는 일본의 아티스트 무라카미 다카시와 함께 제작한 모노그램 멀티컬러, 모노그램 체리 등을 연이어 선보이며 대성공을 거두었다. 한국에서도 없어서 못 팔 정도로 큰 인기를 거둔 바 있다.

예술을 파는 브랜드, 쌈지

쌈지는 처음부터 예술을 특화한 '아트 마케팅'을 통해 대기업 부럽지 않은 문화경영을 펼치고 있다. 회사를 설립할 당시 '아트'와의 동맹이 절실했다는 천호균 대표의 말처럼 이름도 없는 국내 중소기업이 만든 제품을 소비자에게 알리기 위해서는 타 브랜드와 차별화된 그 무엇이 필요했고, 쌈지는 예술에서 그 답을 찾은 것이다.

쌈지의 아트 마케팅 전략은 단순히 제품에 예술을 접목시킨다는 접근법에서 벗어나 마케팅과 기업문화로 적극 활용되고 있다. 쌈지는 그동안 일관된 콘셉트로 브랜드 이미지에 어울리는 아티스트들을 활용해왔으며, 그 결과 예술을 파는 브랜드라는 이미지를 소유하게 되었다. 이러한 쌈지의 철학이 궁극적으로 집약된 곳은 소비자와 브랜드가 만나는 장소인 매장이다.

쌈지의 매장은 판매와 전시의 형태가 결합되어 나타나는데, 홍대 쌤 매장 내에 마련된 '쌤쌈지 회관'은 만화가 이우일의 개인전 〈로보뜨 4호 내부구조전〉을 시작으로 만화, 일러스트레이션, 사진, 수집 등 테마가 있는 전시를 지속적으로 개최하고 있다. 또한 쌈지 대학로점은 매장 자체를 젊은 아티스트의 작품과 음악이 함께하는 유쾌하고 재미있는 공간으로 변신시켰다. 이외에도 복합 문화공간을 지향하는 홍익대학교 앞 갤러리 쌈지스페이스, 헤이리 아트밸리 쌈지미술창고, 딸기가 좋아는 비록 제품 판매를 목적으로 하고 있지는 않지만 쌈지라는 브랜드가 지향하는 것을 총체적으로 나타내고 있다.

궁극적인 차별화의 법칙

아트 마케팅은 주로 명품, 패션, 수입 자동차 브랜드에서 활발하게 진행되고 있지만 반드시 고가 제품만을 위한 것은 아니다. 다수의 소비자를 대상으로 하는 소비재에도 쓰이고 있다. 영국의 유니레버사는 테이트 모던 갤러리와 매년 '유니레버 시리즈'를 선보이고 있으며, 벡스 맥주는 지난 20년간 데미안 허스트로 대표되는 영국의 젊은 작가 군단 yBa ^{Young British Artists}와 트레이시 에민, 더글라스 고든, 오노 요코 등 세계적인 아티스트에게 맥주 라벨 디자인을 의뢰해왔다.

국내에서도 가전제품, 화장품, 비누, 신용카드, 과자 등에 오리지널 명화 자체를 접목시킨 '명화 마케팅'을 어렵지 않게 찾아볼 수 있다. LG전자는 벽걸이 에어컨에 몬드리안의 그림을 넣기도 했고, 이후 고흐를 비롯한 유명 작가의 미술품을 자사의 가전제품에 프린트해 넣고 있다. 또한 광고도 유명 미술품 안에 자사의 가전제품을 살짝 집어넣은 이미지를 보여주면서 유명 미술품의 아우라를 가전제품 속으로 투영시키고 있다.

현대카드는 명화가 담긴 '갤러리 카드' 6종을 출시한 바 있다. 카드 앞면에 새겨지는 로고 등을 최대한 자제해 명화의 느낌을 그대로 전달하도록 한 것이 특징으로 보티첼리의 〈비너스의 탄생〉, 라파엘로의 〈두 천사들〉, 클레의 〈원경〉, 마티스의 〈재즈〉, 20세기 추상주의 화가 발미에의 〈기하학의 구조〉, 칸딘스키의 〈콤포지션 넘버 8〉을 사용했다.

삼성카드는 해마다 세계에서 제일 비싼 종이라는 '아르쉬^{Arches}(프랑스산 판화용지)'를 사용해 로이 리히텐슈타인, 백남준의 작품 등이 프린트된 명화 캘린더를 4,000부에 한정해 제작하고 있다. 저가 화장품 브랜드 더페이스샵 역시 '아르생뜨^{Arsainte}'를 출시하면서 제품 용기에 고흐의 명화를 입혔으며 롯데제과는 비스킷 '하비스트 검은깨' 포장지에 밀레, 반 고흐, 고갱의 명화를 그려 넣었다. 아트와 비즈니스의 만남으로 우리는 매일 쳐다보는 달력이나 과자 봉지에서

조차 예술을 만날 수 있게 된 셈이다.

세계적인 디자이너 카림 라시드 **Karim Rashid** 는 국내 출판사 '열린책들'이 야심 차게 기획한 20세기 현대문학전집《Mr. Know 세계문학》을 위한 책장을 디자인하기도 했다. 새로운 세계문학전집을 기획하던 이 출판사는 카림 라시드에게 전용 책장 디자인을 의뢰했고, 그는 지식의 나무를 상징하는 책장에 직접 'Mr. Know'라는 이름을 붙였다. 출판사는 본래 이 시리즈에 '20세기 세계문학', '20세기 신고전'이라는 진부한(?) 이름을 붙이려고 했지만 그의 책장 디자인을 본 뒤 과감히 책장의 이름인 'Mr. Know'를 전집 제목으로 사용하기로 결정했다. 그는 부르는 게 값인 최고의 디자이너임에도 책장 자체를 판매하지 않는다는 조건으로 매우 저렴한 가격에 디자인을 해주었다고 한다.

아트 마케팅은 그 이름만으로도 강력한 파워를 지닌 아티스트를 마케팅에 활용해 이미지의 동반상승 효과를 누리게 되며, 사소한 물건 하나에도 문화적 아우라가 담겨 있기를 원하는 대중의 기대심리를 채워준다. 그러나 기업과 브랜드의 이미지를 고려해 아티스트를 선정하기보다 아티스트의 이름값에 집착하면 남의 옷을 꿰입은 어색한 차림이 되기도 한다.

궁극적인 차별화를 위해서는 아티스트의 이름값만 좇는 것이 아니라 브랜드의 콘셉트와 디자이너, 아티스트가 부합해야 한다. 성공적인 사례로 거론되는 기업이나 브랜드가 일회성 이벤트식 접근이 아닌 꾸준한 관심으로 아트 마케팅을 지속해왔다는 것에 주목하라.

예술도 소비의 대상이다

● Key Point

이제는 예술도 대중적 소비의 대상이 되고 있다. 아트 마케팅이란 예술 인프라를 활용해 기업과 브랜드의 이미지를 높이는 일련의 감성 마케팅 전략을 말한다. 이러한 아트 마케팅은 소비자의 문화적 욕구와 눈높이 진화 등에 조응하기 위해 기업과 상품에 아트의 아우라를 입히는 것이다.

● Think About

① 여러분의 기업(조직)이나 상품에 가장 잘 어울리는 아티스트가 누구인지 생각해보라. 어떤 연관성이 어떤 시너지를 가져올지도 고려해보고, 아티스트의 아우라를 어떻게 기업과 상품에 녹여낼지도 생각해보라.

② 마케팅 기획자나 의사결정권자의 예술적 소양을 높이는 교육 및 연수 프로그램을 적극 고려해보는 것은 어떨까? 결국 아트 마케팅을 펼치게 되면 그들의 머릿속에서, 그들의 판단과 결정 속에서 마케팅이 이뤄질 것이 아닌가?

③ 여러분의 기업이나 상품과 연관되거나 경쟁자가 시도한 아트 마케팅 사례를 조사 및 분석해보라. 어떤 시행착오와 성과가 있었는지 직접 알아보고 자사에 적용할 현실적인 기획을 준비해보라.

허브 전성시대 네트워크
Network

· · ·

소비자의 허브를 공략하라.

연결이 주는 위안을 강조하라.

네트워크 전성시대가 만들어낸 "나는 연결되었다. 고로 존재한다.

연결되지 않는 것은 죽은 것이다"라는 것은

네트워크 만능주의적 관점이지만,

한편으로 이것은 외로운 현대인에게 의지와 위안이 된다.

이건희 회장은 네트워크 허브다?

대한민국 CEO를 모두 모으려면 이건희를 찾아라

네트워크 허브를 찾는 실험에 관심이 있는가? 2007년 11월 17일자 〈위클리비즈〉에는 〈조선일보〉가 카이스트 경영대학과 공동으로 실험한 결과인 〈네트워크 과학으로 풀어본 세계〉라는 스페셜리포트가 실려 있다. 이것은 네트워크 허브를 찾는 실험으로 이들은 누구나 쉽게 실험해볼 수 있는 방법인 구글 웹검색을 이용했다.

먼저 세계의 재계 네트워크 허브를 찾기 위해 미국 〈포천〉이 2006년에 선정한 '세계 경제를 이끌어가는 25인' 중 15명을 임의로 선정해 이들 개개인을 각자의 이름으로 검색해보았다. 이때 검색 페이지 수의 개량적 수치만 살폈는데, 당시 기준으로 빌 게이츠는 1,220만 웹페이지였고 스티브 잡스가 924만 웹페이지 등의 순이었다.

그 다음으로 '빌 게이츠 and 스티브 잡스'처럼 두 사람의 이름을 동시에 검색했다. 이때는 누가 누구와 동시에 검색을 했을 때 가장 많은 웹페이지 수가 나오는지를 살폈다. 빌 게이츠와 스티브 잡스를 연결하면 179만 웹페이지가 나왔고, 빌게이츠와 워런 버핏은 50만

6,000 웹페이지가 나왔다.

이렇게 하면 개인별 검색 페이지 수와 두 사람의 동시 검색에서 나온 검색 페이지 수를 통해 누구와 누구의 관계가 왕성한지 개량적 수치로 확인해볼 수 있다. 각자 누구와 가장 많은 연결 검색이 되는지를 살펴, 그중 가장 많은 사람의 연결 검색에서 1위가 된 사람이 바로 네트워크 허브가 되는 셈이다.

검사 결과, 세계 경제를 이끄는 15명 중에서는 빌 게이츠가 단연 중심에 선 네트워크 허브였다. 굳이 웹검색을 하지 않더라도 빌 게이츠를 떠올릴 사람이 많겠지만, 웹검색이라는 쉽고 간단한 방법이 그것을 다시 한번 확인시켜준 것이다.

같은 방식으로 국내 재계의 네트워크 허브를 찾아봤더니 이건희 회장이 나왔다. 이건희 회장과 가장 많은 연결이 된 사람은 정몽구 회장이었고 그 다음이 최태원 회장, 구본무 회장, 김승연 회장의 순이었다. 이건희 회장이 허브이고 이들 회장이 허브와 가장 왕성한 연결고리를 갖고 있는 셈이다.

이는 국내 대기업 경영자를 모두 한자리에 모으려면 먼저 이건희 회장에게 연락하는 것이 가장 효과적이라는 결론도 가능하다. 네트워크 허브를 모셔오면 나머지 네트워크 구성인자는 보다 수월하게 모셔올 수 있다. 물론 이것은 웹검색 결과의 웹페이지 수를 통한 개량적 수치만 보고 해석한 결과이다.

요즘에는 인터넷을 사용하지 않는 사람이 드물고 대부분 미니홈피나 블로그도 이용하기 때문에 웹검색으로 네트워크 허브를 찾는 것은 명사가 아니어도 충분히 가능할 것이다. 가령, 특정 대학교의

특정 학과에서 네트워크 허브를 찾고자 한다면 앞선 웹검색 방법도
가능하고, 좀더 수작업에 가깝지만 학과 학생의 미니홈피 혹은 블로
그에서 1촌이나 이웃 연결이 가장 많은 사람을 찾아내는 것도 한 방
법이다. 즉, 인터넷 네트워크를 통해 여러 가지 방법으로 사람들의
네트워크 허브를 찾을 수 있는 것이다.

인지도 중심에서 링크 중심으로 진화

허브는 네트워크의 핵심이자 마케팅 코드로써 네트워크를 이루는
중심이다. 이제는 입소문 마케팅이든 네트워크 기반의 비즈니스를
하든 네트워크 허브가 되는 것이 마케팅의 경쟁력이다. 허브란 수많
은 네트워크 구성인 중에서 유난히 많은 연결선을 갖는 중심인자를
말한다. 앞으로 마케팅의 미션은 허브가 될 고객을 찾는 것이고 그
들을 표적으로 집중 마케팅을 하는 것이다. 선택과 집중이 마케팅
효과를 극대화시킬 것이기 때문이다.

지금은 인지도가 높은 유명인사를 마케팅에 활용하는 것에서 접
근도 및 관계도가 높은 허브를 마케팅에 활용하는 것으로 진화하고
있다. 광고는 인지도를 중심으로 펼쳐지는 마케팅이지만, 입소문 마
케팅은 허브와의 링크를 중심으로 펼쳐진다. 당연히 인지도보다는
왕성한 링크를 갖는 허브가 중요하다.

문제는 유명인사가 아니면 일반인의 인지도를 측정한다는 것 자
체가 무리일 수 있다는 점이다. 따라서 네트워크에서의 연결 구조를
통해 허브를 파악하는 것이 현실적이면서 효과적인 방법이다.

정교한 입소문 마케팅을 위한 네트워크 허브

입소문 유포자는 네트워크로 보면 허브에 해당된다. 여러 사람이 그 사람을 통해 연결되는 네트워크의 허브 역할을 하는 사람이 최고의 입소문 유포자이다. 입소문은 지인에게 전하는 친밀한 메시지로부터 시작된다. 그렇다면 당연히 지인이 많은 사람을 찾아야 하는데 어떻게 찾아야 할까?

특정 커뮤니티의 운영자가 반드시 허브는 아니다. 대형 커뮤니티인 경우 회장이나 운영자가 가장 앞에 있어 노출은 많이 되지만, 진정한 허브의 역할은 다른 사람이 하는 경우가 많다. 많은 사람과 직접 연결되고 소통하는 사람이 허브이기 때문이다. 예를 들면 휴대전화에 회원들의 전화번호를 가장 많이 입력해둔 사람, 더불어 회원들의 휴대전화에 가장 많은 입력 빈도를 갖고 있는 사람이 바로 허브이다.

따라서 고객 휴대전화의 인맥 정보를 확인하고 활용할 수 있는 방법을 찾아내는 것이 입소문 마케팅의 과제이다. 첨단기술의 힘과 개인정보 활용을 허락받을 수 있도록 유인책을 구사해야 하는 것이다. 휴대전화의 저장 전화번호, 즉 휴대전화에 있는 인맥 리스트는 확실한 네트워크 허브를 찾는 기준이 된다. 그러므로 입소문 마케팅이 더욱 정교해지고 강력해지려면 네트워크 허브를 찾아내 그곳에 집중해야만 한다.

복잡계 네트워크 창시자이자 세계적인 권위자인 알버트 라즐로 바라바시 Albert Laszlo Barabasi 교수도 미래 마케팅의 열쇠를 고객의 휴대전화 데이터베이스 구축과 연결망 자료 분석을 통해 네트워크 허브를 찾아내는 일이라고 말한 바 있다.*

입소문 마케팅은 대화나 수다의 힘을 마케팅에 활용하는 것이다. 마케터들 사이에 "모든 대화는 마케팅 기회이다Every Conversation is a Marketing Opportunity"라는 말이 슬로건처럼 통용될 정도이다. 초기에는 자연발생적인 입소문의 도움으로 마케팅 효과를 보는 일은 있었어도, 그것을 인위적인 마케팅으로 접근할 궁리를 하지는 못했다. 입소문은 어디까지나 소비자의 몫이라고 생각했기 때문이다. 하지만 이제는 입소문도 순수하게 소비자만의 몫이 아니라 기업이 접근하고 유도해내야 할 몫이 되고 있다.

입소문 마케팅은 네트워크의 힘을 활용한 효과적인 마케팅 방법이고, 네트워크의 위력이 갈수록 확대되면서 점점 인기를 얻고 있다. 특히 입소문은 사람과 사람에 의해 옮겨지며 대개 자신이 믿을 수 있거나 알고 있는 사람을 통한다는 특성이 있다. 광고가 전혀 안면이 없는 불특정 다수를 향해 일방적으로 뿌려지는 것이라면, 입소문은 주위 사람들에게 전해지고 옮겨가는 것이다. 따라서 광고에 비해 입소문이 훨씬 더 신뢰도가 높고 효과도 강력하다. 물론 요즘은 워낙 입소문 마케팅의 시도가 많아 난무하는 입소문 속에서 성공하는 입소문이 점점 줄고 있기는 하다. 하지만 광고에 비해 여전히 매력적이고 효과 또한 단시간 내에 거둘 수 있다.

---

* 참고: 미래 마케팅은 휴대폰 네트워크 활용이 중요, 이제호, 김현진, 〈조선일보〉, 2007. 11. 16.

네트워킹의 힘

지금은 가히 네트워킹 전성시대이다. 비즈니스와 마케팅은 물론 인맥, 기술적 환경, 소비까지 네트워킹을 빼고는 얘기가 안 될 지경이다. 여기저기 네트워크가 영향을 미치지 않는 곳이 없고 네트워크를 활용하려는 움직임도 많다. 너무 흔해졌다고 해도 과언이 아닐 만큼 네트워크 천지이다.

네트워킹은 비즈니스의 경쟁력

네트워크 network 는 교통, 통신, 인맥을 비롯해 비즈니스와 사회의 모든 분야에서 영향력이 있는 중요한 요소이다. 이미 네트워크는 비즈니스의 경쟁력으로 부상했고 네트워크를 효과적으로 활용하는 기업은 보다 많은 성과를 올리고 있다. 인터넷이라는 무시무시하고도 강력한 네트워크가 우리의 일상과 사회 전반을 사로잡은 이상 앞으로 네트워크가 미치는 영향력은 더욱 커질 수밖에 없다.

네트워크의 물리적인 형태로 대표적인 것은 교통이다. 목 좋은 곳이 장사가 잘되는 것도 결국 네트워크 덕분이고 역세권의 부동산이 더 비싸고 선호도가 높은 것도 네트워크 때문이다. 특히 제조업에서는 생산과 유통의 경로를 아주 중요하게 생각한다. 원자재를 수입해서 들여오는 경로나 생산한 물건을 수출하기 위해 나가는 경로 모두 교통이라는 네트워크로 이뤄지고, 네트워크에 따라 비용의 증감과 상품의 경쟁력이 결정되기 때문이다.

네트워크의 또 다른 형태는 소비자이자 시장이다. 누가 더 많은 소비자를 사로잡고 있는지, 누가 시장의 주도자인지가 네트워크의 우위를 결정짓는 것이다. 따라서 보다 방대한 네트워크를 갖고 있으면 더욱 많은 기회를 갖기 쉽다. 반대로 네트워크가 한정적이면 시장에서의 제약이 크다. 결국 마케팅은 자사에 유리한 네트워크를 얼마나 더 많이 확보하느냐의 게임인 것이다.

네트워크 인플레이션

네트워크의 중요성을 인식하고 있는 사람은 누구나 보다 쉽게 그리고 용감하게 네트워크로의 연결을 시도한다. 그러다 보니 일방적인 네트워크 연결의 시도도 난무하고 약한 유대도 자신의 네트워크로 여기며 과대포장하기도 한다. 뭐든 과하고 넘치는 것은 곤란하다. 양보다 중요한 것은 활용할 수 있는가 하는 것이다.

디지털 네트워크는 디지털 인맥을 수없이 연결시키지만 긴밀한 관계를 갖게 되는 사람은 한정적이다. 풍요 속의 빈곤이라고나 할까? 그리고 유대감이 약한 네트워크를 통해 부탁을 하는 것은 민폐가 된다. 사실 네트워크 인플레이션으로 디지털 인맥이 수백 명, 수천 명씩 생길 수도 있고 그렇게 생긴 약한 유대관계에서도 이해관계가 얽히면 각종 부탁이 오가기도 한다. 이로 인해 거절하기도 그렇고 들어주기도 그런 난감한 상황이 늘어나게 된다.

고민할 것 없다. 무시하거나 거절해도 괜찮다. 유대감이 약한 네트워크에서의 부탁은 무시나 거절을 크게 염두에 두지 않는다. 스스로도 유대감이 약하다는 것을 알고 있기 때문에 부탁도 쉽게 하는 것이고, 설사 상대가 거절하거나 무시해도 심적인 부담이나 타격은 받지 않는다.

그러다 보면 약한 유대는 상호적인 네트워크라기보다 일방적인 네트워크가 되기 쉽고, 결국 이해관계에서 자신에게 이익이 되지 못하면 그 약하던 유대 고리마저 깨지고 만다. 애초에 강한 고리가 없었으니 깨지는 것도 또한 새롭게 연결되는 것도 자유롭다.

몇 다리 건너면 부시 대통령하고도 연결된다

1967년, 미국 하버드대의 사회심리학자 스탠리 밀그램^{Stanley Milgram} 박사는 재미있는 실험을 했다. 그것은 생면부지의 두 사람이 서로 연결되려면 몇 단계를 거쳐야 하는가를 알아보는 실험이다. 결론부터 말하자면 6단계이다. 여섯 사람만 거치면 지구촌의 모든 사람이 하나로 이어진다는 것이다. 스탠리 박사의 이 실험 결과는 〈여섯 단계 분리^{six degrees of seperation}〉라는 이론으로 정립되었다.

하지만 인터넷의 확산은 스탠리 박사의 여섯 단계 분리 이론에 정면 도전한다. 이제는 여섯 단계보다 훨씬 짧은 단계로도 생면부지의 사람들이 연결될 수 있기 때문이다. 실제로 인터넷을 기반으로 하는 소셜네트워크^{Social Network}는 디지털 인맥의 지형도를 더욱 촘촘하게 만들어주고 있다. 누구나 몇 단계를 거치면 유명 연예인과도 연결될 수 있고 심지어 미국의 부시 대통령하고도 연결될 수 있다. 물론 여기서 말하는 연결은 말 그대로 기계적인 연결이며 연결된 사람과 긴밀한 관계가 만들어진다는 보장은 없다. 내가 아는 사람이 누구를 알고, 누가 또 누구를 알고 하는 식으로 그냥 몇 단계를 거치다 보면 세상 누구와도 연결될 수 있다는 것이다.

하지만 유기적이고 긴밀한 연결을 할 수 있는 최소한의 기반인 기계적 연결이 가능하다는 점에서 네트워크의 위력은 시작된다.

인맥도 기업의 자산

오늘날 인맥의 중요성을 부정하는 사람은 거의 없다. 심지어 금융회사들은 인맥을 기업의 자산으로 활용하기도 한다. 예를 들어 회사 임직원이 누군가를 만나 명함을 가져오면 부서마다 비치된 스캐너로 읽어 들인다. 그러면 사내 인맥관리 데이터베이스에 명함의 내용이 자동으로 분류되어 저장되고, 입력자가 자신과의 관계나 특이사항 등을 컴퓨터로 추가 입력해둔다. 이렇게 하면 회사 전체의 인맥을 공유할 수 있다.

또한 사업상 인맥 공유를 통해 성과가 드러날 경우 최초로 연결을 시켜준 임직원에게 인센티브가 주어지는 경우도 있다. 인맥관리 시스템은 각 신문에 게재되는 인사나 동정, 부음 등 인물 관련 기사를 자사의 데이터베이스에 등록된 인맥과 비교 검색해 해당 임직원에게 자동으로 통보해주기도 한다. 인맥을 기업에서 효과적으로 활용하기 위한 다양한 시스템이나 동기부여책이 만들어지고 있는 셈이다.

디지털 인맥의 급부상

과거의 아날로그 인맥과 달리 디지털 인맥은 보다 합리적이고 실용적인 인맥의 힘을 발휘하기 때문에 '인맥'이라는 말에서 묻어나던 부정부패의 이미지는 점점 사라질 것이다. 그렇다고 디지털 인맥은 좋고 아날로그 인맥은 나쁘다는 것은 아니다. 아날로그 인맥에는 끈끈함과 따뜻함이 있고, 디지털 인맥에는 실용성과 열린 환경이 있다는 차이가 있을 뿐이다. 혈연을 비롯한 전통적 인맥구조는 존재 자체로 끈끈한 유대감과 영속성을 지니는 반면, 휴먼 네트워크는 유대감이 약해 지속적으로 관리하고 신경 쓰지 않으면 네트워크의 고리가 사라질 수도 있다.

오늘날 디지털 인맥이 각광을 받고 확산되는 이유는 우리가 디지털 인맥의 장점에 더욱 공감하기 때문이다. 더불어 디지털 환경의 확산은 디지털 인맥이라는 자연스러운 사회문화로 이어지고 있다. 디지털 인맥이 아날로그 인맥에 대한 반발이자 새로운 인맥문화의 대안으로 떠오르고 있는 것이다.

아날로그 인맥은 혈연, 학연, 지연 등 전통적인 유대관계를 말하며 대개 자신의 의지와 상관없이 생성되고 유지되는 관계로 다소 부정적 이미지를 갖고 있다. 반면 디지털 인맥은 온라인 커뮤니티를 거점으로 만들어져 정보교환과 전문성, 사회적 역할 등의 사회적 관계를 중심으로 형성된 유대관계이다. 자신의 의지에 따라 생성되고 유지되는 인맥으로 디지털시대가 낳은 산물인 것이다.

우려되는 것은 자기중심적인 디지털 인맥이 확산되면 인맥문화가 지나치게 인스턴트화할 수 있다는 점이다. 달면 삼키고 쓰면 뱉는 관계가 더욱 확산될 수 있기 때문이다. 또한 필요하고 유용한 사람에게는 더 많은 인맥 연결의 기회가 주어지고 그렇지 못한 사람은 급격히 도태되거나 소외된다는 문제도 있다. 기회는 평등하지만 기회 실현은 결코 평등하지 않은 것이다. 나아가 온라인의 익명성이 자칫 거짓과 불확실로 이어질 수 있다는 점도 경계해야 한다.

네트워크로 뭉치는 혼성소비자

온라인과 오프라인을 넘나들며 정보를 수집하고 합리적인 소비를 하며 때로 생산자에게 요구를 하거나 압박을 가하는, 즉 전통적 소비문화와 디지털 소비문화를 모두 갖춘 소비자를 혼성소비자[Hybrid consumer]라고 부른다. 이들은 소비문화와 라이프스타일에서 컨버전스를 자연스럽게 받아들이고 있다.

또한 이들은 상당 시간을 온라인에서 보내지만 전통적 소비자의 습성과 구매욕을 동시에 간직하고 있으며 개인화되고 맞춤화된 상품을 가지려는 욕구가 있다. 더불어 아이디어와 정보를 교환할 수 있는 커뮤니티 및 온·오프라인의 다양한 커뮤니케이션 채널도 원한다. 가격 비교와 정보 검색을 통해 보다 이성적인 소비를 추구하기 때문이다.

이러한 혼성소비자를 상대하는 기업은 새로운 마케팅 기법으로 컨버전스 마케팅을 시도하곤 한다. 컨버전스 마케팅은 고객의 요구에 시의적절하게 대응하고 고객과 접근할 수 있는 보다 많은 경로를 확장하며 고객이 누릴 수 있는 추가적인 가치를 계속 만들어내는 방향으로 접근하고 있다. 기업이 웹사이트를 보다 적극적으로 운영하는 것도 컨버전스 마케팅의 일환이다.

요즘은 뭉쳐야 사는 시대다. 뭉쳐야 사는[Buy] 것은 디지털시대의 소비자일 것이고, 뭉쳐야 사는[Live] 것은 디지털시대의 기업이자 생산자일 것이다. 컨버전스는 기술과 도구로 시작해서 경영 환경에 변화를 주고 결국에는 라이프스타일과 문화에도 큰 영향을 미치고 있다.

원래 입소문은 고객에 의해 자생적으로 만들어지는 것이었다. 하지만 기업이 입소문을 마케팅에 적용하기 시작하면서 그것은 인위적이고 의도된 전략으로 발전하게 되었다. 물론 좋은 상품이라면 어떻게든 소문이 날 수도 있지만, 이것을 더욱 급속도로 확산시키고 경쟁사를 무력화시키기 위해서는 자연발생적으로 소문이 나서 확산되길 무작정 기다릴 수만은 없다.

입소문 유포에서는 인터넷에서 활발하게 활동하는 파워블로거나 영향력 있는 카페의 운영자, 그리고 오프라인에서 활동하는 각종 대형동호회의 운영자, 대형아파트단지의 부녀회장 등이 포섭 대상 1순위가 된다. 비용을 투자할 수 있다면 대중적 주목도가 높은 연예인이나 사회 명사를 선택해도 좋다. 물론 가장 좋은 입소문 유포자는 실제로 해당 제품이나 서비스를 사용한 후 만족도가 높은 소비자이다. 이들은 보다 진심어린 스토리텔링으로 다른 소비자의 공감을 이끌기가 훨씬 수월하며 충성도 높은 소비자로서도 가치가 높다. 따라서 충성도 높은 고객 중에서 입소문 마케팅의 유포자이자 거점이 될 만한 사람을 찾아내는 것이 중요하다. 이러한 효과를 노리는 대표적인 사례가 각종 주부 모니터나 소비자 패널집단의 운용이다.

네트워크 경쟁력이 마케팅을 승리로 이끈다

살아남는 자의 조건

보다 뛰어난 기술이나 더 우수한 제품이 시장을 장악하는 것은 결코 아니다. 기술보다 중요한 것은 네트워크이다. 어떤 것이 더 많이 확산될 수 있는지, 어떤 것이 더욱 대중화될 수 있는지가 승부의 관건이다. 예를 들어 VCR 시장에서 기술적으로 우월했던 소니의 베타맥스$^{\beta\,max}$ 방식이 빅터^{JVC}의 VHS 방식과의 표준 전쟁에서 밀려난 것은 결국 호환성이라는 네트워크 경쟁에서 졌기 때문이다. IBM PC와 애플의 맥킨토시 경쟁에서도 기술적 우위가 아닌 네트워크 우위로 시장 주도권이 결정되었다고 할 수 있다. 이처럼 기술적 우위가 아닌 네트워크 우위가 시장을 장악하는 경쟁력임을 드러내는 사례는 무수히 많다.

최근 들어 콘솔게임 시장에서도 이런 분위기가 감지되었다. 콘솔게임기 시장의 대표 주자는 소니의 플레이스테이션^{PlayStation}, 마이크로소프트의 XBOX, 닌텐도의 Wii와 DS 등이다. 콘솔게임은 그 특성상 하드웨어인 게임기와 소프트웨어인 게임CD를 사야 하기 때문에 누가 더 하드웨어를 많이 보급하느냐가 경쟁력의 관건이 된다. 하드웨어 보급이 높으면 당연히 소프트웨어 보급도 높을 테니 말이다.

닌텐도 Wii나 DS는 소니의 플레이스테이션이나 마이크로소프트의 XBOX에 비해 기술적 수준은 낮은 편이다. 하지만 2007년 콘솔게임 시장에서 가장 약진이 두드러진 기업은 닌텐도였다. 게임 시장의 대표지인 일본 시장에서 닌텐도 게임기가 소니보다 세 배 가까운 판매량을 보였던 것이다.

두 회사와 달리 닌텐도 게임기는 여성이나 어린이, 청장년에 이르기까지 다양한 고객층을 타깃으로 했다. 예를 들어 닌텐도의 게임기는 두뇌트레이닝 게임이나 애완동물 기르기 등 누구나 할 수 있는 쉬운 게임을 강조했고 심지어 닌텐도의 광고에 장년층이 게임하는 장면을 내보내기도 했다. 그동안의 게임 시장은 대개 어린이나 청소년을 타깃으로 했고 특히 남성적인 시장이었다. 그런데 닌텐도는 훨씬 다양한 게임 소프트웨어를 통해 전 연령대가 즐길 수 있도록 만들었던 것이다. 한마디로 네트워크의 규모를 늘리는 전략을 구사한 셈이다.

SKT는 승리할 수밖에 없었다

이동통신 서비스망 내 요금 할인제도의 경우, 상대적으로 더 파격적인 할인율을 제시하는 경쟁사에 비해 SKT의 망 내 요금할인제 가입자 비율이 월등히 높은 이유는 무엇일까? 그것은 바로 네트워크 때문이다. 네트워크에서 우위를 점유한 SKT에게 망 내 할인제도는 새로운 마케팅 기회가 된다. 망 내 할인은 가입자 수가 많은 통신사일수록 훨씬 효과적이기 때문이다. SKT 가입자의 경우, 통화할 대상자 둘 중 한 명은 망 내 할인에 해당되는 SKT 가입자이기 때문에 최소한 두 통화 중 한 통화는 할인이 적용되는 셈이다.

덕분에 2007년 10월 17일 망 내 할인 요금제를 출시한 SK텔레콤은 2007년 12월 현재 140만 3,500명 이상의 가입자를 유치했다. 이

보다 2주일 늦은 11월 1일 망 내 할인 요금제를 출시한 KTF는 43만 명, LG텔레콤은 17만 5,000명의 가입자를 유치했다. 망 내 할인 점유율은 SKT가 69.8퍼센트로 단연 독보적이었고 KTF는 21.4퍼센트, LG텔레콤은 8.7퍼센트에 불과했다.

전체 이동통신 가입자 수의 점유율도 SKT가 단연 높다. 전체 가입자 수의 점유율은 SKT가 50.5퍼센트, KTF가 31.5퍼센트, LG텔레콤이 17.9퍼센트 정도이다. 애초에 네트워크 규모가 큰 기업이 유리할 수밖에 없는 상황이었던 셈이다.

항공사의 전략적 네트워크 제휴

항공 산업에서 네트워크는 성패를 가르는 요소가 된다. 네트워크 허브를 어떻게 설계하느냐에 따라 경유지를 최소화하면서 어디든 이동할 수 있기 때문이다. 항공 산업에서 경유지를 최소화해 고객이 원하는 곳으로 갈 수 있도록 설계하는 것은 아주 중요한 경쟁력이다. 경유지를 최소화하면 한정된 비행기로 더 높은 효율을 거두고 상대적으로 적은 승무원으로 운영이 가능하기 때문이다. 또한 연료 비용도 크게 줄일 수 있고 전체적인 부대비용과 운영비용을 절감할 수 있다. 고객이나 기업 모두에게 이득인 것이다.

1927년에 창업해 최초로 세계일주 노선을 만들고 미국 항공 산업을 주도하던 팬암항공이 무너진 이유 중 하나는 네트워크를 제대로 구축하지 못해서이다. 최고이자 최대의 주도기업이었지만 네트워크의 힘을 활용하지 못해, 네트워크의 힘을 효과적으로 활용한 경쟁사들에게 시장을 빼앗겨버린 것이다.

항공업계에서 마일리지 제도를 도입한 이후, 고객이 항공사를 선택할 때 우선적으로 고려하는 요소 중 하나는 얼마나 노선이 많고 노선의 네트워크가 얼마나 긴밀한가 하는 것이다. 계속 이용해서 마일리지를 쌓아야 제도의 혜택을 볼 수 있으므로 당장 가야 할 노선은 물론 앞으로 이용할 것까지 고려하게 되는 것이다.

이는 거대한 네트워크를 갖춘 항공사가 더 많은 고객을 유치할 확률이 높다는 것을 의미하며, 이를 잘 알고 있는 항공사들은 앞 다퉈 네트워크를 확장하기 위한 다양한 전략적 제휴를 도모하고 있다. 예를 들면 세계적인 항공사들이 스카이팀이나 스타얼라이언스같은 네트워크를 만들어 취항할 수 있는 도시의 숫자와 마일리지의 효용성을 높이고 있는 것이다. 글로벌 네트워크에 속하지 않는 것은 항공사에게 생존의 위기에 해당될 만큼 위험요소가 될 수 있다.

경쟁력이 곧 상품과 서비스의 경쟁력

네트워크가 잘 구축된 곳에는 사람들이 더 많이 몰리고 더욱 많은 기회가 만들어진다. 예를 들어 인터넷의 경우 선발주자가 굳건히 자리를 잡아놓으면 후발주자나 다른 경쟁자가 발을 붙이기가 힘든 상황이 많다. 인터넷에는 무수히 많은 커뮤니티나 블로그 등의 공간이 있지만 사람들이 싸이월드의 미니홈피나 네이버의 카페와 블로그, 다음의 카페와 블로그에 가입하는 이유는 그곳에 보다 많은 사람이 있기 때문이다. 즉, 사람들이 많이 모인 곳에 가야 더욱 많은 사람과 네트워크로 연결될 수 있는 것이다. 인터넷에서는 네트워크 경쟁력이 곧 상품과 서비스의 경쟁력이자 마케팅 무기가 되는 셈이다.

현재 인스턴트 메신저 시장에서는 네이트온이 독보적인 강자로 자리 잡았다. 하지만 이전에는 MSN 메신저가 주도적이었고 그 이전에는 AOL이나 ICQ가 주도적인 강자였다. 이러한 결과는 이동통신 시장의 높은 점유율과 싸이월드 미니홈피의 확산, 즉 보다 강력한 네트워크 기반이 있었기에 가능한 일이다.

한편 커뮤니케이션 분야의 도구는 사용하는 사람의 수가 중요한 선택의 이유가 된다. 더 많은 사람이 사용하는 도구를 사용해야 보다 원활하게 커뮤니케이션이 될 수 있기 때문이다.

연결되지 않는 것은 죽은 것이다

네트워크를 활용하는 마케팅 접근은 이미 수없이 이뤄져 왔다. 네트워크는 선택이 아닌 필수이고 접근하지 않으면 위기를 초래할 만큼 모든 비즈니스의 기본이다. 무엇보다 중요한 활용은 기업이 해당 업종 내에서, 상품이 해당 상품군 내에서 네트워크 우위를 점하는 것이다. 앞에서 말했지만 승자 독식 현상이 나타나기 때문이다.

점유율을 높이고 더 많은 네트워크 주도권을 잡기 위해서는 기업과 상품이 허브가 되어야 한다. 허브를 지향하는 것이 곧 경쟁이고 비즈니스이다. 허브 장악은 가장 중요한 마케팅 접근의 지침인 것이다.

소비자의 허브를 공략하라. 어디든 소비 대상에서의 네트워크 허브가 있기 마련이다. 마케팅의 선택과 집중을 위한, 그리고 비용과 시간 대비 효율성 제고를 위한 최선의 방법은 허브를 찾아내고 그들을 중심으로 공략하는 것이다.

입소문의 효과도 적극 활용하라. 입소문을 유도하려면 허브를 찾는 노력과 함께 입소문으로 퍼뜨릴 스토리텔링을 만들고, 입소문을 증폭시킬 유인책과 동기부여 요소를 만들어야 한다. 입소문을 마케팅적으로 활용해 자연발생적인 결과가 아니라 계산되고 계획되고 의도된 결과가 나오도록 해야 하는 것이다. 따라서 입소문을 위한 전 과정의 시나리오를 설계하는 것이 무엇보다 중요하다.

네트워크의 확산을 위해 '함께'를 마케팅 전략으로 삼아라. 가령, 회원이 다른 회원을 '함께' 가입시킨다면 마일리지와 쿠폰 등의 보상을 즉각 제공해야 한다.

연결이 주는 위안을 강조하라. 네트워크 전성시대가 만들어낸 "나는 연결되었다. 고로 존재한다. 연결되지 않는 것은 죽은 것이다"라는 것은 네트워크 만능주의적 관점이지만, 한편으로 이것은 외로운 현대인에게 의지와 위안이 된다. 따라서 연결이 주는 편안함과 보호감, 소속감 등을 효과적으로 강조해 네트워크 연결 속에서 위안을 찾도록 해야 한다.

연결이 주는 위험요소를 제거하라. 네트워크 연결 비중이 높을수록 연결에 따른 사생활 침해나 개인정보 침해, 각종 해킹 위험은 높아질 수밖에 없다. 소비자가 이러한 위험요소로 인해 불안을 느끼게 하면 안 된다. 앞으로의 마케팅은 소비자의 개인정보를 얼마나 더 많이 수집하느냐에 달려 있다고 해도 과언이 아니다. 다양한 네트워크의 연결 속에서 기업은 개인정보를 훔쳐보는 마케팅 독심술을 벌여야 하는데, 소비자가 이런 연결에서 위험을 느낀다면 마케팅 활동에 제약이 커질 수밖에 없다. 따라서 네트워크의 위험을 근절하는 것도 기업의 마케팅 기회비용인 셈이다.

네크워크를 유지하고 활성화하라

네트워크의 가장 큰 기회는 네트워크 자체이다. 연결이 곧 기회이다. 즉, 연결하는 기술과 그것을 유지하고 활성화하는 전략이 비즈니스 기회를 무수히 양산하는 것이다. 온라인 비즈니스가 커지는 것은 물론 오프라인에서의 승자독식과 다른 롱테일The Long Tail 시장도 존재한다. 메이저와 마이너를 위한 시장 모두가 존재할 수 있는 것이 네트워크 기회인 셈이다.

네트워크는 이미 다양한 휴먼네트워크, 소셜네트워크의 연결을 통해 모든 사회적 역할에서 과거보다 더욱 중요한 역할을 수행하고 있다. 더불어 이러

> **롱테일** The Long Tail
>
> 〈와이어드(Wired)〉의 편집장 크리스 앤더슨(Chris Anderson)이 구글, 애플, 아마존, 이베이 등 성공을 거둔 유명 IT 기업들을 벤치마킹하는 과정에서 만든 단어다. 그동안은 80:20이라는 파레토의 법칙에 근거해 상위 20퍼센트의 고객이 매출의 80퍼센트를 만들고, 상위 20퍼센트의 제품이 전체 판매량의 80퍼센트를 만든다는 이유로 대개 상위 20퍼센트에 집중해왔다. 그런데 무시되던 80퍼센트가 만들어내는 20퍼센트의 시장도 충분히 경제성 있는 시장으로 성장할 수 있다는 사실이 드러났고, 그 배경에는 인터넷과 새로운 물류기술의 발달이 있다. 실제로 롱테일의 대표적 사례로 꼽히는 아마존은 비인기상품도 모이면 틈새시장이 될 수 있음을 증명하였다. 일반 서점이 상위 20퍼센트 시장에 매달리는 것과 달리 이들은 하위 80퍼센트의 비인기 상품이 만들어내는 시장을 효과적으로 공략했던 것이다.

한 휴먼네트워크와 소셜네트워크를 연결해주거나 중개하는 매개가 되는 비즈니스도 크게 활성화되고 있다. 최근의 인터넷 비즈니스는 대부분 이런 네트워크의 연결을 도모하는 비즈니스이다.

인터넷은 네트워크 기반이 만든 기술이자 산업 혹은 문화이다. 그리고 IT 산업은 디지털 네트워크로 연결되어 진화하고 BT, CT 등 다양한 산업으로의 연결도 확산된다. 즉, 디지털화가 주는 기술적 진화는 산업적 연결성을 확대시키고, 다양한 연결 기반에서 사회문화적 흐름을 만들어내고 있는 것이다. 디지털시대의 태생적 기반이 네트워크라고 해도 과언이 아니다. 이러한 디지털화의 가속은 네트워크의 가속으로 이어지고 보다 다양한 네트워크 기회로 이어질 것이다.

네트워크의 가장 큰 위기는 원치 않는 연결과 그로 인한 각종 침해이다. '네트워크 인플레이션'이라 부를 만큼 네트워크 연결 시도가 난무하는 것은 일종의 공해이자 민폐가 될 수 있다. 또한 홈네트워크나 각종 디지털 네트워크 기술이 일상 깊숙이 자리 잡게 되면서 아이디와 비밀번호 해킹을 통해 모든 사회적 활동에 대한 침해를 가져올 수 있다. 심지어 홈네트워크로 연결된 현관문이나 냉장고 속까지 들여다볼 수 있다. 편리를 위해 다양한 네트워크가 제품화되고 있지만, 그 편리함의 이면에 숨은 위험은 앞으로 해결해야 할 가장 큰 문제이자 미래사회 전반에서 드러날 사회적 위험이다.

네트워크의 활성화는 입소문의 부정적 기능으로 기업에게 위험을 가하기도 한다. 또한 네트워크의 확산은 빅브라더를 현실화하

고 스몰시스터의 폐해를 부추기는 기반이 되기도 한다. 네트워크
는 동전의 양면처럼 기회와 위기를 반반씩 나눠가졌다고 해도 과
언이 아닐 만큼 위기와 기회가 공존하고 있는 것이다.

결국 네트워크가 주는 마케팅 위기와 기회로 거대 기업이 일순간
에 쓰러질 수도 있고, 반대로 작은 기업이 순식간에 큰 기업으로 성
장하게 될 수도 있다.

당신의 허브는 누구인가

● Key Point

네트워크를 효과적으로 활용하는 기업이 보다 많은 성과를 얻으면서 네트워크가 비즈니스의 경쟁력으로 부상하고 있다. 이러한 네트워킹 전성시대는 입소문이 마케팅에서 차지하는 비중을 높이고 네트워크 허브를 마케팅 목표로 삼도록 하고 있다. 마케팅은 자사에 유리한 네트워크를 얼마나 많이 확보하느냐의 게임으로 진화하고 있는 것이다.

● Think About

① 네트워크 허브를 찾아라. 여러분이 속한 기업의 소비자 중에서 허브를 찾아라. 여러분이 속한 커뮤니티에서 허브를 찾아라. 허브가 궁금했던 영역이 있었다면 웹검색을 통한 개량적 방법으로나마 허브를 찾는 시도를 해보자.

② 여러분이 속한 기업은 관련 업종에서 네트워크 허브인가? 아니면 변방인가? 허브가 되기 위한 방법에는 어떤 것이 있을까? 어떤 시도를 해야 할 것인지 구상해보라.

③ 여러분 자신이 조직 내에서 혹은 자신이 속한 여러 커뮤니티에서 허브가 되고 있는지, 허브가 될 수 있는지 진단해보라.

④ 얼마나 많은 네트워크와 연관을 맺고 있는가? 과연 네트워크 연결 대비 효과는 거두고 있는가? 스스로 네트워크 인플레이션의 원인 제공자는 아닌지 생각해보라.

디자인의 옷을 입은 디지털 **더블 디 시프트**

Double D Shift

• • •

디자인과 디지털의 결합은
상호 시너지 증폭을 위한 최적의 연결이다.
디자인 진화가 디지털 소비를 확장시키고,
디지털 진화가 디자인 소비를 확장시키는 윈-윈게임인 것이다.

디자인 혁신으로 시장을 장악하라

디지털과 디자인이 만나면 돈이 된다

사례 1   와인 잔을 형상화한 삼성전자의 '보르도TV'는 와인 잔의 부드러운 선과 고상한 분위기를 차용한 디자인으로 호평을 받았다. 화면 속에 구현되는 영상이라는 면에서만 텔레비전에 접근한 것이 아니라 텔레비전이 놓여 있는 공간과 끈 상태일 때의 역할에 주목해 접근했던 것이다. 유럽과 미국에서 선풍적 인기를 모은 보르도TV는 출시 1년 만에 전 세계적으로 500만 대 이상이 팔리는 베스트셀러 상품이 되었다. 덕분에 삼성전자는 TV 사업을 시작한 지 34년 만에 처음으로 LCD TV 판매 세계 1위에 올랐다.

사례 2   엔유씨전자의 가정용 요구르트/청국장 제조기는 2005년도 한국디자인진흥원의 디자인 경영 우수사례로 선정될 만큼 디자인을 개선한 이후, 15개월 동안 매출이 12.8억 원에서 161.2억 원으로 1,257퍼센트나 증가했다. 같은 기능에 같은 기술이지만 디자인을 개선해 시각적 만족도를 높이자 폭발적인 수요가 일어난 것이다.

사례 3　검색 서비스 중심으로 간결한 미니멀리즘을 표방하며 시장에 진입한 구글은 당시 절대 강자이던 야후에게 역전승을 거두며 현재 절대적 강자로 자리 잡았다. 구글이 사용자를 유인한 원동력은 뛰어난 검색엔진 기술력과 군더더기 없는 사이트 디자인 구성의 미니멀리즘에 있다.

세 가지 사례 모두 디자인 혁신으로 시장을 장악한 경우이다. 하이테크가 아닌 디자인의 변별력이 마케팅의 성패를 좌우함을 보여준 것이다.

기계치 그녀의 마음을 움직인 '패션 기계'

전통적으로 기계는 남성의 소비물이었지만 이젠 달라졌다. 그렇다면 여성이 기계치에서 벗어났다는 얘기일까? 아니다. 단지 디지털 기기가 더 이상 여성에게 기계로 다가가지 않기 때문이다. 디지털이 디자인과 결합하면서 그것은 여성에게 패션이자 감성이 되고 있는 것이다.

디지털과 디자인의 결합이 주는 가장 큰 시너지는 여성 소비자가 디지털 기기에 관심을 갖도록 만들어 시장을 확대시켰다는 것이다. 소비 대상의 확대는 마케팅 경쟁력 중 하나로, 만약 여성이 디지털 기기에 관심을 갖도록 하지 않았다면 관련 산업의 시장규모는 지금보다 훨씬 줄어들었을 것이다.

마케팅에서 디자인이 중요한 이유는 소비자가 여성적 관점, 감성적 관점, 우뇌적 관점에서 소비에 임하고 있기 때문이다. 기존의 남성적, 이성적, 좌뇌적 관점에서 확 바뀐 것이다. 특히 남성적 소비재의 대표격인 IT 기기를 비롯해 각종 전자제품에 디자인이 결합한 덕분에 이제 여성도 이들 제품에 대한 소비에 적극 동참하게 되었다.

디지털과 디자인의 결합은 여성의 관심을 디지털로 끌어들이는 동력이 되었으며, IT기술을 패션처럼 소비하는 문화를 낳았고 퍼놀로지 ^{Funology} 도 만들어냈다. 물론 이들 결합은 소비자와 사회의 요구로 인한 것이지만 결국 그것으로 소비자를 유인하고 산업화시킨 것은 기업의 놀라운 마케팅 전략이다.

옷을 고르듯 가전제품을 고르는 소비자

백화점에 가서 옷을 살 때 처음 들른 상점에서 옷을 훑어본 후 곧바로 구입하는 사람은 얼마나 될까? 패션에 관심이 없는 극소수의 남성이라면 몰라도 여성 중에는 절대 그런 사람이 없을 것이다. 우리는 대개 무언가를 구입할 때 비교를 해보고 그중에서 더 나은 것을 선택한다.

그 비교에서 가장 중심이 되는 기준은 디자인이다. 옷뿐 아니라 텔레비전, 디지털 카메라, 컴퓨터, 자동차 등에서도 디자인을 우선적으로 고려하는 사람이 늘고 있다. 더 이상 가전제품, 자동차, 컴퓨터는 기계가 아니다. 이들은 모두 패션 아이템이자 자신을 드러내는 이미지이다. 특히 옷이나 사용하는 물건이 그 사람에 대한 판단기준으로 작용하는 경우도 있기 때문에, 이미지 소비나 이미지 커뮤니케이션은 중요할 수밖에 없다.

소비자가 LCD TV를 살 때 화면의 선명도나 기능적 사양을 얼마나 따질까? 기술적 진화로 이미 고화질은 어떤 제품이든 소비자의 기대를 충족시키고 있다. 그렇다면 이제 변별력은 디자인에 달린 셈이다. 실제로 많은 소비자가 과거에는 기능(사양)과 가격을 최우선으로 고려했지만, 이제는 디자인을 최우선으로 고려한다고 한다. 기술 중심이던 하이테크 제품도 더 이상 기계가 아닌 감성적 도구이자 패션 아이템으로 인식되고 있는 것이다.

휴대형 디지털 기기에 대한 소비자의 디자인 민감도는 이보다 더 높다. 소비자 입장에서는 몸에 지니고 다니는 기기가 패션 아이템과 같을 수밖에 없기 때문이다.

기업의 입장에서 소비자의 선택기준이 디자인으로 이동하는 것은 새로운 기회이자 위기일 수 있다. 앞으로 하이테크 시장은 전체적으로 양적, 질적 진화가 일어날 것이고 소비자의 변화에 조응하는 기업은 기회를 얻을 것이다.

더블 디 시프트란 무엇인가

생산시대와 기술시대를 지나 지금은 '기술 + 감성'이자 '디지털 + 디자인'이 되는 Double D시대이다. 기업과 소비자 모두 Double D

가 만드는 산업적, 문화적, 사회적 변화를 겪고 있는 것이다.

1980년대까지의 생산시대에는 대량생산과 원가절감이, 1990년대의 기술시대에는 첨단 신기술 개발이 기업의 주요 관심사였다. 그러나 2000년대부터 본격화된 Double D시대에는 고객 감성과 다양한 컨버전스가 기업의 주요 관심사가 되고 있다.

이러한 기업의 관심사 변화는 곧 기업의 마케팅 전략 변화로 이어진다. 기업에서 디자인 경영, 감성 경영, 창조 경영, 상상력 경영 등을 지향하는 것도 모두 기업의 관심사 변화와 마케팅 전략 변화에 조응하기 위함이다. 마찬가지로 소비자의 관심사도 시대와 함께 변화되어 왔다. 생산시대에는 저가격과 획일적 소비가, 기술시대에는 신제품과 고기능이 부각된 것이다. 그리고 Double D시대에는 개성과 개인화, 독창성, 감성이 부각되고 있다.

마케팅은 기업의 관심사와 소비자의 관심사를 결합해 기업에게 유리한 방향으로 유도해나가는 것이다. 오늘날 마케팅에서 가장 중요한 화두가 Double D이고 미래의 마케팅에서 이것은 더욱 중요해질 것이다.

Double D, 함께여서 행복해요

언제부터인가 디지털과 디자인은 만능 키워드가 되었다. 그 자체만으로도 가치가 있으며 어떤 영역과 결합을 할지라도 가치를 지니는 21세기 최고의 키워드인 것이다. IT의 대중화 및 혁명적 산업화의 원동력이 더블 디 시프트에서 나왔다고 해도 과언이 아니다. 두 가지 'D'가 만나 IT 산업의 대중적 성장을 가져올 전환점을 만들어낸 셈이다.

과거에는 디자인이 특정 영역에 치우쳐 있었지만 이제는 모든 산업에 개입하고 있다. 특히 디자인을 주연급 조연으로 반기는 곳이 바로 디지털 분야이다. 물론 이전에도 두 분야는 굳건한 영역을 갖고 있었지만 그 영향력은 급성장을 이룬 최근 10여 년과 비교할 수 없을 정도이다.

과거에는 디자인과 디지털이 각자 고군분투했다. 그러다가 디지털이 디자인과 만나 급속히 진화하면서 디지털과 디자인 모두가 각자의 영역에서도 성장하고, 서로 결합한 영역에서도 성장하는 기회를 맞이하게 된 것이다.

디지털 혁명을 맞아 기업은 디지털 마케팅 부서뿐 아니라 디자인 마케팅 부서도 만들어내고 있다. 즉, 기업 내의 마케팅 부서가 전통적 마케팅, 디지털 마케팅, 디자인 마케팅으로 재편되고 있는 것이다. 여기서 디지털 마케팅 부서와 디자인 마케팅 부서는 유기적, 상호적인 관계이므로 이들을 합쳐 'D 마케팅 부서'라고 해도 좋다. 이젠 디지털과 디자인을 경영 전반에 적용하는 것이 필수인 것이다.

DD-Shift는 권력의 이동을 상징한다

디지털과 디자인의 결합은 시대적 요구이다. 이미지 커뮤니케이션의 확산, 이미지 주도 문화의 확대가 디자인의 가치를 사회적으로 증폭시키면서 이것이 자연스럽게 디지털 진화와 결합한 것이다.

디지털시대는 사용자의 이미지 소비와 생산문화를 확대시켰고, 결국 이 문화가 디자인 가치를 끌어올리는 원동력이 되어 디자인 가치와 디지털 상품의 결합을 유도했다. IT 산업은 디자인 덕분에 가치가 혁신되고, 디자인 산업은 IT를 비롯한 디지털 경제와 디지털 경영마인드 덕분에 가치가 혁신되고 있는 것이다.

디지털과 디자인 혁명은 모두 인간을 위한 진화에서 비롯되었다. 디지털과 디자인이 결합된 DD-Shift 또한 인간을 위한 한 수준 높은 진화의 결과물이다. 디지털과 디자인이 각각 혁명적 진화를 이루면서 산업을 키워내고 사회문화를 변화시키면서 인간의 편의와 안녕을 도모했다면, 디지털과 디자인은 더 큰 시너지로 더욱 인간을 위한 환경을 만들어내면서 미래를 현실로 앞당기고 있다.

기술에서 출발해 산업이 된 디지털과 예술에서 출발해 산업이 된 디자인은 이제 문화로 정착하고 있다. 둘은 모두 진화과정이나 지향점이 같기 때문에 자연스러운 결합으로 상생의 효과를 만들어내고 있는 것이다.

DD-Shift는 디지털과 디자인이 결합해 만들어낸 권력과 패러다임의 이동을 말한다. 둘의 결합은 각각의 힘을 배가시키는 동시에 새로운 영역까지 만들어내고 있다. 즉 사회의 권력 흐름과 패러다임 변화, 산업의 변화, 그리고 정치·경제·문화·라이프스타일 등의 제반 영역에서 큰 변화를 주도하고 있는 것이다.

외형적으로 가장 먼저 드러나는 것은 산업에서의 결합을 통한 디자인 마케팅의 확산이지만, 이 결합은 산업 혁명과 정보 혁명에 버금가는 혁신적 시너지를 가져오고 있다. 알맹이가 부실하던 시절에 우리는 껍데기는 가라고 했지만 이제는 껍데기 만능의 시대, 즉 디자인의 전성시대인 것이다. 더욱이 디지털의 힘으로 강대해진 디자인은 그 힘으로 디지털을 더욱 강하게 진화시키고 있다.

이제 Double-D Shift로 명명되는 디지털과 디자인의 결합이 낳은 사회적 변화의 물결은 우리가 거스르지 못할 만큼 거대한 파도가 되어 몰아치고 있다. 여기에서 살아남는 방법은 적응하거나 그것을 이해하거나 둘 중 하나이다. DD-Shift는 현재를 설명하는 키워드이자 동시에 미래를 유추하는 키워드이다. 또한 DD-Shift는 디지털과 아날로그의 결합이자 새로운 문화적 컨버전스 패러다임이다.

이것은 디지털의 상징이라 할 수 있는 기술적 디지털 영역과 아날로그의 상징이라 할 수 있는 감성적 영역인 디자인이 결합해 시너지를 증폭시키는 것으로, 디지털과 아날로그는 서로 별개나 대치되는 구도가 아니라 상호의존과 결합으로 공생하는 구도여야 함을 확인시켜 준다.

디자인은 예술이 아니고 디지털은 기술이 아니다

디자인은 예술에서 시작했고 디지털은 기술에서 시작했지만, 그 둘을 더 이상 예술과 기술의 벽 안에 가둬두면 곤란하다. 디자인과 디지털에 대한 한계를 미리 그어놓고 그 속에서만 사고하는 오류를 피해야 한다는 것이다.

실제로 디자인의 사회문화적 확장성, 가치, 산업성은 우리가 생각하는 것 이상으로 고도화, 진화하고 있다. 이것은 디지털도 마찬가지이다. 디지털은 더 이상 기술로만 존재하는 것이 아니라 사회문화의 핵심 동력이자 경제, 산업, 정치의 새로운 패러다임을 결정지을 만한 존재로 진화하고 있다.

기존에 알고 있던 디자인과 디지털의 개념을 버려라. 이제는 디지털과 디자인이 결합한 Double D의 새로운 개념과 상식으로 채워라. DD-Shift는 필연이므로 최대한 빨리 적응하고 조응하는 것이 최선이다. 우리는 이미 디지털과 디자인시대를 살아가고 있고 디지털과 디자인의 혁명적 진화의 영향을 받고 있다. 우리가 알고 있는 디지털·디자인의 크기와 범위, 가치는 아주 커져 있다. 기존의 틀을 깨지 못하면 디지털과 디자인 전성시대를 살아가는 사람으로서 여러 가지 한계를 겪게 될 것이다.

기술은 낮아지고 디자인은 높아진다

최근에는 하이테크 제품에도 모조상품이 판을 치고 있는데, 놀라운 것은 이들이 오리지널 제품보다 기능이 다양하다는 점이다. 기술과 기능이 알맹이이고 디자인이 껍데기에 불과하던 시절에는 도저히 상상하지 못하던 일이 벌어지고 있는 것이다. 이는 결국 오늘날의 경쟁력이 알맹이가 아닌 껍데기, 즉 디자인에 달려 있음을 의미한다.

이미지를 만들어내는 것은 단지 시각적 영역에만 머물지 않는다. 디지털 기술력은 물론 디자인 수준도 갖춰야 산업적 성과가 드러나는 것이다. 디지털과 디자인을 고루 갖춘, 즉 제대로 결합하고 조화를 이루는 것이 시대에 맞는 '균형'이다.

Double D는 미래시대의 균형을 위해 필연적인 선택이자 시대적 흐름의 결과물이다. 예전에는 모든 것을 갖추는 것이 욕심이었고 선택받은 자만의 것이었다면, 이제 모든 것을 갖추는 것은 기본이 되고 있다.

분명 디자인과 디지털의 진입장벽은 낮아졌다. 그렇다고 아무나 디자인과 디지털에서 성공을 거두는 것은 아니다. 누구나 디자인과 디지털의 영역에 개입할 수 있지만 성공을 위해서는 무언가가 필요하다. 이것은 형식이나 도구, 기술이 보편화되면서 창의력과 독창성, 표현력, 감성, 논리성 등 인간 중심의 특화된 능력이 더욱 중요해졌음을 의미한다.

디자인을 빼앗기면 모든 것을 빼앗기는 시대

오늘날 모방제품의 천국은 바로 중국이다. 중국에는 가전제품에서 자동차, 첨단 하이테크 제품에 이르기까지 전 세계적인 제품의 짝퉁으로 넘쳐나고 있다. 무엇보다 심각한 것은 디자인의 중요성이 갈수록 높아지고 있는 상황에서 기업이 어렵게 개발한 디자인까지 교묘하게 모방하고 있다는 점이다. 이에 따라 디자인 저작권에 대한 중요성이 상대적으로 커지고 있다. 모방을 막지 못하면 경쟁력을 손상당할 수도 있기 때문이다.

디자인 모방이 IT 제품, 자동차 등 하드웨어로까지 확대된 것은 디자인이 마케팅에서 가장 중요한 소구 수단이라는 점을 의미한다. 지금은 기술이 보편화되어 더 이상 기술로 변별력을 내기 어려운 디지털 기술 사회이기 때문이다. 심지어 외형적으로 드러나는 디자인을 모방하면 보다 위협적인 시장 진출도 가능해진다.

중국발 디자인 모방은 한동안 지속될 것이다. 따라서 이에 효과적으로 대비하는 전략이 필요하다. 과거에는 기술을 빼앗기면 모든 것

을 빼앗긴 셈이었지만, 기술이 보편화된 오늘날에는 디자인을 빼앗
기면 다 뺏겨버리는 상황이 될 수도 있다.

디자인 강국, 대한민국은 현재진행형

디자인이 산업의 경쟁력이자 마케팅의 핵심이 되면서 디자인 강
국이 뜨고 있다. 그렇다면 과연 어떤 나라가 디자인 강국이 될까?
아무래도 창조적, 문화적, 예술적 배경이 필요하므로 문화적 자산과
배경을 갖춘 나라가 유리할 것이다. 더불어 문화의 다양성 및 문화
적 수용도 필요하다. 이제는 과거와 달리 전 세계에 존재하는 모든
문화적 자산을 활용해 디자인을 할 수 있기 때문이다. 그런 점에서
한국도 디자인 강국으로 부상할 가능성이 크다. 이미 IT 분야의 디
자인 경쟁력은 세계 최고 수준이다.

기업의 디자인 경쟁력은 곧 국가의 디자인 경쟁력이다. 따라서 기
업이 디자인 경영 확산을 위해 디자인 경쟁력을 갖추듯 국가에서도
디자인 경영을 본격적으로 도입해야 한다. 미래의 산업적 주도권은
누가 더 디지털과 디자인을 잘 결합시켜 시너지와 이노베이션을 만
들어내는가에 달려 있기 때문이다.

한국은 대표적인 디지털 선도국이지만 디지털 강국으로서는 취약
하다. 한국은 세계적인 테스트베드로서의 디지털 선도국일 뿐, 디지
털 분야의 세계적인 파워는 여전히 미국과 유럽이 주도하고 있는 것
이다. 그러나 선도적 경쟁력이 디자인 경쟁력과 효과적으로 결합한
다면 한국은 디지털 강국이자 디자인 강국이 될 수 있다. 다른 나라
에서 몇 년 후에 경험할 디지털 미래가 한국에서는 현재 진행형이기

때문이다.

디지털과 디자인은 상호 보완적인 동시에 상호 의존적이다. 1+1이 2가 아닌 무한대가 될 수 있는 것이 바로 Double D의 힘이고, 이것이 만든 놀라운 변화가 DD-Shift이다.

Made in에서 Design by로

산업혁명 이래 산업화 사회, 자본주의 사회에서 가장 중요한 것은 바로 'Made in'이었다. 누가 더 많이 생산하고 더 많이 팔고 더 많은 이익을 남기느냐가 화두였던 것이다. 그러나 이제 물리적 생산 공간의 의미는 점점 퇴색하고 있다. 어디서 생산한 것이냐가 중요한 것이 아니라 어떤 브랜드이며 어디서 디자인했느냐가 더 중요해진 것이다.

중국에는 세계적인 대기업의 생산거점이 몰려 있지만 그렇다고 그 제품을 중국 제품이라고 할 수는 없다. 분명 'Made in'은 중국이지만 'Made by' 혹은 'Design by'는 글로벌 브랜드 자신이기 때문이다. 이처럼 생산의 중심이 디자인이 될 만큼 디자인은 점점 강력해지고 있다.

한국 IT 산업의 성장 동력은 디지털과 디자인의 결합으로 이것은 도구에서 목적으로 진화하였다. 디지털은 기술 도구에서 기술문화와 정치, 사회, 경제의 중심축이자 패러다임으로 진화했고 디자인은 상품 포장 도구에서 산업 자체이자 상품의 목적으로까지 진화한 것이다.

기술 속으로 디자인이 들어오면 가전제품이나 디지털 기기 등의 기술 중심 상품에 디자인 가치가 결합해 가치 혁신을 이루게 된다. 반대로 디자인 속으로 기술이 들어오면 옷이나 액세서리 등 디자인 중심 상품에 기술이 결합해 새로운 가치를 만들어낸다.

디자인과 디지털의 결합은 상호 시너지 증폭을 위한 최적의 연결이다. 디자인 진화가 디지털 소비를 확장시키고, 디지털 진화가 디자인 소비를 확장시키는 윈-윈게임인 것이다. 디자인 가치의 혁신적 성장은 전통적 산업사회의 종말이자 지식창조사회의 본격화를 의미한다.

세계 최대의 디자인 기업은 한국의 가전회사

디자인 경영의 성과

삼성전자와 LG전자는 디자인 인력만 500명 이상으로 세계 최대 규모이다. 그렇다면 가전회사에서 왜 그토록 많은 디자인 인력이 필요한 것일까? 한마디로 말해 디자인이 곧 제품의 경쟁력임을 인식했기 때문이다.

최근 몇 년간 삼성전자와 LG전자는 레드닷[Red Dot], 미국의 IDEA[Industrial Design Excellence Awards], 독일의 iF[Industrial Forum] 등 세계 3대 디자인상을 휩쓸었다. 그 이면에는 일찍부터 디자인 경영을 도입해 과감한 투자와 함께 회사 내의 위상을 높인 노력이 있다.

삼성전자는 2001년부터 최고경영자 직속으로 디자인 경영센터를 두고, 최고경영자가 직접 주재하는 디자인위원회를 통해 디자인 전략을 세우고 있다. 또한 서울, 도쿄, 상하이, 밀라노, 런던 등에 7개의 글로벌 디자인센터를 운영하고 있다. LG전자도 디자인 경영센터를 두고 있으며 이탈리아 밀라노, 미국 뉴저지, 일본 동경, 중국 북경, 인도 뉴델리에 글로벌 디자인센터를 운영하고 있다. 이들 각 지역의 디자인센터는 주요 지역에 선보일 디자인 제품을 개발하고 있다.

디자인퍼스트

디자인퍼스트 Design First가 가능해진 것은 디지털 기술의 보편화와 기술수준의 안정적 완성 덕분이다. 어떤 디자인을 하더라도 기술이 그것을 채워줄 수 있을 만큼 디지털 진화가 이뤄져 디자인이 더욱 자유롭고 창조적인 표현을 할 수 있게 된 것이다. 실제로 디자인퍼스트를 통해 보다 독창적인 디자인의 디지털 제품이 나오게 되었고 이것은 시장에서 큰 성과를 거두고 있다. 전 세계에 1,400만 대 이상이 팔린 LG전자의 초콜릿폰이나 삼성전자의 보르도TV는 모두 디자인퍼스트의 산물이다.

결국 디지털의 보편적 진화를 통한 더블 디 시프트로 새로운 기회와 혁신이 이루어졌고 더불어 디자인퍼스트가 가능해진 것이다. 디지털 진화가 곧 디자인의 새로운 가치 창출로 이어지고 디지털과 디자인이 결합해 더욱 큰 시너지와 가치 혁신으로 이어진 셈이다.

2007년에 출시된 LG전자의 데스크톱 PC '블랙 피카소'도 흥미로운 사례다. 이것은 '만약 피카소에게 디자인을 맡겼다면 어떻게 만들었을까'가 제품개발의 출발점이었다. 첨단 디지털의 상징인 컴퓨터 신제품을 준비하면서 디지털이나 하이테크가 아니라, 피카소의 디자인 상상력을 고려했다는 것만으로도 디지털 기기에서 디자인이 차지하는 위상을 알 수 있다. 이처럼 컴퓨터를 만들면서도 디자인과 브랜드를 먼저 고민한 다음 기능과 기술적 개발을 하는 것이, 디자인과 디지털이 결합해서 만들어낸 디자인퍼스트이다.

세계적 히트상품의 조건

디자인의 강세를 타고 디자이너가 만든 디지털 제품도 늘고 있다. 삼성전자에는 패션 디자이너 앙드레 김이 디자인한 하우젠 에어컨·하우젠 드럼 세탁기·지펠 냉장고와 미국 디자이너 벳시 존슨이 디자인한 벳시존슨폰, 패션 디자이너 안나수이가 디자인한 안나수이폰, 영국의 산업 디자이너 재스퍼 모리슨이 디자인한 재스퍼모리슨폰 등 유명 디자이너가 디자인한 디지털 기기들이 있다. LG전자에는 패션업체 프라다의 디자이너가 디자인한 프라다폰, 패션 디자이너 이상봉이 디자인한 샤인폰, 하상림 작가가 디자인한 냉장고 아트 디오스와 에어컨 아트 플라워가 있다. 마이크로소프트에는 산업 디자이너 필리프 스타르크의 스타르크 마우스가 있다. 디지털 중심 기업이 디자이너와의 결합을 통해 디자인 중심의 디지털 상품을 만들어내는 일은 점점 확산되고 있다.

유명 디자이너와의 공동작업을 넘어 디자인 회사와의 공동기획과 개발도 확산되는 추세이다. 그 대표적인 사례로 삼성전자 노트북 센스와 패션명품 브랜드 루이까또즈의 공동 마케팅이 있었다. 삼성은 얇고 세련된 디자인의 노트북을 만들고 노트북 구매자에게 루이까또즈에서 만든 노트북 가방을 주었던 것이다. 아이리버와 이노디자인의 결합 사례도 있다. 레인컴의 MP3 기술이 이노디자인의 김영세를 만나 아이리버가 탄생했고 당시 세계적인 히트상품으로 도약했다. 또한 삼성전자는 독일 가구회사 프리츠 한센과 손잡고 개발 단계에서부터 가구와의 조화를 고려해 제품을 만들기도 했다. LG전자의 프라다폰은 기획에서 개발, 마케팅에 이르는 전 과정을 프라다 측과의 긴밀한 협력 속에서 진행했다.

이러한 제품은 하이테크를 다루는 기업이 디자인 회사와 공동으로 동등한 의사결정권을 유지하면서 협력·생산한 것이다. 이런 체제가 디지털과 디자인의 가장 안정적인 결합형태이다.

삼성이 소니를 이긴 결정적 이유

소니의 노트북 브랜드 VAIO는 기존의 컴퓨터가 기계적 기능에만 치우쳐 있다는 점에 착안해 "소유가 즐겁고 사용이 즐거운 PC"라는 모토로 시장에 진출해 성공했다. 디지털이 아닌 디자인 우위로 디지털 제품 시장에서 성공을 거둔 것이다. 예쁘고 세련된 노트북이 고사양의 첨단 노트북을 갖고 싶은 욕구를 이겼다고 해도 과언이 아니다.

1990년대까지만 해도 한국의 가전제품은 세계시장에서 일본에 비해 기술은 떨어지지만 가격은 싼 제품으로 이미지가 굳어 있었다. 그러나 Double D시대를 맞이한 후로는 한국 제품이 다소 비싸기는 하지만 기술과 디자인이 더 뛰어나다는 이미지로 전환하게 되었다. 가전 시장에서 한국 제품이 일본 제품에 비해 비싸졌다는 것만으로도 Double D의 최대 수혜자로 한국을 꼽을 수 있을 것이다.

그동안 한국의 디지털 혁신이 디자인 혁신과 적절히 결합할 수 있었던 것은 다른 나라에 앞서 디지털화를 이뤄냈고, 나아가 보다 빨리 Double D시대에 맞는 디자인 경영 전략을 도입해 많은 투자를 했기 때문이다.

소니에 뒤져 있던 삼성이 소니를 크게 능가하게 된 것도 또한 한국의 가전업계가 일본의 가전업계를 앞서게 된 것도 결국은 기술 우위만이 아닌 디자인 우위, 마케팅 우위 때문이다. 세계 휴대전화 시장에서 삼성은 노키아와 모토로라에 비해 더욱 명품이고 고급스럽다는 인식을 불러일으키고 있다.

첨단 하이테크 제품의 성패는 기술 혁신을 이룬 후, 감성과 디자인 혁신을 이뤄 기술과 감성을 어떻게 결합시키느냐에 달려 있다.

디자인과 디지털, 서로에게 꽃이 되다

디자인은 디지털을 만나 디지털 기계의 새로운 가치를 찾아내고, 디지털은 디자인을 만나 패션이나 디자인 상품의 새로운 가치를 찾아내고 있다. 디자인과 디지털은 서로에게 새로운 가치를 만들어주는 중이고 이것은 Double D가 만드는 산업적 영향력으로 부각되고 있는 것이다. 그러면 디자인과 디지털이 서로의 가치를 만들어내는 몇 가지 사례를 통해 기회를 만드는 방법을 고민해보자.

식감을 자극하는 디자인의 디지털 기기

디지털에서 오감을 구현하기 위한 시도는 다양하게 펼쳐지고 있다. 시각, 청각, 촉각은 물론이고 이제는 후각과 미각에도 도전하고 있는 것이다. 그중에서 미각을 연상시키며 식감을 자극하는 디자인 시도가 있었는데, 이것은 상당히 획기적인 일이었다. 많은 사람이 기계와 식감이 어울리기나 할까 하고 부정적 인식을 드러냈지만, 결과적으로 그것은 어울렸고 소비자의 폭발적인 반응을 끌어냈다.

1990년대 말에 공전의 히트를 기록한 애플 컴퓨터의 아이맥은 스트로베리, 블루베리, 라임오렌지, 그레이프 등의 과일 이름 컬러로 제품을 구분했다. 빨간색이 아닌 스트로베리, 파란색이 아닌 블루베리, 보라색이 아닌 그레이프, 주황색이 아닌 라임오렌지 등 과일 이름을 IT 기기에 적용함으로써 식감을 연상시킨 것이다. 이는 IT 기기에 식감이라는 감성적 코드를 디자인으로 녹여 넣은 것으로 디지털과 디자인의 교묘한 결합인 셈이다.

텔레비전에서 삼성은 PAVV라는 TV전용 브랜드와 별도로 와인 잔을 연상시키는 '보르도' 브랜드의 제품을 만들어 히트했다. 뒤이어 LG도 XCANVAS라는 TV전용 브랜드와 별도로 '샴페인' 브랜드의 제품을 만들어냈다. 둘 다 적포도주색과 황금빛 샴페인색 그리고 와인 잔 등 와인을 연상시키는 브랜드와 마케팅을 펼치며 식감을 자극했던 것이다.

자동차 중에서는 폭스바겐의 뉴비틀이 식감을 연상시키는 컬러를 적용한 적이 있다. 레몬과 와사비 컬러를 외장색으로 사용해 차에서 식감을 연상하게 했던 것이다.

스타의 이름을 단 스페셜 에디션

패션에서 김태희 미니스커트, 김혜수 선글라스, 패리스힐튼 핸드백처럼 스타가 입고 걸친 패션 아이템이 금세 스타의 이름을 달고 확산되는 것과 마찬가지로, 디지털 기기도 스타가 사용한 제품이 입소문을 타고 확산된다. 소비자에게는 스타가 입고 걸치고 가진 물건을 사용함으로써 자신도 스타가 가진 아우라를 갖고자 하는 욕구가 있기 때문이다. 이것을 이용해 아예 스타의 이름을 달고 디지털 기기를 출시하는 경우도 있는데, 이것은 앞으로도 유효한 마케팅 접근이 될 것이다.

LG텔레콤이 선보인 여성 3인조 그룹 씨야의 콘텐츠를 담은 씨야폰, 삼성전자의 MP3 서태지 스페셜 에디션과 세계적인 팝스타 비욘세가 디자인한 뮤직폰 'B폰'은 스타의 브랜드와 이미지, 아우라를 담아내고 있다. 이 중 서태지 스페셜 에디션 MP3P는 서태지가 제품 선정에서부터 음원 세팅까지 직접 참여하는 등 스타의 이름만 빌리는 차원이 아니라 스타와의 긴밀한 협력관계를 통해 만들어진 사례다.

스타를 통한 스페셜 에디션 제품은 한정판으로 소량만 생산되다 보니 생산 효율성은 낮다. 하지만 돈이 있어도 갖지 못하도록 만들어 그 제품에 대한 가치를 급격히 높이는 것은 브랜드 인지도를 높이는 데 아주 효과적이다. 그리고 이런 제품은 스타의 팬클럽이나 스타를 좋아하는 마니아들이 적극 구입하기 때문에 소량이라도 적정 가격을 유지할 수 있어 결코 손해 보진 않는다. 기업의 입장에서는 스타의 아우라를 제품에 담아내 자사 제품과 브랜드의 이미지를 제고하고, 스타의 입장에서도 자신의 상품 가치를 드러낼 상품을 통해 자신의 가치를 확보할 수 있다는 이점이 있다. 또한 팬이자 소비자는 자신이 추종하는 스타의 특별한 상품을 소장할 수 있어 이들 모두에게 윈윈이 된다.

패션과 하이테크의 결합: 스마트 의류와 액세서리

군사 분야에서 가장 먼저 발달한 스마트 의류가 대중적으로 적용된 것은 레저 스포츠 분야이다. 아마 수년 내에 일상복에서도 스마트 의류가 보편화될 것이다. 예를 들어 출근할 때는 자신의 개성을 위해 빨간색 재킷을 입고 나왔지만, 업무상 고객을 만날 때는 파란색이나 검은색으로 변하게 할 수 있다. 나아가 냉난방 기능이 있는 옷도 있고 건강 체크가 가능한 옷도 있다. 옷의 새로운 가치와 용도가 지속적으로 개발되고 있는 것이다.

가장 진화한 스마트 의류인 미래형 군복 개념의 핵심은 나노기술을 이용해 전투병이 갖고 다니는 각종 장비 기능을 군복 자체에 포함시키는 것이다. 움직이기 편하면서 안전성을 높이고 무게도 최소화하는 것이 미래형 군복의 목적이다. 이것은 소방관이나 경찰관 등 위험한 작업 현장에서 근무하는 근무자는 물론 위험지역 여행객의 의류에도 사용될 수 있다.

아울러 군복은 라디오 신호 수신과 독소 탐지, 환경에 맞춰 색깔이 변하는 기능도 하게 된다. 이때 사용되는 옷감은 주변의 온도를 감지한 뒤 안락한 수준으로 온도를 끌어 올리거나 내릴 수 있는 지능형 옷감이다. 또한 물집이 생기는 것을 막기 위해 발톱과 발꿈치 뒤 부분을 충격 완화용 테플론으로 만든 양말도 지급된다. 자신의 옛 모습을 기억하는 형상기억섬유가 그것인데 이 옷감은 어떤 모양으로 성형한 뒤 섭씨 100도 이상으로 가열처리해 자신의 모습을 기억시켜 두면 그 뒤 모양에 변화가 일어나도 다시 가열하면 원래의 모습으로 회복시킬 수 있다. 그밖에 물을 톡톡 튀겨내 더러운 것이 묻을 수 없는 초발수성 섬유도 개발되고 있다.

전자 유니폼이라 불리는 군복은 병사의 위치와 상황을 모니터링한다. 병사가 다쳤을 때, 병사의 위험한 생명 신호를 모니터링하고 그 치료방법을 정확히 전송하는 것이다. 이러한 전자 유니폼이 진보하면 스마트 유니폼으로 발전하게 된다. 스마트 유니폼은 심장의 박동, 몸의 통증까지 모니터링한다. 스마트 유니폼에는 마이크로폰, 광섬유, 베이직 그리드, 데이터 버스, 센서, 멀티기능 프로세서 등이 내장되어 있는데 세탁도 가능하게 된다.

이것은 일반 옷과 기능적인 측면에서는 엄청난 차이가 있지만 외형상으로는 그냥 옷일 뿐이다. 산업자원부에 따르면 세계 스마트 의류 시장 규모는 2008년 2억 달러에서 2010년 7억 달러, 2014년 70억 달러로 성장할 것으로 예상하고 있다.

스마트 의류는 먼 미래의 얘기가 아니다. 이미 우리가 사용할 수 있는 스마트 의류도 출시되어 있다. 코오롱스포츠가 2007년 출시한 '아이¡ 시리즈 재킷'은 스마트 의류의 초보적 형태이다. 이것은 운동을 할 때 MP3를 많이 듣는다는 것에서 착안해 소매 부분에 키패드를 장착한 것으로, 이때 MP3플레이어는 전자파 차단 전용 포켓에 넣는다. 컨트롤 패드와 MP3플레이어를 연결하는 선은 의류 전용으로 개발된 필름 형태의 아주 얇은 전선이다.

아이팟 컨트롤 센서는 차세대 섬유로 만들어졌고 섬유의 특성을 그대로 간직하고 있어 옷에 부착되어도 이질감이 없다. 섬유와 기계의 억지스런 결합이 아니라, 같은 섬유 소재로 자연스러운 결합을 이루는 것이다. 또한 세탁이 가능하도록 전자부품은 자유자재로 붙이고 뗄 수 있다. 아직은 애플 아이팟에만 적용되지만 조만간 삼성전자의 MP3플레이어 제품도 호환될 수 있도록 할 계획이라고 한다.

아이시리즈 후속작에서는 전도성 발열 프린트를 활용할 계획인데, 이는 옷 안쪽에 그려진 얇은 프린트에 전기를 흘려 열을 내게 하는 방식으로 옷이 발열하게 된다. 얇은 옷을 입고 있어도 발열 프린트가 열을 내면 두꺼운 오리털 점퍼가 부럽지 않게 된다. 반대로 한여름에는 옷이 열을 빼앗아 시원하게 하는 기능성 스마트 의류가 개발될 가능성이 크다. 이밖에 태양열 패드를 어깨나 모자 등에 달아 자가 발전기를 휴대하는 효과를 내는 등산복이나 GPS 장치를 단 등산복 등도 가까운 미래에 현실화

코오롱스포츠 i-series*

* 사진 출처: www.kolonsport.co.kr

될 것이다.

최근의 트렌드는 디지털 기기가 패션 아이템으로서의 역할을 겸하는 것이다. 특히 유행에 민감한 여성 사용자를 사로잡기 위해 다양한 아이디어 상품이 속속 출시되고 있다.

엘레콤이 출시한 이어폰은 핑크색 큐빅으로 장식된 유닛 케이스가 귀걸이를 연상시킨다. 디지털 중심에 디자인을 가미하는 것에서 디자인 중심에 디지털을 가미한 것으로 진화한 셈이다. 이것을 스마트 액세서리라고 한다.

스마트 액세서리는 액세서리 본연의 목적인 장신구로서의 기능에 그치지 않고 첨단기술을 통해 좀더 현명하고 유용하며 편리한 도구로써 기능하게 된다. 예를 들어 안경은 자신이 필요로 하는 정보를 실시간으로 보여주고 반지는 신체의 이상 징후를 수시로 감지하며 필요할 때 이를 주치의에게 송신한다. 또한 귀걸이는 혈류 변화와 맥박을 감지해 스트레스를 측정하고 신발은 피부 전도성을 측정한다. 즉, 온갖 종류의 액세서리가 스마트 액세서리라는 이름으로 등장하게 되는 것이다.

반지, 귀걸이, 안경, 신발, 시계, 벨트 등에 숨어 있는 센서는 착용자의 스트레스나 각종 신체 징후를 감지해 유용한 정보를 제공한다. 물론 이러한 스마트 액세서리는 시스템온칩이나 바이오칩, 유비쿼터스 컴퓨팅 등 각종 첨단기술이 종합적으로 만들어낼 산물이다.

스포츠는 살아있다: 첨단 스포츠 웨어

패션과 첨단기술의 결합이 가장 활발한 곳은 바로 스포츠 분야이다. 아디다스는 의류와 신발에 운동량을 측정하는 시스템을 장착한 '프로젝트 퓨전 Project Fusion'을 핀란드의 폴라 일렉트로사와 공동 개발해 출시했다. 프로젝트 퓨전은 옷의 가슴 부위에 부착한 심박기, 손목시계 형태의 러닝 컴퓨터, 신발 밑창 안에 장착한 스피드 센서로 구성돼 있으며 뛰는 이의 심박수를 실시간으로 측정할 수 있다. 또한 휴대전화를 통해서도 심박수와 칼로리 소모량을 확인할 수 있다. 조깅이나 마라톤을 하는 사람이 달리는 상태를 직감이 아닌 정확한 데이터를 통해 확인할 수 있게 만든 것이다.

nikeplus.nike.com

나이키도 신발 밑창 안의 센서를 통해 운동량을 측정할 수 있는 첨단 운동화 '나이키플러스 nike+'를 출시했다. 나이키플러스 센서는 발의 움직임에 따른 데이터를 인식해 아이팟에 무선으로 전송하고, 아이팟 나노는 운동 속도와 거리, 소요 시간, 칼로리 소모량 등의 데이터를 측정한다. 나아가 이 데이터는 나이키플러스의 웹사이트를 통해 입력하고 관리할 수 있다.

더블 디 시프트에서 찾은 6가지 진화 코드

1. 근무환경부터 바꿔라

Double D 마케팅 코드의 활성화를 위해서는 먼저 디자인 인력의 창의력과 개성을 인정해주고 기술개발 부서를 비롯한 타 부서와의 다양한 결합과 조화를 지원해야 한다. 디자인과 디지털의 결합은 조직 내 관련부서 인력의 결합으로부터 시작되어야 하고 마케팅과 기술, 디자인 인력의 상시적인 소통을 이뤄야 하는 것이다.

또한 기업의 공간과 근무 환경은 감성적이고 창조적인 환경으로 지원해야 한다. 디지털과 디자인은 강제적이 아닌 자연스럽고 유기적인 결합을 통해 새로운 가치와 시너지를 창출하기 때문이다. 말로만 요구한다고 감성과 창조가 쏟아져 나오는 것은 아니므로 환경적 개선이 필수적이다.

2. 배려가 넘치는 디자인을 하라

유니버셜 디자인이란 누구나 편리하고 쉽게 쓸 수 있도록 디자인하는 것을 말한다. 예를 들어 장애인이나 왼손잡이, 환자, 고령자 등 신체적 여건에서 배려가 필요한 이들도 쓸 수 있도록 하는 디자인 접근이다. 세계적인 IT 전시회 세빗^{CeBIT}에서는 2006년부터 유니버셜 디자인관을 신설해 중요하게 다루고 있다.

여기에는 키 작은 사람을 위해 드럼세탁기의 드럼이 비스듬하게 설치된 제품도 있고, 버튼만 누르면 냉장고의 문이 열리도록 만든 제품으로 힘없는 노인이나 어린이를 배려한 것도 있다. 디자인에서 시각적 가치와 함께 편의성과 인간 배려의 가치를 부각시키는 것이 유니버설 디자인인 셈이다.

특히 고령화 사회는 전 세계가 거역할 수 없는 현재진행형 대세이다. 고령화 사회에서는 편의성과 안전에 대한 요구가 더 커지고 디자인 가치에서는 이를 고려할 수밖에 없다. 편의성이 극대화된 단순하고 쉬운 제품이 더 많은 수요를 불러일으키는 것이다. 따라서 모든 제품에 적용되는 각종 스마트 기술과 유비쿼터스 기술은 유니버설 차원에서 디지털과 디자인의 결합을 완성시켜야 할 것이다.

3. 디지털을 줄여 디자인에 투자하라

디지털은 진화하면 할수록 원가를 줄여주지만 디자인은 원가를 늘린다. 따라서 두 개의 결합은 경제적 결합이자 상호보완인 셈이다. 기업은 기술 혁신을 통해 줄어드는 비용을 디자인에 쏟아야 한다. 줄어든 원가만큼 가격을 낮추기보다 줄어든 원가만큼 투자해 더 좋은 제품을 만들어 같은 값으로 파는 것이 소비자에게는 더욱 매력적이다.

과거의 소비자들은 가격 대비 성능을 원했지만 미래의 소비자는 가격 대비 디자인을 원할 것이다. 이미 성능은 보편화되었으니 승부는 디자인에서 날 수밖에 없다. 기업의 입장에서 디자인 투자는 비용증가가 아니라 디지털로 줄어든 비용의 활용이자 기회비용의 지출인 셈이니 결코 비용증가로 손해를 보는 상황은 아니다.

4. 개인화와 결합하라

산업사회에서는 기술과 기능의 진화를 통한 생산 확대가 미덕이었다. 하지만 기술과 기능의 보편화가 이뤄지면서 소비자는 대량생산시대의 수동적 소비자에서 진화해 보다 개인화된 생산시대를 요구하는 능동적 소비자로 성장하였다.

물론 우리에게는 생산성을 높이는 것이 목적이던 시절도 있었다. 그러나 생산성이 충분히 높아지면 생산성의 결과에 대한 독점, 분배, 공유의 문제가 화두가 된다. 생산성을 높이는 것이 1단계였다면 생산성을 나누는 것은 2단계가 되고, 3단계에서는 생산성 기반 아래의 개인화가 대두되는 것이다.

지금은 2단계의 심화를 지나 3단계의 초기단계라고 할 수 있다. 목적은 개인화에 있다. 산업의 진화, 사회의 진화는 모두 처음부터 개인화를 지향하는 것이다. 결국 Double-D 시프트와 개인화는 밀접한 관계를 갖고 있는 셈이다.

5. 도구가 지닌 문화적 감성과 결합하라

대중적 도구는 보편화된 문화로 예를 들어 아이팟은 기계가 아니라 음악을 듣는 문화의 상징이다. 특히 패션과 하이테크의 결합에서 아이팟은 유독 인기가 있다. 코오롱스포츠의 아이시리즈 재킷이나 나이키플러스 등의 사례에서 보듯 이들은 모두 아이팟을 매개로 삼고 있다. 비록 자사 제품은 아니지만 아이팟이 가장 보편적인 디지털 기기이자 레저나 스포츠에서 활용도 높은 도구이기 때문이다. 더불어 아이팟 마니아는 이들 제품에 관심을 가질 수밖에 없으므로 아이팟 같은 대중적인 도구를 결합시키는 전략은 아주 훌륭하다.

이것은 기계와 디자인이 결합한 것이 아니라 기계라는 대중적 도구가 만들어내는 문화와 디자인이 결합하는 것이다. 즉, 옷과 MP3라는 첨단기술이 만나는 게 아니라 옷과 음악이 만나는 셈이다.

6. 컨버전스에 집중하라

IT 산업의 활성화 키워드는 컨버전스라고 해도 과언이 아니다. 물론 그 컨버전스는 디지털과 디자인으로 이뤄져 있다. 디지털 기술이 디자인과 결합해 컨버전스 기기를 만들어내는 것이다. 이때 컨버전스의 시작은 디지털이 하고 마무리는 디자인이 한다.

전통적으로 디자인과 상품의 결합은 왕성하게 이뤄져 왔지만 지금까지는 디자인이 상품 기능의 보조수단이자 외형적 표현 도구에 불과했다. 그러나 이제는 디자인이 상품의 정체성이 되고 있으며 그에 맞춰 기능과 기술이 결합하고 있다. 주도권이 디자인으로 넘어온 셈이다.

기기의 외형이 아닌 내부에서의 결합도 있다. 미디어 기술과 정보, 디자인이 만나는 것이다. 여기서 중요시되는 디자인은 정보 디자인, 커뮤니케이션 디자인, 유저인터페이스 디자인 등으로 컴퓨터나 모바일 단말기 디자인만큼이나 중요한 것이 화면에서의 유저인터페이스 디자인이다. 우리는 이미 IT 산업의 패러다임을 디자인이 주도하는 세상에 살고 있는 셈이다.

Double D의 목적은 인간을 더욱 편리하고 윤택하게 만드는 데 있다. 따라서 Double D를 통해 생산되는 상품이나 서비스는 인간의 행복을 지향해야 하고 당연히 친환경과 기업의 윤리성, 휴머니즘을 고려해야 한다. 디지털과 디자인의 결합으로 기능적, 감성적 개선만 하는 것이 아니라 에너지나 원자재 절감 등 친환경적 효율성도 제고해야 하는 것이다. 결국 Double D 마케팅 코드는 이 책에서 다루는 다른 마케팅 코드와 긴밀한 연관이 있다고 할 수 있다.

이성과 감성의 윈-윈게임

더블 디 시프트가 주는 마케팅 기회는 디지털과 디자인 산업이 서로 결합을 통해 시너지를 내고 있다는 데서 출발한다. 이러한 시너지는 소비 대상을 확산하고 디지털이라는 이성과 디자인이라는 감성 영역 모두를 충족시키면서 더블 디 결합 제품의 만족도를 높이고 있다. IT 산업이 성장하게 된 이유는 소비 대상의 확산 때문이다. 디지털과 디자인의 결합으로 여성이 IT의 소비 대상으로 급부상한 것이다. 더불어 더블 디 결합의 영향으로 남녀노소를 막론하고 전 계층에서 IT 소비가 가능해졌다.

디지털과 디자인의 결합은 하이테크를 친숙하게 만드는 동시에 디지털을 더욱 감성적이고 익숙한 문화로 받아들이게 만들었다. 우리가 소비하는 디지털 기술과 하이테크는 결국 기술이 아닌 문화이자 감성이고 그 배경에는 디자인이 있다.

결국 더블 디 시프트는 디지털 산업은 물론 디자인 산업의 성장에도 기여하고 디자인 마케팅의 기회도 증가시켜 주었다. 더불어 디자인 경영에 나서는 기업도 확산시키고 있다.

더블 디 시프트로 인한 마케팅 위기는 디자인 경쟁이 치열해졌다는 점이다. 이제는 기술의 격차가 아니라 디자인의 격차로 싸우는 것이다. 사실 기술 진입보다는 디자인 진입의 장벽이 상대적으로 낮다. 외형을 모방하고 흉내 내는 것으로도 쉽게 하이테크 시장에 진입할 수 있기 때문이다. 탓에 경쟁은 더욱 심화되고 있다.

더욱이 기술수준의 보편화로 디자인 강점만 확보하면 누구나 기술 시장에 뛰어들 수 있게 되면서 경쟁은 더욱 치열해지고 있다. 이로 인해 디자인 비용이 크게 증가하고 있다. 디지털뿐 아니라 디자인도 신경 쓰게 되면서 원가 부담이 늘어나고 있는 것이다. 물론 이것을 치열한 경쟁구도에서 이기기 위한 마케팅 비용으로 본다면 충분히 이유 있는 기회비용이긴 하다.

더블 디 시프트가 주는 기회가 80퍼센트라면 위기는 20퍼센트에도 미치지 못할 것이다. 결국 시장은 디지털과 디자인의 결합 속에서 더 큰 산업적 성장과 커다란 소비 수요를 창출하고, 한계점에 이른 시장에 새로운 돌파구를 만들어냈으니 말이다.

상호 시너지를 증폭시키는 최적의 결합

● Key Point

디지털과 디자인은 도구에서 목적으로 진화했다. 디지털은 기술 도구에서 기술문화와 정치, 사회, 경제의 중심축이자 패러다임으로 진화했고 디자인은 상품 포장 도구에서 산업 자체이자 상품의 목적으로까지 진화했다. 디자인과 디지털의 결합은 상호 시너지 증폭을 위한 최적의 연결이다. 디자인 진화가 디지털 소비를 확장시키고, 디지털 진화가 디자인 소비를 확장시키는 윈-윈게임인 것이다.

● Think About

① 분야를 막론하고 자신이 경험한 더블 디 시프트의 사례를 나열해보라. 경험은 마케터의 무기이다. 경험 속에서 더블 디 시프트에 대한 마케팅 접근 전략을 찾아보라.

② 여러분이 속한 조직은 디자인 경영을 하고 있는가? 또한 디자인 마케팅을 실행하고 있는가? 만약 그렇지 않다면 그 이유를 생각해보고, 하고 있다면 어떻게 발전시키고 진화시킬지 모색해보라.

③ 주변에서 '디지털＋디자인'의 사례를 찾아보자. 더블 디의 결합 중 잘된 결합과 아쉬운 결합을 가려보라. 잘된 결합의 배울 점을 정리해보고 아쉬운 결합의 개선점을 찾아 제시해보라.

생산과 거래의 대상이 된 **여유시간**

Spare Time

VISIBLE HANDS

예순 살에 은퇴하고 여든 살까지 산다고 가정해보자.

20년을 시간으로 환산하면 17만 5,200시간이다.

이 중에서 잠자고 밥을 먹는 생리적인 일에

하루 14시간을 소요한다고 치면 10만 시간이 된다.

그렇다면 남은 7만 시간에는 무엇을 할까?

그것은 말 그대로 여유시간이다.

7만 시간이라는 엄청난 여유시간에 무엇을 할까?

7시간 40분 : 오늘 그녀가 구매한 시간

대기업의 마케팅팀 매니저인 그녀는 서른여섯 살의 커리어우먼으로 세 살 된 아이를 둔 엄마이자 맞벌이 부부이다. 그녀에게 시간은 절약해야 할 대상인 동시에 돈을 주고 사야 할 거래 대상이다. 그래서 그녀는 늘 시간을 줄여줄 상품이나 서비스를 이용하고자 애쓴다. 요즘은 남편이 해외출장 중이라 시간관리에 더욱 신경을 쓰고 있다.

2008년 10월 27일, 그녀의 하루 속으로 들어가 보자. 남들은 24시간을 살지만 그녀는 이날 31시간 40분을 살았다. 하루 24시간은 불변의 진리이자 모두에게 주어진 공통조건 아니냐고? 과거에는 그 말이 맞았을지 몰라도 이제는 아니다.

집안일, 1시간 10분

아침에 일어나자마자 집으로 배달 온 음식으로 아침상을 차린다. 벌써 몇 년째 아침식사를 배달시켜 먹고 있는데 가족 모두가 만족한다. 덕분에 아침식사를 거르지 않게 되었고, 아침식사를 준비하는 시간도 줄일 수 있었다. 최소한 20분은 벌었다. 그리고 아침에 출근하면서 청소로봇의 작동 버튼을 누르고 나온다. 일주일에 한번 씩 생활도우미가 청소와 빨래 등의 집안일을 해주지만 매일 간단한 청소는 로봇이 한다. 또 최소한 20분을 벌었다. 그리고 생활도우미가 3~4시간 집안일을 해주니까 하루로 환산하면 최소한 30분은 절감하는 셈이다.

커뮤니케이션, 1시간 30분

지인과의 커뮤니케이션에서도 문자메시지를 이용하거나 축약어로 얘기해서 총 대화시간 중 최소한 10분 정도는 절약한 것 같다. 또한 간단한 업무 커뮤니케이션은 메신저로 해결해 불필요한 회의를 줄일 수 있었다. 덕분에 오늘도 회의를 하나만 했고 그 회의도 간단하게 줄일 수 있었다. 적어도 20분은 절약했다. 더욱이 오늘은 화상회의도 있었다. 클라이언트사로 직접 갔으면 발생했을 왕복 1시간을 절약할 수 있었다. 화상회의 시스템이 그녀의 시간 활용에서 1시간의 여유를 만들어준 셈이다. 오늘 그녀가 커뮤니케이션이나 미팅과 관련해서 절약한 시간만 1시간 30분 이상은 된다. 덕분에 그녀는 업무시간 중에 처리해야 할 일에 더 집중할 수 있었다. 과거의 경우, 외부 미팅과 내부 회의가 여러 개 있는 날은 하루 종일 미팅과 회의만 하다가 하루를 마감했다.

생활 심부름, 2시간

자동차 정기검사 기간이라 대행료를 주고 자동차 검사소에 차를 가져가도록 시켰다. 몇 만 원의 대행료 덕분에 그녀가 직접 차를 몰고 갔다가 검사받고 왔다면 1시간은 족히 걸렸을 시간을 절약했다. 또한 대출과 관련해서 은행에 제출할 서류를 발급받고 보내느라 시간을 들여야 했다. 이때 관공서에 가서 발급받아야 할 서류도 몇 가지 있어서 심부름 도우미를 이용해 한꺼번에 처리했다. 서류가 도착한 다음에는 몇 가지를 확인하고 그것을 은행 대출창구의 담당자에게 퀵서비스로 보냈다. 그 다음에 은행 대출 담당자와 전화통화로 모든 일처리가 끝났음을 연락받았다. 만약 그녀가 그 일을 직접 했다면 최소한 1시간 이상은 걸렸을 것이다. 심부름도우미 덕분에 2시간은 아낀 셈이다.

탁아소, 2시간

그녀는 퇴근하면서 탁아소에 맡겨둔 아이를 데리고 집으로 돌아간다. 그래서 가능한 한 퇴근시간은 지키는 편이다. 그런데 오늘은 퇴근시간이 다 되어 급한 일이 생겼다. 미국에서 내일 오전에 들어온다던 클라이언트가 저녁시간에 도착한다는 것이다. 직접 마중을 나가 간단한 브리핑을 해야 할 상황이 발생하고 말았다. 아주 중요한 클라이언트라 다른 일정을 바꿔서라도 가야 한다. 과거였다면 탁아소에 대신 갈 누군가가 찾아야 했고 그 때문에 그녀의 시간이나 마음은 조급해졌을 것이다. 하지만 24시간 탁아소 덕분에 시간에 맞춰 급하게 아이를 데리러 갈 필요 없이 일이 끝나고 집으로 가는 동선에 맞춰 데리러 갈 수 있어서 클라이언트와의 급한 일이 전혀 부담스럽지 않게 되었다. 24시간 탁아소가 그녀에게 최소 2시간의 여유시간을 만들어준 셈이다.

쇼핑, 1시간

내일 그녀의 남편이 귀국한다. 마침 내일이 남편 생일이라 백화점에서 옷을 사기로 했다. 물론 직접 가지 않고 그녀와 그녀 남편의 신체 사이즈 및 취향을 알고 있는 백화점의 퍼스널쇼퍼에게 도움을 받았다. 포장도 예쁘게 해서 퀵서비스로 배송해줬다. 비록 퍼스널쇼퍼가 골랐지만 내가 고른 듯 아주 만족스럽다. 퍼스널쇼퍼 덕분에 백화점에 가지 않고도 만족스런 쇼핑을 했고, 백화점을 오가는 시간과 쇼핑하는 시간을 합쳐 1시간 정도를 절약했다.

하루에 그녀에게 주어진 물리적인 시간은 24시간이지만 활용할 수 있는 실제 시간은 24시간 이상이다. 그녀가 직접 지불했든 그녀의 회사가 지불했든 시간을 줄이는 데 비용을 쓰고, 그 비용이 그녀에게 여유시간을 만들어주어 또 다른 시간 활용의 기회를 부여하고 있는 것이다.

당신은 오늘 하루 얼마의 기회비용을 들여 몇 시간을 아꼈는가? 그 여유시간에 당신은 어떤 일을 했는가? 앞으로는 이런 질문에 익숙해질 것이다. 왜냐하면 이제 여유시간을 생산하고 거래하는 마케팅이 더욱 확산될 것이기 때문이다.

시간이 빨리 가는 사람과 느리게 가는 사람의 차이

시간이 빨리 간다고 여기는 사람이나 느리게 간다고 여기는 사람 모두 자신의 시간에 불만이 많다. 그렇다면 시간을 거래할 수는 없을까? 늘 시간이 모자라는 사람에게는 시간을 절약해 모자라는 시간을 채워주는 거래, 시간이 많고 한가로운 사람에게는 남는 시간을 노동과 성취로 바꿔줄 거래가 필요하다. 두 부류 모두 시간 거래를 필요로 하고 이들은 마케팅의 대상이 될 수 있다.

하루가 24시간밖에 안 되는 것이 원망스럽다면

현대인의 생활이 점점 바빠지고 복잡해지면서 일상의 잡다한 시간을 절약해 그 시간을 좀더 생산적이고 효율적으로 활용하고자 하는 소비자가 확산되고 있다. 특히 맞벌이 부부에게서 그러한 욕구가 많이 분출되고 있다. 이들은 회사일, 양육, 집안일, 자기계발 등 챙기고 신경 쓸 것이 산더미라 늘 시간에 쫓긴다. 그래서 이들은 돈으로 시간을 사는 데 주저함이 없다. 심지어 한 사람의 월급이 고스란히 양육과 집안일에 대한 아웃소싱 비용으로 지출되는 경우도 있다.

당장의 경제적 계산으로 보자면 직장을 그만두고 집안일과 양육을 담당하는 것이 더 효과적이라는 판단을 할 수 있지만, 직장은 한 번 나오면 다시 들어가기 어렵고 혼자 벌어서는 가정경제를 꾸리기 힘든 경제적인 상황을 배제할 수도 없다. 이에 따라 자신의 노동으로 돈을 벌어 그 돈으로 아웃소싱을 하며 시간을 버는 구조가 일상화되고 있다.

그나마 각종 일상생활에 대한 아웃소싱이나 24시간 이용 가능한 서비스가 늘어나면서 돈을 주고 살 수 있는 시간이 생기는 것만으로도 다행이다. 과거에는 돈을 주고 살 수 있는 시간 시장이 거의 없었고, 있다고 해도 아주 고가였으니 말이다.

남는 7만 시간에 무엇을 할 것인가

일본에 '마이스터 60'이라는 회사가 있는데, 이 회사는 예순 살이 넘어야 입사자격이 주어진다. 정년퇴직한 사람들의 전문성과 경험을 상품화한 회사이기 때문이다. 마이스터 60은 공장과 기업에 대한 설비설계 기술 자문이나 경영관리 서비스를 제공한다. 대개 몇십 년간 관련 분야에 종사했던 사람들이라 전문성이 탁월하기 때문이다.

가령 공장의 기계설비가 고장 났다면 수십 년간 그 분야에서 일한 마이스터 60의 직원은 몇 가지 징후만 보고도 무엇이 고장 났는지 쉽게 알아낼 수 있다. 이미 그런 경험을 수없이 해왔기 때문이다. 만약 공장에 10명이 파견되어야 한다면 마이스터 60의 직원과 자회사의 젊은 기술자를 함께 보낸다. 노인의 경험과 청년의 패기 및 힘을 결합하는 셈이다. 그러니 고객사 입장에서는 만족도가 높을 수밖에 없다. 이에 따라 1990년 20명으로 창업한 마이스터 60은 2002년 도쿄증시에 상장되었고, 2007년 기준으로 직원 수만 600명에 이른다.

한국은 세계에서 가장 빠르게 고령화 사회로 진입하고 있는 나라이다. 통계청에 따르면 우리나라는 2050년에 생산가능인구(15~64세) 100명당 고령인구(65세 이상)가 72명에 달할 전망이라고 한다. 이는 세계 평균(25명)은 물론 선진국 평균(45명)보다 높은 수치이다.

하지만 이를 기회로 삼을 수도 있다. 마이스터 60의 사례처럼 고령자만으로 회사를 차린다는 역발상으로 그들의 여유시간, 전문성,

경험을 거래 대상으로 만들어내 새로운 비즈니스 기회를 창출할 수 있는 것이다.

고령 인구에게는 풍부한 시간 여유와 오래 축적된 전문성 및 경험이 있다. 따라서 기업은 그들을 활용할 수 있는 방법을 연구해야 한다. 나아가 그들의 경제적, 사회적 활동의 확대는 그들을 거대한 소비군으로 만들어낼 수 있다.

예를 들어 예순 살에 은퇴하고 여든 살까지 산다고 가정해보자. 20년을 시간으로 환산하면 17만 5,200시간이다. 이 중에서 잠자고 밥을 먹는 생리적인 일에 하루 14시간을 소요한다고 치면 10만 시간이 된다. 그렇다면 남은 7만 시간에는 무엇을 할까? 그것은 말 그대로 여유시간이다. 7만 시간이라는 엄청난 여유시간에 무엇을 할까? 돈이 많든 적든 사람들은 대개 7만 시간에 무언가 일을 하고자 한다. 그것이 돈을 버는 일이든 아니면 자신의 존재감을 확인하거나 성취를 위한 일이든 말이다.

노인이 없는 나라는 없다

시대가 바뀌면 사람이 바뀌듯 상속에 대한 노인들의 개념도 많이 바뀌고 있다. 재산을 남기는 것이 아니라 소비하고 가는 노후설계 방식이 보편화되고 있는 것이다.

과거의 노인세대와 달리 요즘의 노인세대는 더 이상 가난하지 않다. 물론 미래의 노인은 더욱 부유할 것이다. 해외여행이나 명품 소비, 문화생활을 맘껏 누리는 부유한 노인은 점점 늘어날 것이고 그들을 대상으로 하는 소비 시장도 지속적으로 성장할 것이다. 그러므

로 그들의 여유시간을 간과해선 안 된다. 그들의 여유시간을 돈으로
바꿔줄 마케팅 접근이 절실한 것이다.

디지털 진화가 여유시간을 늘려준다

초스피드 시대를 살아가는 우리는 일상적으로 시간절약과 무엇이
든 빨리 처리해야 한다는 강박증에 사로잡혀 있다. 다행이 디지털
진화의 힘이 우리의 시간을 절약해주면서 우리가 사용할 여유시간
을 늘리는 데 기여하고 있다.

디지털은 시간을 절약해준다

디지털 카메라는 셔터를 누름과 동시에 결과물을 바로 볼 수 있
다. 결과를 보기만 하는 것이 아니라 맘에 안 들면 곧바로 지워버리
고 새로 찍기도 한다. 쉽게 기록되고 또한 쉽게 지워지면서 과정은
생략되고 결과만 남는 것이다. 아날로그 카메라는 찍은 후 필름을
현상하고 종이 위에 인화할 때까지 시간이 걸렸지만 디지털은 시간
을 크게 절약해준다.

또한 휴대전화 덕분에 빠른 의사소통이 가능해졌고 빨리빨리 증
후군은 더욱 재촉을 받고 있다. 심지어 음성을 넘어 영상까지 실시
간으로 전송되다 보니 마음은 더 조급해진다. 휴대전화 사용에서 말
보다 즉각적이고 일방적인 것이 문자메시지이다. 짧은 메시지로 의
사소통을 하고 심지어 옆에 앉아서도 말없이 문자로 대화를 하는 거

짓말 같은 일상도 벌어진다.

특히 인터넷 메신저는 소통을 넘어 업무 도구로 활용되기까지 한다. 이제는 짧은 메시지로 업무적 요구를 주고받으며 일하는 것이다. 앞으로 점점 더 군더더기를 뺀 실용적 커뮤니케이션만 오가게 될 것이다.

외계어? 시간절약형 줄임말!

언어는 하나의 약속이다. 보편적 약속만 유지되고 통하기만 한다면 말을 축약해 간단하게 하는 것은 얼마든지 가능하다. 그런데 자신이 알아들을 수 없으면 그것은 모두 외계어나 다름없다. 그렇다면 왜 알아듣기 힘든 새로운 말이 계속 쏟아져 나오는 것일까? 대부분의 이유는 시간절약 때문이다.

외계어라 불리는 말은 대개 짧게 줄여서 쓰는 축약어나 이미지를 통해 직관적으로 의미를 이해하게 만드는 그림문자이다. 이모티콘을 통한 상형문자의 부활인 셈이다.

경제용어나 기술용어 혹은 마케팅 현장에서 쓰는 축약어는 같은 무리 내에서는 아주 효과적인 소통 방법이다. 이에 따라 알파벳 한두 개만 던져도 알 수 있는 수많은 축약어가 만들어지고 또한 거기에 적응되고 있다.

인터넷 채팅언어든 전문분야에서 축약한 용어든 그것은 의사표현 소요시간을 줄이고 보다 빨리 의사를 전달할 수 있다는 공통점이 있다. 빛의 속도를 내달리는 시대임에도 여전히 조급함이 앞서 짧은 문장과 축약어가 확산되고 있는 것이다.

지금은 서론, 본론, 결론으로 이어지는 논리구조의 체계도 필요 없이 오로지 결론만 요구되는 시대가 되었고 더욱이 한 쪽으로 요약하는 것이 미덕이 되고 있다. 빠른 시대에 조응하기 위해 사람은 더 빨라져야 하고, 그렇게 해야만 자신의 여유시간도 찾을 수 있기에 느릿느릿한 여유와 기다림은 점점 사라지고 있다.

가사로봇의 진화: 청소하는 시간도 아껴라

주부의 가사노동 가치를 연봉으로 환산하면 2500~3400만 원이라고 한다. 따라서 가사노동을 로봇으로 해결한다면 수천만 원의 노동력 가치를 절약할 수 있다. 이는 엄청난 시간절약으로 그 시간에 새로운 기회를 만들어낼 수도 있다.

집안일을 돕는 로봇 중에서 가장 현실화가 빠른 것은 청소로봇이다. 청소로봇은 사람이 없어도 자동으로 먼지를 확인해 청소를 하며 공기정화를 비롯해 소독까지 해낸다. 이제 청소라는 것은 사람이 외출을 하면 자동으로 이뤄져 사람이 돌아오기 전까지 깨끗한 상태를 만들어 놓는 것이라고 인식될 수도 있다. 미래의 어느 시점이면 청소에 시간을 투자하는 사람이 사라질지도 모른다.

시간을 파는 사람들, 시간을 사는 사람들

이제는 돈을 써서라도 편리함과 시간절약을 할 수 있다면 충분히 돈을 쓸 의사가 있는 소비자가 점점 늘어나고 있다. 그들을 공략하기 위한 마케팅 전략이 바로 시간을 줄여주는 것, 즉 그들에게 돈으로 시간을 살 수 있도록 해주는 '시간 상품'이다. 이미 시간은 거래 대상이다.

시간절약형 생필품의 확산

내가 써야 할 시간을 돈으로 대신하고 그 시간에 좀더 의미 있고 값진 것을 한다면, 내가 산 시간 값 이상의 가치를 얻게 되니 결국 경제적 이익을 보게 된다. 앞으로 우리는 시간을 사서 경제적 이익을 보는 시대를 살아가야 한다. 결국 시간 생산과 거래방법이 미래 마케팅의 또 다른 화두이자 주요 마케팅 코드인 것이다.

대형마트에 가보면 한눈에 식품매장의 커다란 변화를 볼 수 있다. 시간절약은 이미 생필품에서부터 시작되고 있는 것이다. 가장 보편화된 것이 먹을거리 상품이다. 씻어 나온 쌀, 잡곡과 쌀을 섞은 혼식, 뼈 없는 생선, 다듬어 놓은 야채, 양념 생선, 각종 반찬 등 간편 식품의 매출은 갈수록 늘고 있다.

사실 초간편 식품은 바쁜 현대인에게 매력적인 상품이 아닐 수 없다. 시간절약을 위해 매일 장을 보지 않고 일주일에 한번씩 몰아서 장을 보는 것도 대세이다. 우리는 이미 시간을 절약하는 소비를 하고 있는 중이다.

즉석 밥 시장의 성장

1996년 CJ(당시 제일제당)에서 '햇반'이라는 즉석 밥을 최초로 선보였다. 6년여의 연구 끝에 내놓은 상품이지만, 당시 CJ 내부에서조차 "누가 밥을 사먹겠나?"라며 상품에 대한 부정적 시각이 팽배했다고 한다. 물론 관련업계에서도 회의적이었다. 하지만 소비자의 반응은 달랐다. 특히 독신자나 맞벌이 부부의 증가 등으로 시간이 부족해진 사람들에게 즉석 밥의 인기는 폭발적이었다. 선도제품이던 햇반은 2006년 기준으로 60~70퍼센트의 시장점유율을 보이고 있으며 CJ는 연간 900억 원 규모의 매출을 기록하고 있다.

1997년 즉석 밥 시장은 전체 규모가 70억 원 수준이었는데, 2005년에 1,000억 원을 넘어섰고 2006년에는 1,200억 원을 넘어서는 수준으로 성장했다. 이 시장은 매년 10퍼센트 이상의 꾸준한 성장세를 기록하고 있으며 2010년에는 2,000억 원대 규모의 시장으로 성장할 것으로 예상된다. 더욱이 그동안 CJ, 농심, 오뚜기가 3파전을 벌이던 시장 경쟁에 동원F&B가 가세하면서 재벌 식품기업간 즉석 밥 싸움이 가열되고 있다. 이는 쌀을 주식으로 하는 우리의 라이프 스타일 속에서 어떤 상품이 성장할 가능성이 있는지 생각하게 하는 사례이다.

사실 여성의 사회진출이 늘고 독신과 미혼 인구, 맞벌이 부부가 증가하면서 '집에서 밥 하는 일'은 말 그대로 일이 되어 버렸다. 이에 따라 집안일을 줄여주고 여가시간을 늘려줄 즉석 밥이 인기를 끌게 된 것이다.

즉석 밥은 생수와 함께 '사 먹지 않아도 될 것'을 '사 먹으면 편하고 좋은 것'으로 전환시킨 사례 중 하나이다. 이는 편리함과 시간 절약을 할 수 있다면 돈을 쓸 의사가 충분히 있는 소비자가 그만큼 늘어났다는 것을 의미한다. 바로 그러한 사람들을 공략하기 위한 마케팅 전략이 돈으로 시간을 살 수 있도록 만들어주는 '시간 상품'이다.

잠자는 시간을 깨우는 24시간 상품과 서비스

시간절약과 함께 언제나 이용할 수 있도록 만들어 틈새시간을 활용할 수 있게 해주는 것도 중요하다. 예를 들어 24시간 이용할 수 있는 서비스는 시간 활용에 아주 효율적이다. 이로 인해 24시간 편의점을 비롯해 24시간 식당, 미용실, 탁아소가 점점 늘고 있다. 덕분에 소비자는 낮으로 한정된 사회적 활용 시간에서 벗어나 24시간 모두를 활용 가능한 시간으로 만들게 되었다. 잠자는 시간이나 집안에서 쉬는 시간으로 취급되던 늦은 밤이나 새벽 시간을 활동하는 시간으로 변모시킨 다양한 24시간 상품과 서비스는 잠자는 시간을 깨우고 있는 것이다.

무엇이든 아웃소싱하는 심부름센터

일상의 잡다한 아웃소싱 산업도 여유시간을 만들어주고 있다. 그동안 아웃소싱은 크고 중요한 일을 위해서만 존재했으나 이제는 그 영역이 사소한 곳까지 확장되고 있다. 가사도우미는 이미 보편화되었고 대리운전, 퀵서비스 등을 비롯해 대행료를 내면 관공서 심부름이나 은행 심부름을 대신 해주는 도우미도 있다. 심지어 애완견 대신 산책시키기, 늦은 귀갓길 도와주기, 도서관 좌석 맡아주기, 수업 대신 들어주기, 연예인 사인 받아주기, 헤어진 남자친구에게 줬던 선물 대신 받아주기, 아르바이트생 대신 아르바이트 해주기도 있다.

대행서비스는 시대적인 요구이다. 이제 시간당 몇 천 원이나 몇 만 원만 주면 각종 심부름을 의뢰해 자신의 시간을 절약할 수 있는 것이다. 가히 돈으로 시간을 살 수 있는 시대인 셈이다.

프랑스의 '르 콩시에르주리Re concierrgerie'라는 회사는 고객을 대신해 검침원, 배관공 등을 기다려주거나 파티 준비하기, 집 봐주기 등을 대행해주고 있다. 미국의 '홈 인스펙션Home Expection' 사업도 고객이 이사 갈 집을 미리 점검해 집 상태나 계약의 문제점을 확인하는 서비스를 제공한다.*

시간은행: 시간 거래와 중개의 통로

영리적 목적이 아닌 사회적 네트워크에서 시도한 여유시간 거래 사례가 바로 시간은행이다. 이는 기업에서도 사회적 참여 차원에서 관심을 기울일 만한 사례이며 마케팅 차원에서 활용해도 좋다.

시간은행을 이용하면 시간을 저축할 수 있고 또한 시간을 미리 대출받아 쓸 수도 있다. 이것이 과연 가능한 얘기일까? 사실 시간은행은 사회적 네트워크이다. 영리목적이나 금융 업무를 하는 은행이 아니라 봉사활동 시간 혹은 타인을 위해 자신이 사용한 시간을 일정한 환율로 정해 현금 또는 현물로 환산해주는 은행인 것이다. 물론 환산된 현금은 임의로 사용할 수 없고 기부의 용도로만 사용 가능하다.

여기서 현물은 자신에게 필요한 노동력을 타인의 시간으로 대체

---

* 조준일 외, 선진국 히트사업을 통해 본 미래 비즈니스 5대 트렌드, 〈LG주간경제〉, 2007. 1.

하는 것을 말한다. 즉, 내가 남는 시간에 내 에너지와 기술, 재능을 사용해 봉사하면 그 시간만큼 저축되어 나중에 내가 도움이 필요할 때 그 시간에 해당되는 도움을 받을 수 있는 것이다.

예를 들어 내가 다른 사람을 위해 3시간을 봉사해 그 시간이 시간은행에 저축되었을 경우, 내가 도움이 필요할 때 다른 자원봉사자가 나에게 도움을 줌으로써 3시간은 상쇄된다. 이것은 자원봉사시스템이자 지역사회의 소통시스템이기도 하다.

대표적인 시간은행은 포틀랜드 시간은행과 그리니치 시간은행이 있다. 이들은 세상 모든 사람의 시간은 쓸모 있고 가치 있다는 전제 아래 부자의 한 시간이나 가난한 사람의 한 시간, 박사의 한 시간과 무학력자의 한 시간을 동등하게 본다. 같은 시간을 서로 교환할 수 있도록 만든 것이다.

이처럼 기부와 봉사를 돈이 아닌 시간으로 정의하면 모두가 동등하게 접근이 가능하다. 결국 시간은행은 모든 사람이 기부와 봉사에 참여할 수 있도록 하는 개념에 기초하고 있다.

여유시간에서 찾은 3가지 마케팅 코드

시간의 거래가 탄생하는 이유

현대인의 일상은 돈을 주고라도 여유시간을 만들어내야 할 만큼 바쁘다. 아마도 미래의 소비자는 더욱 바빠질 것이다. 그들에게는 시간을 절약해주는 것이 필요하고 이는 곧 시간이 거래의 대상이자 구매상품이 될 것임을 의미한다. 그들이 돈을 주고 절약한 여유시간을 재투자해 새로운 돈이나 기회를 창출한다면, 여기서 시간 거래는 곧 기회비용이 된다. 여기에 해당하는 사람은 주로 경제력과 직업이 있는 경제활동인구이다.

반면, 한편에선 여유시간이 넘쳐난다. 30대나 40대에 퇴직하는 사람이 늘면서 정년퇴직은 꿈같은 일이 되어버렸고, 퇴직 후에 일자리를 찾는 것도 마땅치 않다. 운 좋게 예순 살이 넘어 은퇴를 할지라도 최소한 20년 이상의 여유시간이 생긴다. 평균수명이 여든 살을 넘고 있고 미래에는 백 살까지도 바라보기 때문이다. 그렇게 되면 은퇴 이후의 여유시간은 더욱 늘어나게 된다.

결국 돈을 주고라도 시간을 사고 싶은 사람과 시간을 주고라도 돈을 벌고 싶은 사람이 공존하게 되는 것이다. 결국 이 둘의 시간을 거래할 수 있다. 아울러 기술적 진화가 사람 대신 기계의 힘으로 여유시간을 확대시켜줄 수 있다. 따라서 여유시간을 필요로 하는 사람은 여유시간이 있는 사람을 통한 서비스를 구매하거나 하이테크를 통한 시간절약 상품을 구매할 수 있다.

여유시간 거래에 대한 사회적 수요는 크다고 볼 수 있다. 미래에는 더욱 커질 것이고 여유시간을 거래할 수 있는 서비스 인력과 하이테크 제품도 확대될 것이다.

여유시간에 접근하는 3가지 마케팅 전략

첫째, 여유시간을 만들어내도록 시간을 절약해주는 상품과 서비스로 접근한다. 시간의 압박에 대응하기 위한 시간절약 상품이 인기

를 끄는 것은 마케팅 트렌드이다. 비용 대비 시간절감 효과를 설득
적으로 마케팅 하는 것이 관건이다.

둘째, 여유시간이 많고 경제적 여건도 되는 사람의 여유시간을 소
비시켜 주는 상품과 서비스로 접근한다. 미래의 유망시장은 부유한
고령자의 시장이다. 이들이 시간을 소비하도록 해주는 것이 비즈니
스 기회이자 확산되어야 할 마케팅 전략이다.

셋째, 여유시간은 많지만 경제적 여건이 안 되어 여유시간을 팔
고 싶어 하는 사람들을 위한 상품과 서비스로 접근한다. 일종의 시
간 거래와 유통을 위한 하나의 중개시스템이 필요한 것이다. 이것
은 하나의 비즈니스이자 시간 교환을 활용한 마케팅으로 접근해야
한다.

시간 비즈니스의 탄생

시간을 절약해 여가시간을 만들어내고, 여가시간을 소비하는 상품
및 서비스에 대한 수요는 계속 증가하고 있다. 여유시간은 마케팅에
서 아주 큰 기회이다. 더욱이 모든 산업 분야에서 시간을 마케팅 코
드로 활용할 기회는 얼마든지 존재한다.

여가시간 창출을 원하는 맞벌이 부부나 독신자는 점점 늘어나고,
반대로 여가시간 소비를 원하는 은퇴자나 고령인구도 점점 늘고 있
다. 이처럼 인구특성화 차원의 사회 계층은 두 부류로 나뉠 것이다.
시간을 생산하길 원하는 부류와 시간을 소비하길 원하는 부류로 말

이다. 당연히 이들 둘을 중개하는 비즈니스는 커질 것이며, 이들을 위해 시간을 생산하거나 소비시켜 줄 상품 및 서비스도 늘어날 것이다. 더불어 기술적 진화도 시간 생산과 소비 수요에 조응해 신기술을 쏟아낼 것이다.

물론 위기도 전혀 없을 수는 없다. 하지만 아직은 별로 보이지 않는다. 여유시간을 만들고 거래하는 마케팅은 분명 미래 마케팅 트렌드의 보편적 코드가 될 것이다. 기술적 진화, 산업적 진화는 우리에게 시간의 자유를 점점 더 많이 만들어주고 있고 이것은 우리가 지속적으로 바라던 일이다.

먼 미래에는 순간이동을 가능하게 하는 기술의 등장으로 시간과 공간의 개념까지 바꿔놓을 수도 있다. 기술의 진화는 결국 우리의 바람을 이뤄가는 것 아니던가?

돈으로 시간을 살 수 있다

● Key Point

돈을 써서라도 편리함과 시간을 절약할 수 있다면 돈을 쓸 의사가 충분히 있는 소비자가 점점 늘고 있다. 그들을 공략하기 위한 마케팅 전략이 그들에게 돈으로 시간을 살 수 있도록 만들어주는 '시간 상품'이다. 이미 시간은 거래 대상이다.

● Think About

① 여러분의 일상생활에서 가장 귀찮거나 하기 싫은 것을 꼽아보라. 그중에 돈을 주고라도 누가 대신 해주거나 편리한 상품 및 서비스가 있었으면 하는 것에는 무엇이 있는가? 그것을 상품으로 만들었을 때 가장 강조할 카피를 만들어보라.

② 돈으로 여유시간을 살 수 있다면 여러분은 한 시간을 사는 대가로 얼마의 가격을 지불할 용의가 있는가? 앞의 질문에서 생각한 상품 및 서비스가 지금 말한 액수를 상쇄할 만한 가치가 있는가?

③ 시테크와 마케팅은 어떤 관계가 있을까? 시테크를 적용한 상품과 서비스를 발굴하고 시테크를 적용한 마케팅 아이디어를 생각해보라.

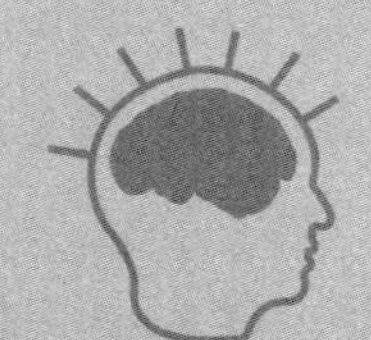